DROIT SOCIAL SÉNÉGALAIS

DROIT DU TRAVAIL
DROIT DE LA PROTECTION SOCIALE

Alassane KANTÉ

DROIT SOCIAL SÉNÉGALAIS

DROIT DU TRAVAIL
DROIT DE LA PROTECTION SOCIALE

Préface du Professeur
Isaac Yankhoba Ndiaye

L'Harmattan
Sénégal

10 VDN, Sicap Amitié 3, Lotissement Cité Police, DAKAR

http://www.harmattansenegal.com
senharmattan@gmail.com
senlibrairie@gmail.com

ISBN: 978-2-343-12933-4
EAN: 9782343129334

Remerciements

Je remercie toutes les personnes qui ont contribué à la réalisation de l'ouvrage.

Il s'agit de trois amis et collègues qui ont accompagné et surtout soutenu ce projet intellectuel :

- Pr. Isaac Yankhoba NDIAYE (UCAD)

- Pr. Mamadou BADJI (UCAD)

- Pr. Laurent GAMET (Université Paris 12).

J'associe à ces remerciements deux de mes doctorants. Il s'agit de M. Youssouf KEBE qui m'a assisté du début à la fin de la confection de l'ouvrage et de M. Samuel DIATTA, qui m'a communiqué une importante partie de la documentation.

SOMMAIRE

SIGLES ET ABRÉVIATIONS

Adde : Ajouter
A.C.E. : Accord collectif d'entreprise ou d'établissement
AOF. : Afrique Occidentale française
Art. : Article
Bull. : Bulletin des arrêts de la Cour d'appel
Bull. C.S. : Bulletin des arrêts de la Cour suprême
CA : Conseil d'administration
C.A. : Cour d'appel
C.C. : Convention collective
C.C.N.I. : Convention collective nationale interprofessionnelle
C.C.N.T.S.S. : Conseil consultatif national du travail et de la Sécurité sociale
C.C.O. : Convention collective ordinaire
C.D.D. : Contrat à durée déterminée
C.D.E.A.O. : Communauté des États de l'Afrique de l'ouest
C.D.I. : Contrat à durée indéterminée
Cf. : Confer
Ch. Soc. : Chambre sociale
C.O.C.C. : Code des obligations civiles et commerciales
C.O.U.D. : Centre des œuvres universitaires de Dakar
C.R.O.U.S : Centre régional des œuvres universitaires du Sénégal
C.S. : Cour suprême
C.S.S : Caisse de Sécurité sociale
C. trav. : Code du travail
E.D.J.A. : Éditions juridiques africaines
Ex. : Exemple
H.C.D.S. : Haut conseil du dialogue social
I.P.R.A.O.F : Institution de prévoyance retraite de l'Afrique occidentale française
I.P.R.E.S : Institution de Prévoyance retraite du Sénégal
I.P.M : Institution de Prévoyance maladie
J.O.A.O.F : Journal officiel de l'Afrique occidentale française
J.O.R.F : Journal officiel de la République française
J.O.R.S. : Journal officiel de la République du Sénégal

L. : Loi
N° : Numéro
N.A.F. : Nouvelles annales africaines
N.B. : Nota bene
O.H.A.D.A : Organisation pour l'harmonisation en Afrique du Droit des affaires
O.I.T : Organisation internationale du travail
O.N.U. : Organisation des nations unies
P. : Page
Rev. : Revue
R.I. : Règlement intérieur
S.A. : Société anonyme
S.A.R.L. : Société à responsabilité limitée
U.A. : Union africaine
U.E.M.O.A : Union économique et monétaire Ouest africaine
T.P.O.M. : (Revue) Travail et profession d'outre-mer
T.O.M : Territoire d'outre-mer
Trib. : Tribunal
V. : Voir
S.M.I.G. : Salaire minimum interprofessionnel garanti

PRÉFACE

Le professeur Alassane Kanté n'a pas succombé au charme contemporain de l'émiettement des disciplines ; le titre principal de son ouvrage » Droit social sénégalais » pourrait laisser croire qu'il renvoie à une simple conjonction du droit du travail et de celui de la sécurité sociale, couple, jadis objet d'un seul et même enseignement. Or, en réalité, il ne s'agit point de reliques mises à jour, mais plutôt de l'aboutissement .de fortes réflexions qui dépassent le statut du travailleur en activité pour saisir la protection sociale dans sa physionomie la plus diversifiée.

Déjà, sous ce premier regard, il faut reconnaître au professeur Kanté une remarquable maîtrise de l'art de la synthèse et de l'analyse.

L'ouvrage est structuré en quatre(04) parties qui mettent l'accent sur l'essentiel des rapports qui peuvent se nouer avec un employeur privé ou public, au sein ou en dehors de l'entreprise, avec les institutions administratives ou judiciaires et, parfois même, en l'absence de tout lien de travail.

Mais une telle synthèse serait fortement réductrice de la pensée de l'auteur, et surtout, elle ne permettrait pas de rendre compte de l'ampleur du travail accompli.

Dans les rapports individuels du travail, le professeur Alassane Kanté met en lumière la notion de contrat de travail, identifie ses conditions de formation et relève tous les effets induits ; peu importe, à cet égard, que l'exécution du contrat de travail soit normale ou affectée.

C'est sous le même registre que sont abordés les rapports collectifs de travail dans s leur double dimension de négociation et de conflits, à l'aune du dialogue social, nouvel instrument de pacification et dynamisation des relations professionnelles.

Sous le label institutionnel, l'auteur décline les contours de l'entreprise, des syndicats, de l'administration du travail et des instances juridictionnelles.

L'ultime partie, faussement intitulée « les rapports sociaux » , est consacrée en réalité à la protection contre tous les risques, professionnels ou non ; et l'auteur parvient ,avec beaucoup de clarté et de pédagogie à présenter et à faire apprécier, tout à la fois, les institutions de prévoyance sociale et de retraite des salariés et des fonctionnaires, la prise en charge des personnes vulnérables qu'elles soient âgées, où handicapées, celle des étudiants.

Finalement, le professeur Kanté n'a voulu rien laisser sous le boisseau ; il a en effet donné un peu de tout, dans une orientation panoramique, voire encyclopédique ; désormais, et par là même, il rend accessible à tous la perception que le droit se fait des relations sociales, notamment professionnelles, et des enjeux qui les entourent.

Le tableau ainsi mis en lumière ne laisse transparaître aucune ombre, tant les couleurs restent vives et éclairantes.

Mais cette démarche volontariste a aussi pour effet d'occulter certains aspects dont l'inconsistance peut être fortement mise en doute.

On aurait ainsi certainement voulu retrouver la densité des tensions doctrinales tant familières à cette discipline ; il n'aurait pas non plus été superflu de souligner les mutations en cours en son sein : le devenir de l'ordre public social, le flux de la dynamique contractuelle, les nouvelles formes d'emploi, les sanctions-requalifications pour certaines d'entre elles, la mise en cohérence des techniques de protection sociale....

De même, on pourrait se laisser surprendre par l'extrême concision que l'absence de raccourcis aurait pu éviter, avec certains développements qui ont le désavantage d'être plus informatifs qu'académiques

Mais il faut se garder d'insister ; l'option du professeur Kanté était autre : le souci d'atteindre le plus grand nombre ; il aura, sur ce point, réussi son pari : rendre le droit intelligible. Il est dès lors permis de préjuger de l'accueil favorable à réserver à cet ouvrage, premier du genre ; il traduirait tout naturellement la confirmation des qualités avérées de son auteur.

Pr Isaac Yankhoba Ndiaye
Agrégé des Facultés de Droit,
Professeur Titulaire,
ancien Doyen FSJP de Dakar

INTRODUCTION GÉNÉRALE

Elle comporte un bref aperçu sur le droit du travail (Section I) et sur le droit de la protection sociale (Section II).

SECTION I :

BREF APERÇU SUR LE DROIT DU TRAVAIL

Dans cette introduction, il s'agit de mettre en exergue les points essentiels suivants :

la définition et l'objet du droit du travail ;
les caractéristiques du droit du travail ;
l'évolution du droit du travail ;
les sources du droit du travail.

PARAGRAPHE I :

DÉFINITION ET OBJET DU DROIT DU TRAVAIL

Le droit du travail peut être défini comme l'ensemble des règles législatives, réglementaires et conventionnelles qui régissent les rapports de travail dépendants entre les employeurs et les salariés, que ces rapports soient des rapports individuels ou collectifs.

A). Les rapports de travail dépendants :

La notion de travail implique aussi bien les activités indépendantes que le travail subordonné (dépendant).

Le travail indépendant est exercé par tous ceux qui accomplissent des professions libérales ou commerciales (avocats, architectes, commerçants etc.) qui demeurent soumis aux règles du droit civil et du droit commercial.

Dans le travail dépendant, on note une dépendante économique. Mais, par dépendance, on vise surtout la subordination juridique du salarié à l'employeur. Ainsi donc, ce dernier peut donner des ordres au travailleur, il peut veiller à leur bonne exécution et sanctionner la mauvaise exécution. On dit que l'employeur détient le pouvoir de direction, le pouvoir de contrôle et le pouvoir disciplinaire.

B). Les rapports de travail individuels et collectifs :

Au plan individuel, on constate que le droit de travail régit le contrat de travail. C'est ce dernier qui reflète la rencontre entre les employeurs et les salariés (la formation du contrat de travail, l'exécution et la cessation du contrat de travail).

Au plan collectif, le droit du travail s'intéresse aux différents rapports susceptibles d'être noués au sein de l'entreprise et de la profession.

L'entreprise, principale institution du droit social, est régie par un règlement intérieur qui est destiné à toute la communauté des salariés de l'entreprise. Ces derniers sont représentés auprès des autorités par des délégués du personnel.

La profession, quant à elle, mérite d'être organisée et protégée. À cet égard, les syndicats vont devoir négocier et conclure des accords collectifs destinés à régir toute une profession.

L'importance des rapports collectifs est telle que parmi toutes les disciplines du droit privé, c'est le droit du travail qui présente la particularité des rapports collectifs.

PARAGRAPHE II :

LES CARACTÉRISTIQUES DU DROIT DU TRAVAIL

La caractéristique majeure qui a été soulignée en matière de droit du travail est que ses règles ont un caractère protecteur et partisan[1].

Le caractère protecteur réside dans le fait que le droit du travail ne traite pas les employeurs et les travailleurs comme deux parties égales en droit. Ainsi par exemple, la résiliation du contrat de travail n'est pas traitée de la même façon selon qu'elle provient de l'employeur (licenciement) ou du salarié (démission).

Quant au caractère partisan, il découle du fait qu'il est généralement admis de déroger à une norme du travail dans un sens qui est plus favorable aux salariés. Ceci apparaît lors de l'interprétation de la norme sociale, voire de l'application du droit social.

On constate cependant que le caractère protecteur et partisan est de plus en plus menacé par les nouvelles tendances du droit du travail marquées par la flexibilité de certaines règles[2]. Il apparaît de plus en plus que l'on s'achemine vers une "déprotection" des travailleurs avec la revigoration des contrats à durée déterminée et l'assouplissement de la procédure de licenciement pour motif économique.

PARAGRAPHE III :

ÉVOLUTION DU DROIT DU TRAVAIL

Le droit du travail n'a pas toujours présenté les traits que nous lui connaissons actuellement. En Afrique noire francophone, la naissance d'un véritable droit du travail a été le fruit d'une lente et douloureuse gestation. On est passé d'une phase de négation totale du droit du travail (travail forcé) à une phase positive et féconde avec l'adoption des premiers codes du travail africain.

---

1 V. **ISSA-SAYEGH (J.)**, *Droit du travail sénégalais* NEA – LGDJ, 1987.

2 V. **DIOP (M.)**, *La flexibilité de l'emploi en droit français et en droit sénégalais, Thèse*, Grenoble, Novembre 1996. *Adde* **NDIAYE (I.Y.)**, Le juge contre la protection de l'emploi, note sous l'arrêt C.A. Dakar n° 135, Mars 1980, *Rev. Edja n° 20 juin 1992*, p.p.6 à 20. *Adde* **CISSE NIANG (A.)**, Droit du travail sénégalais entre ambiguïtés et contradictions, *Annales africaine, nouvelle série Vol. 2, Décembre 2015, n°3*, pp. 69 à 91.

En matière de codification, beaucoup de Codes se sont succédés :

Le Code du 18 juin 1945. Il s'agit du Décret du 18 juin 1945 qui n'a jamais été promulgué dans les territoires concernés en raison de l'opposition du Ministre des Colonies de l'époque.

Ensuite, il y a eu le Code Moutet du 17 octobre 1947. Son application s'est surtout heurtée aux groupes de pression patronaux qui lui opposèrent une résistance farouche au point qu'un Décret du 25 Novembre 1947 eut sursis à son application.

Le Code du travail des Territoires d'Outre-mer de 1952. Il a été adopté le 15 décembre 1952[3].

Ce Code constitue un véritable progrès en matière de protection des travailleurs indigènes. Mieux, c'est le Code qui consacrait le principe d'égalité entre les travailleurs autochtones et européens. Il est resté en vigueur jusqu'au moment des indépendances des pays concernés.

Au Sénégal, après l'indépendance, le pilier législatif de base était essentiellement constitué par la loi n°61-34 du 15 juin 1961 portant Code du travail, plusieurs fois modifiée.

En 1997, le Code de 1961 a été complètement abrogé et remplacé par un nouveau texte qui retenait les orientations suivantes :

La décentralisation et la promotion du dialogue des partenaires sociaux.

Le renforcement des mesures de flexibilité introduites depuis 1987 et 1989.

L'instauration de nouvelles dispositions plus favorables aux travailleurs.

Aujourd'hui, force est de constater que les règles du droit du travail en vigueur, caractérisées par une certaine flexibilité, auront subséquemment pour effet de légitimer une certaine forme de précarité sur le statut protecteur des travailleurs[4]. Un tel constat n'est finalement que le résultat des politiques d'ajustement structurel mises en application avant l'adoption du nouveau Code[5].

V. **GAMET (L.),** 'Introduction au(x) droit(s) du travail d'Afrique Noir d'expression française", à paraître dans la *Revue de droit social de 2017*

4 V. **BODIAN (Y.)**, La précarité de l'emploi et droit du travail sénégalais, *NAF 2013*, pp. 291 à 329.*Adde* **SAMB (M.)**, Réformes et réception des droits fondamentaux du travail au Sénégal, *Revue Afrilex*, *Février 2000*.

5 V. **NDIAYE (I.Y.)**, **SAMB (M.)**, *Ajustement structurel et neutralisation du droit du travail sénégalais. De l'ajustement structurel à l'ajustement économique*, Codesria- Kartala, 1997.*Adde* **SAMB (M.)**, Réformes et réception des droits fondamentaux du travail au

De lege ferenda, il est beaucoup question de l'adoption d'un Code du travail harmonisé dans le cadre de l'OHADA qui a prévu un nouvel Acte uniforme qui est toujours attendu[6].

PARAGRAPHE IV :

LES SOURCES DU DROIT DU TRAVAIL

Elles peuvent être appréhendées selon qu'elles soient d'origine légale ou conventionnelle (ou professionnelle)[7].

A). Les sources légales :

Il existe des sources internationales et des sources nationales.

1) Les sources internationales du droit du travail :

Elles sont constituées par les normes conçues dans l'Organisation internationale du travail (OIT) et par les normes conçues en dehors de l'OIT.

a). Les sources internationales dans le cadre de l'OIT :

Plusieurs facteurs ont contribué à la naissance d'un mouvement d'internationalisation du droit du travail. En particulier, on peut citer le développement industriel, les abus du système capitaliste et la réaction des organisations ouvrières et des pouvoirs publics.

Les sources formelles internationales sont constituées par la Constitution de l'OIT, les Conventions, les recommandations et les résolutions de ladite Organisation. L'ensemble des conventions et recommandations constitue ce que l'on peut appeler le Code international du travail ou le Code social international.

Ce Code international pose des principes fondamentaux et des principes d'organisation.

Sénégal, *Revue Afrilex, Février 2000. Adde* **SARR (B.),** Aperçu sur les orientations du nouveau Code du travail, *Rev. Relations sociales n°11, 4e trimestre 1997*, p.13.

6 V. **CORREA (J.J.L.***)*, Éclairage sur un acte uniforme toujours attendu : l'AU relatif au droit du travail. *NAF 2013*, pp. 201 à 239.

7 V. *Le Manuel du travailleur. Droit du travail au Sénégal : Recueil des textes législatifs, réglementaires et conventionnels*, Fondation Frederich Ebert.

Les principes fondamentaux concernent la liberté syndicale, la liberté du travail et le principe de non-discrimination dans l'emploi et la profession.

Les principes d'organisation sont relatifs au droit d'organisation et de négociation collective à la participation des organisations professionnelles, au règlement pacifique des différends et à l'institution d'un organe de contrôle indépendant.

b). Les sources internationales en dehors de l'O.I.T :

Il existe, dans ce domaine, de nombreuses conventions multilatérales et bilatérales.

Au plan multilatéral, les États africains ont mis en place de multiples organisations régionales ou sous-régionales de type communautaire.

Au début du processus, il y a eu l'Organisation Commune Africaine et Mauricienne (O.C.A.M), la Communauté Économique de l'Afrique de l'Ouest (C.E.A.O), la Communauté Économique des États de l'Afrique de l'ouest (C.E.D.E.A.O), l'Union Douanière et Économique des États de l'Afrique Centrale (U.D.E.A.C) et la Communauté Économique des pays des Grands Lacs (C.E.P.G.L).

Avec les mouvements de réforme et de rationalisation de ces organisations internationales, certaines ont disparu (C.E.A.O par exemple), tandis que d'autres ont été portées sur les fonds baptismaux (Organisation pour l'Harmonisation en Afrique du droit des affaires OHADA et l'Union Économique Monétaire Ouest Africain (U.E.M.O.A).

Au plan bilatéral, les pays africains francophones ont conclu beaucoup de conventions en matière sociale. Elles sont conclues avec l'ancienne puissance coloniale pour régler les problèmes relatifs au mouvement de migrations des travailleurs.

Elles sont en outre conclues avec d'autres pays africains dans le but de réguler les mouvements de travailleurs, de coordonner les législations sociales ou de régler des problèmes imposés par la nécessité d'asseoir un bon voisinage.

Ces conventions bilatérales peuvent avoir aussi pour objet d'adapter et d'appliquer les conventions multilatérales aux réalités particulières des pays concernés. Soulignons enfin que de nombreux accords bilatéraux de coopération culturelle, scientifique, technique économique et commerciale peuvent, contenir des dispositions relatives aux conditions de séjour, d'emploi et de travail, des travailleurs étrangers.

2). Les sources internes :

Pour l'essentiel, il s'agit de sources étatiques qui sont constituées par la Constitution, la loi les règlements et la jurisprudence.

a). La Constitution :

De façon générale, la Constitution est destinée à définir les règles organisant les Institutions de l'État dans leurs attributions, leur fonctionnement et leurs rapports.

Toutefois, la Constitution peut comprendre aussi des principes sociaux constitutionnels.

Le préambule de la Constitution proclame les grands principes suivants :

L'attachement du peuple sénégalais aux droits fondamentaux tels qu'ils sont définis dans la Déclaration des Droits de l'Homme et du Citoyen de 1789 et dans la Déclaration Universelle des Droits de l'Homme du 10 décembre 1948.

Le respect et la garantie des libertés syndicales et des droits économiques et sociaux.

Dans le corps de la Constitution, on retrouve également des principes sociaux constitutionnels :

Le principe de non-discrimination et d'égalité[8].

Le droit de travailler et de prétendre à un emploi[9].

La reconnaissance du droit syndical, du droit de grève et de l'intérêt de l'entreprise[10].

Au Sénégal, l'intérêt de l'entreprise a été appréhendé par la jurisprudence. Dans ce sens la Cour d'Appel de Dakar a considéré que « l'entreprise analysée sous l'angle de sa conception institutionnelle, constitue une entité autonome qui, bien que distincte de celle de ses différentes composantes et de ses partenaires externes, correspond à

---

[8] V. **DIOH (A.),** La femme salariée appréhendée sous le prisme du principe d'égalité en droit du travail sénégalais, *Penant n°858*, 2007, pp. 62 à 85.*Adde* **CISSE NIANG (A.)**, Les infortunes du principe constitutionnel d'égalité dans les rapports privés, *Revue de l'association sénégalaise de droit pénal*, janvier-décembre 1996, pp. 103 à 124 (cf. spec. p. 114 et s.).

[9] V. **TEDDY KARL (S.A.),** *Conditions de réalisation du droit au travail en République du Bénin*, Éditions universitaires européennes, 2015.

[10] V.**GNAHOUI (R.**), Intérêt de l'entreprise et droit des salariés, *Rev. Sen Dr. Aff. n° 1 Jan-Juin 2003*, p.16 et s.

leur intérêt commun, qui est d'assumer sa pérennité, indispensable à la préservation de l'ordre public économique et social »[11].

La reconnaissance aux travailleurs du droit de participer par l'intermédiaire des délégués à la détermination des conditions de travail.

Parmi tous ces principes sociaux, il faut toutefois distinguer, ceux qui sont d'application immédiate et ceux qui sont à valeur programmatique.

b). Les sources législatives :

Elles sont principalement constituées par le Code du travail, le Code de l'aviation civile, le Code de la marine marchande et les statuts des agents non fonctionnaires du secteur public.

b.1). Le Code du travail :

La Constitution du Sénégal dispose « la loi détermine les principes fondamentaux … du droit du travail, du droit syndical, de la sécurité sociale et du régime de rémunération des agents de l'État » (art. 67 de la Constitution).

Le principe fondamental peut être conçu comme une norme, une règle qui pose le principe de la création d'un droit ou d'une obligation ou le principe de l'extinction d'un droit ou d'une obligation.

Il est dès lors, différent du principe général qui est un principe fondamental du droit qui est commun à plusieurs disciplines juridiques.

Ex. : Le droit à la défense est un principe fondamental, en droit du travail, en droit pénal, en droit de la fonction publique etc.

Le Code du travail dispose : « La présente loi est applicable aux relations entre employeurs et travailleurs.

Est considéré comme travailleur, quel que soit son sexe ou sa nationalité, toute personne qui s'est engagée à mettre son activité professionnelle, moyennant rémunération, sous la direction et l'autorité d'un autre personne, physique ou morale, publique ou privée » (art. L.2 C. trav.).

À ce principe, il est apporté deux exceptions, à savoir deux catégories de personnes qui échappent à l'application *ratione materiae* du Code du travail.

---

[11] *CA Dakar 31 mars 2000, Société des Hôtels SAVANA c/ Alassane TALL et autres.*

D'abord, il y a les stagiaires, c'est-à-dire les personnes accomplissant dans des entreprises publiques ou privées des stages professionnels, règlementaires, pratique ou d'adaptation.

Ensuite, il y a les fonctionnaires. Le fonctionnaire est une personne nommée dans un emploi permanent d'un corps d'une administration publique.

Au plan territorial, en principe, le Code du travail ne doit pas dépasser le territoire sénégalais dès lors qu'il s'applique à tout contrat, qui s'exécute au Sénégal. Il en résulte alors que le critère d'application territoriale du Code, c'est le lieu d'exécution du contrat de travail.

L'interprétation jurisprudentielle de cette règle a permis de dégager les solutions suivantes. Le code du travail sénégalais ne peut s'appliquer à des contrats de travail dont l'exécution est prévue à l'étranger même s'ils sont conclus au Sénégal[12].

Le Code du travail régit toutes les relations de travail qui s'exécutent sur le sol sénégalais, même si celles-ci se sont formées à l'étranger.

En application des règles de solutions des conflits de lois dans l'espace, il a été jugé qu'une juridiction saisie d'un litige relatif à un contrat de travail conclu et exécuté au Sénégal pouvait appliquer le droit du travail sénégalais. C'est ainsi que la Cour de Cassation française a admis que les juridictions françaises peuvent appliquer le Code du travail sénégalais dans ses dispositions relatives à la durée des contrats dans un litige opposant une employée de nationalité française ayant la qualité d'expatriée, engagée par une société française pour travailler dans une de ses filiales devenue ultérieurement une société sénégalaise[13].

À l'inverse, les juridictions sénégalaises peuvent appliquer la législation sociale du pays où un contrat de travail s'exécutait à un litige relatif à ce contrat[14]. Rappelons qu'une solution contraire a été rendue par la suite par la Cour d'Appel de Dakar[15].

---

12 *CS 2e Sect. 28 avril 1971, Rec. ASERJ 1971, n°2*, p.38 : *TPOM n°331*, p.7327.

13 *Cass. soc. 31 Mai 1972, JCP 1974 II 17.317* ; *JCP 1973*, éd. *C.I n°10194,* note Lyon-Caen.

14 *CS 2e Section 22 Mai 1974, n°7,* Abdel Magib Hamondy c/Talam SECK.

15 *CA Dakar, ch. Soc. 12 Mars 1975: TPOM n°405*, p.419.

b.2). Les textes particuliers :

Il y a :

- ***le Code de l'aviation civile***[16] **:**

Il contient des dispositions particulières concernant le personnel naviguant, à savoir le brevet, la licence et qualification, la discipline à bord etc. Ce Code s'ajoute, pour l'essentiel, au Code du travail ;

- ***le Code de la marine marchande***[17] **:**

C'est un texte qui soustrait, dans une large mesure, le marin à l'application du Code du travail.

En principe, le Code du travail s'applique aux marins sauf dispositions contraires du Code de la marine marchande ;

- ***les statuts des agents non fonctionnaires du secteur public :***

En principe, les travailleurs de ce secteur sont soumis au droit du travail.

c). Les sources règlementaires :

Il s'agit des actes pris par le pouvoir exécutif (Décret, arrêté, circulaire etc.). Le règlement joue fondamentalement trois rôles en droit social :

D'abord, il y a un rôle classique, à savoir l'application de la loi.

Ensuite, un rôle d'extension des sources professionnelles.

Enfin, un rôle de substitution des sources professionnelles.

d). Les sources jurisprudentielles :

La jurisprudence du droit social ne se différencie pas de celle des autres branches du droit. Il s'agit alors de l'ensemble des règles d'interprétation et d'application du droit positif rendues par les différentes juridictions compétentes en matière sociale.

La particularité de cette jurisprudence vient du fait que la décision peut émaner de plusieurs juridictions appelées à trancher des litiges en s'appuyant sur le droit positif d'origine étatique et de nature professionnelle.

---

16 *Loi 2015-10 du 04 Mai 2015* portant Code l'aviation civil*e, Jors, n°6872 du samedi 22 août 2015.*

17 *Loi n° 2002 -22 du 16 août 2002*, portant Code de la marine marchande, *JORS, n° 6060 du samedi 17 août 2002.*

B) Les sources conventionnelles ou sources professionnelles :

Elles représentent une originalité du droit du travail dans la mesure où de nombreuses règles sont d'origine professionnelle, c'est-à-dire qu'elles sont élaborées directement par les partenaires sociaux eux-mêmes.

Ces sources sont des accords collectifs qui se présentent sous la forme de conventions collectives, de Charte nationale du Dialogue social et de Pacte national de Stabilité sociale et d'Émergence économique.

En matière de Conventions Collectives, on distingue quatre(4) catégories, à savoir :

la Convention Collective Ordinaire (C.C.O) ;
la Convention Collective étendue (C.C.E) ;
l'Accord Collectif d'Entreprise (A.C.E) ;
la Convention Collective Nationale Interprofessionnelle (C.C.N.I).

S'agissant de la Charte nationale du Dialogue social et du Pacte national de Stabilité sociale et d'Émergence économique, ils constituent une innovation majeure en droit du travail sénégalais. En outre, ils entrent en droite ligne des objectifs prioritaires visés par le Code du travail de 1997 qui avait pour ambition de « moderniser les relations sociales, de promouvoir le dialogue social entre les partenaires sociaux, de poser les jalons de l'épanouissement de l'entreprise ».

L'étude détaillée des sources professionnelles sera davantage approfondie dans la partie consacrée aux relations collectives de travail, en particulier dans les accords collectifs et la négociation collective.

SECTION II :

BREF APERÇU SUR LE DROIT DE LA PROTECTION SOCIALE

Le concept de protection sociale se nourrit essentiellement des éléments de définition de la Sécurité sociale. Cette dernière peut être appréhendée comme l'ensemble des dispositions législatives, réglementaires et conventionnelles destinées à protéger l'individu contre un risque. Ce risque l'oblige à cesser son activité professionnelle temporairement ou définitivement. Il peut aussi le contraindre à assumer des charges familiales de telle sorte que cela entraîne une diminution de son niveau de vie[18].

De cette définition, il résulte que la sécurité sociale repose essentiellement sur la notion de risque social à couvrir et sur l'organisation de la protection contre les risques sociaux.

La protection sociale peut être conçue comme l'ensemble des dispositifs mis en place pour assurer et aider les individus devant les risques majeurs de l'existence. Ainsi donc, le concept de protection sociale dépasse celui de la sécurité sociale dès lors qu'il fait appel de plus en plus à des domaines plus variés[19]. Cette extension touche des domaines tels que la lutte contre la pauvreté, la protection civile et la protection des groupes vulnérables. Dans cette introduction générale, il convient de présenter les points suivants : le risque social, la protection des risques sociaux, l'évolution et les sources du droit de la protection sociale.

PARAGRAPHE I :

LE RISQUE SOCIAL

Le risque social est emprunté au droit des assurances. Le risque est un événement futur et incertain qui, lorsqu'il survient, engendre un préjudice.

A). La notion de risque social :

Le risque social peut être appréhendé selon les conséquences économiques que certains événements peuvent avoir sur le patrimoine des individus. C'est pourquoi, on s'attache moins à la cause physique, sociale ou économique de l'événement, qu'à ses effets. Dans cette perspective, les risques susceptibles d'être couverts par la protection sociale sont les suivants :

les risques physiques inhérents à la personne humaine ;

---

18 V. **ISSA-SAYEGH (J.)**, *Droit de la sécurité sociale au Sénégal*, NEAS, 1992.

19 V. **WADE (Z. M.),** La problématique de la protection sociale au Sénégal, Protection sociale et filets sociaux de sécurité au Sénégal, *Les cahiers du plan, Revue d'analyse et d'information de la direction générale du plan, n°02*, Décembre 2011. p.8. Adde **FALL (C.)**, *Extension de la sécurité sociale. Étendre l'assurance santé au Sénégal : possibilité à travers les régimes statutaires et les organisations mutualistes*, publications BIT, 2003.

les charges exceptionnelles imposées à l'individu ;
les risques économiques proprement dits.

Le droit de la protection sociale s'efforce de garantir la sécurité économique de chacun. La notion de risque social n'a pas de limites précises et elle aura vocation à s'élargir ou se rétrécir selon les orientations politiques et idéologiques qui prévalent dans un État. Toutefois, l'extension du concept de risque social doit avoir des limites car elle se heurte à des difficultés liées à la technique de l'assurance, à savoir celles de déterminer le risque et de réparer le dommage.

Par exemple, relativement aux calamités agricoles ou le chômage, il est difficile de tracer la limite entre l'aléa normal de la vie agricole ou économique et les aléas exceptionnels susceptibles d'indemnisation.

En outre, le financement de la réparation de tels risques pose un délicat problème puisque si le montant de la réparation dépend du montant des cotisations ou contributions, il sera difficile à établir compte tenu du fait qu'il est difficile d'évaluer la probabilité du risque. De telles difficultés sont à l'origine de l'exclusion des risques comme le chômage ou les calamités agricoles, du champ d'application du droit sénégalais de la protection sociale.

B). La définition des risques sociaux par l'OIT :

Dans le souci d'assurer une protection sociale minimale et une harmonisation des systèmes de protection sociale, l'O.I.T. a retenu dans la convention n° 102, neuf branches de risques sociaux à couvrir, à savoir :

- la maladie (frais médicaux) ;
- la maladie (indemnités de maladie) ;
- la maternité ;
- l'invalidité ;
- la vieillesse ;
- l'accident du travail et la maladie professionnelle ;
- le décès (protection des proches survivants) ;
- les charges familiales ;
- le chômage.

Toutefois, les États qui ratifient la Convention ne sont pas obligés de couvrir les neuf branches de risques.

Le socle minimal à protéger concerne les risques sociaux suivants :

- l'accident du travail et de la maladie professionnelle ;

- 30la vieillesse ou l'invalidité ;
- le décès du soutien de famille ou du chômage.

Enfin, les États peuvent accepter de couvrir d'autres risques sociaux s'ils en ont les moyens.

PARAGRAPHE II :

LES TECHNIQUES DE PROTECTION CONTRE LES RISQUES SOCIAUX

On ne peut parler de systèmes de sécurité sociale que lorsque la protection contre les risques sociaux est organisée de façon collective et spécifique.

La spécificité de cette protection collective est le fruit de l'insuffisance des techniques classiques de garantie.

Au surplus, elle obéit à une organisation particulière qui vise à atteindre les objectifs particuliers de réparation.

A). L'insuffisance des techniques classiques de garantie :

Cette insuffisance se manifeste au niveau de la civile, de l'assistance, de l'épargne et de la prévoyance collective.

La responsabilité civile est une technique d'indemnisation de certains risques. Certes, elle constitue une garantie appréciable pour la victime car elle transfère la charge du risque sur la personne tenue de réparer le dommage.

En effet, la responsabilité civile suppose l'intervention d'un tiers dans la réalisation du dommage, que celle-ci soit de son fait personnel ou celui des personnes ou des choses dont il faut répondre.

NB. : Cependant, il faut bien voir que de nombreux risques excluent l'intervention d'un tiers (Ex. : maladie, vieillesse…).

L'assistance fondée sur la charité consiste à venir en aide aux indigents. Elle est aléatoire dans la mesure où elle est facultative et discrétionnaire et ne profite pas nécessairement à tous ceux qui en ont besoin.

Ex. : L'obligation alimentaire en droit de la famille.

L'épargne c'est la partie du revenu non consacrée à la consommation immédiate.

Elle peut servir à faire face à des dépenses imprévues comme la maladie, la vieillesse ou le chômage. Son efficacité dépend de la capacité de l'individu à garder de l'argent. C'est un procédé individuel quine fait que différer la consommation. Donc finalement c'est l'épargnant qui supporte seul les risques. En outre, l'épargne est tributaire de la dépréciation monétaire (inflation, dévaluation).

La prévoyance collective est illustrée par l'assurance et la mutualité.

Elle impose à un groupedonné de supporter le préjudice causé à l'un de ses membres. Les conséquences du risque sont partagées entre les différents membres du groupe moyennant une cotisation annuelle.

Toutefois, la prévoyance collective n'est pas très adaptée à la Sécurité sociale[20]. En effet, ce procédé ne convient qu'aux aléas ou risques déterminables ou prévisibles. Il en résulte l'exclusion de la garantie de certains risques par ce procédé. Exemple, le chômage. Au surplus, il y a une corrélation entre la cotisation des membres et l'indemnisation due éventuellement. En effet, plus le risque est élevé, plus le montant de la contribution de l'assuré est important. Également, on note que, dans ce procédé, le succès de la répartition du risque entre les membres du même groupe socio- professionnel d'assurés, est largement tributaire de l'importance quantitative de ce groupe.

B). L'organisation d'une protection collective spécifique :

La théorie générale du développement d'une protection collective spécifique a été élaborée par Beveridge en 1941 à l'occasion de l'élaboration d'un plan de la Sécurité sociale en Grande Bretagne. Ce plan généralise les assurances sociales à toute la population. En outre, les prestations sont uniformes quels que soient les revenus des bénéficiaires. L'organisation d'un système de protection sociale doit être adaptée en fonction des choix opérés par chaque État. En effet, les risques à couvrir varient suivant les bénéficiaires, l'organisation administrative et financière des institutions et les modalités de la protection.

---

20 V. **FOUOMENE (E.)**, *La sécurité sociale africaine : état actuel et avenir, les protections traditionnelles et le développement de la sécurité sociale au Cameroun*, Éditions universitaires européennes, 2011.

1). L'identification des bénéficiaires :

Pendant longtemps, ce sont les salariés qui, en raison de leur vulnérabilité physique et économique, ont pu bénéficier de la protection sociale pour cause d'accidents de travail, de maladies et de charges familiales. Puis, il s'en est suivi certains membres de leurs familles tels que les conjoints et les descendants, voire les ascendants à leur charge.

Dans les pays industrialisés, il s'est produit une extension de la protection, visant même les travailleurs indépendants comme les commerçants, les professions libérales etc.

Cependant, on note que, dans les pays en voie de développement, les travailleurs indépendants ne bénéficient pas d'une couverture spécifique[21]. En outre, au Sénégal, la protection sociale des fonctionnaires et des agents assimilés est assurée différemment de celle des travailleurs du secteur privé. Il en est de même des personnes âgées bénéficiaires du plan Sésame et des étudiants qui font l'objet d'une protection particulière.

2). L'organisation administrative :

La conception de la protection sociale comme un Service public favorise une tendance au monopole, au regroupement et à l'étatisation.

Cependant, un même risque est susceptible d'être géré par plusieurs organismes à la fois.

Au Sénégal, le risque maladie est couvert par de nombreuses institutions de prévoyance sociale, si bien qu'il se crée une concurrence entre elles sur le plan des contributions financières des assurés et des prestations qui leur sont dues.

Toutefois, l'uniformisation, la monopolisation de la gestion d'un ou de plusieurs risques déterminés peut être envisagée. Dans ce cas, la gestion sera confiée à un seul organisme. Il en est ainsi au Sénégal où, d'une part, c'est la Caisse de Sécurité sociale qui a le monopole de droit de la gestion des branches des prestations familiales, des accidents du travail et des maladies professionnelles et, d'autre part, c'est l'I.P.R.E.S qui a le monopole de fait de la gestion de la retraite des travailleurs.

---

[21] V. **NIANG (M.L.),** Économie informelle et protection sociale, Protection sociale et filets sociaux de sécurité au Sénégal, *Les cahiers du plan, Revue d'analyse et d'information de la direction générale du plan, n°02,* Décembre 2011. P.12.

Il convient de préciser que la monopolisation de la gestion de certains risques n'exclut pas l'existence de régimes d'assurance complémentaires destinés à améliorer les prestations du régime de base.

En effet, il est possible que des régimes complémentaires soient prévus pour d'autres risques.

La monopolisation présente des avantages indiscutables. Non seulement, elle est moins coûteuse, plus commode pour les bénéficiaires qui n'auront à s'adresser qu'à un seul organisme, mais aussi, elle facilite la mise en place de politiques de sécurité sociale. L'on remarquera, enfin, qu'au Sénégal, l'État exerce une tutelle administrative, technique et financière sur les organismes privés de Sécurité sociale. En effet, l'État participe aux Conseil d'administration, il contrôle et approuve leurs comptes, il demande leur contribution à un fonds de garantie, et peut s'opposer aux décisions des organes exécutifs et de délibération, enfin, il fixe le taux maximal et minimal des cotisations et des prestations.

Signalons enfin que la protection sociale des étudiants est confiée au Centre des Œuvres Universitaires de Dakar (COUD) et au Centre Régional des Œuvres Universitaires de Saint Louis(CROUS) qui sont deux (2) établissements publics.

Avec la mise en place des Universités régionales, l'État a entrepris une politique de décentralisation par la création au niveau de certaines régions, d'autres centres des œuvres universitaires.

Ex. : le Centre Régional des Œuvres Universitaires de Ziguinchor (CROUZ).

3). L'organisation financière :

Elle soulève deux problématiques : le financement et l'utilisation des ressources.

Relativement au financement, deux modes sont généralement adoptés : la cotisation et l'imposition.

La cotisation est une contribution financière demandée à l'intéressé lui-même, en rapport avec ses ressources professionnelles.

À l'inverse, l'imposition est destinée à frapper toute la population active, voire la population inactive dotée de ressources suffisantes pour être appelée à contribuer. Bien que l'imposition traduise mieux la solidarité nationale, le système de protection sociale sénégalais largement inspiré du droit français, est principalement alimenté par des cotisations.

Au niveau de la Caisse de Sécurité sociale, seul l'employeur cotise.

Au niveau de l'I.P.R.E.S et des I.P.M, à l'inverse, ce sont les employeurs et les travailleurs qui cotisent.

Les cotisations illustrent donc un choix en faveur d'une protection sociale à caractère professionnel. Elles sont proportionnelles aux salaires et sont également uniformes dans la mesure où leur taux est identique pour tous les salariés et pour tous les employeurs relevant d'un même régime.

Ex. : l'assurance vieillesse.

Enfin, la cotisation est obligatoire dans les emplois rémunérés du secteur formel. Puis, le défaut ou le retard dans le paiement des cotisations expose son auteur à des sanctions civiles (majoration de retard), voire pénales (amendes).

Relativement à l'utilisation des ressources deux systèmes sont retenus. Il s'agit de la répartition et de la capitalisation.

La répartition consiste à reverser aussitôt, sous forme de prestations, les cotisations ou impôts collectés.

À l'inverse, la capitalisation consiste à placer les fonds collectés de façon à constituer un capital que l'on fait fructifier et qui sera attribué plus tard, augmenté des intérêts sous forme de capital ou de rente, au bénéficiaire.

Toutefois, la répartition est préférée au système de la capitalisation pour de multiples raisons.

D'abord, elle permet la mise en place immédiate d'un régime de protection sociale, quelle que soit la branche du risque envisagée.

Ensuite, elle évite les méfaits de l'érosion monétaire.

4). Les modalités de la protection :

Les bénéficiaires reçoivent des prestations diverses : rentes, indemnités, aides, pensions, allocations, subventions, prêts etc.

Les prestations en matière de protection sociale remplissent quatre fonctions : une fonction d'assurance (assurance maladie, assurance invalidité etc.), une fonction de report (assurance vieillesse), une fonction de redistribution (prestations familiales) et une fonction de protection universelle.

Les prestations peuvent être en espèces ou en nature. Les prestations en espèces consistent en des versements de somme d'argent. Quant aux prestations en nature, elles consistent en des fournitures de biens (les aliments, les médicaments) ou des services,

36, 37, 38, (les actes médicaux ou chirurgicaux) au profit des bénéficiaires, par les organismes de protection sociale.

PARAGRAPHE III :

ÉVOLUTION ET SOURCES DU DROIT DE PROTECTION SOCIALE

Il s'agit de présenter d'une part, les différentes étapes de l'évolution et, d'autre part, les principales sources de ce droit.

A). L'Évolution :

L'évolution du droit de la protection sociale est comparable à celle du droit du travail dont elle a accompagné la progression. En effet, dès que le salarié africain a pris conscience des risques qui le menaçaient, il a lutté pour la mise en place d'un système de protection sociale en sa faveur.

Ainsi, l'avènement du salariat a provoqué une véritable révolution économique et sociale : il a permis d'organiser de nouveaux groupes sociaux qui revendiquent des prestations selon le modèle européen.

L'évolution a connu plusieurs étapes.

Avant la deuxième guerre mondiale, une protection sociale très limitée était assurée aux travailleurs. Cette protection était destinée à stabiliser la main d'œuvre et se limitait au risque maladie du travailleur africain dans le cadre de l'assistance médicale indigène.

Également, les employeurs ne pouvaient être obligés à réparer les dommages causés par les accidents du travailleur que si leur responsabilité était établie (ce qui était rare). Toutefois, le Décret du 2 avril 1932[22] devait sensiblement améliorer la situation, dans la mesure où la victime pouvait grâce à ce texte, prétendre à des soins gratuits et à une indemnité en cas d'incapacité.

Quant au Décret du 18 Décembre 1938[23] relatif au travail des enfants et des femmes, il permettait à la femme salariée de suspendre son contrat de travail, sans indemnité, pendant 8 semaines avant et après son accouchement.

---

[22] *JORF du 8 Avril 1932.*

[23] *JORF du 29 Septembre 1936.*

Après la seconde guerre mondiale, la loi Lamine GUEYE de 1950 a permis aux fonctionnaires africains d'obtenir une protection sociale comparable à celle de leurs homologues français.

Dans le secteur privé et para public où il s'appliquait, le Code du Travail des Travailleurs d'Outre-Mer a renforcé la Sécurité sociale. Pour ce faire, il avait mis fin à la discrimination entre travailleurs européen et africains ; il comportait aussi de nombreuses dispositions relatives à l'hygiène et à la sécurité ; il prévoyait l'institution de services médicaux d'entreprise assurant des soins gratuits et réalisait la protection des travailleurs contre certains risques sociaux, tel que le risque maternité.

Ce risque maternité était garanti par la mise à la charge de l'employeur, pendant tout le congé de maternité de la femme salariée, des soins nécessités par son état et de la moitié du salaire qu'elle percevait au moment de la suspension du contrat.

Également, les prestations familiales étaient garanties par ce Code. Au Sénégal, sa mise en œuvre et sa gestion étaient assurées par une Caisse.

Ce Code fut complété par le Décret n° 57-245 du 27 Février 1957[24], modifié par le Décret 57-829 du 23 juillet 1957[25]) relatif aux accidents du travail et maladies professionnelles confiés à la Caisse des prestations familiales.

Enfin, à la veille des indépendances, un accord entre des organisations syndicales patronales et ouvrières en date du 22 Mars 1958[26] instituait la couverture du risque vieillesse confiée à une institution privée, en l'occurrence l'I.P.R.A.O.F (Institution de Prévoyance Retraite de l'A.O.F).

B). Les sources du droit de la protection sociale :

À l'heure actuelle, le système sénégalais de protection sociale comporte deux grands régimes classiques. Celui des fonctionnaires et celui des travailleurs qui sont deux grands régimes tout à fait distincts et autonomes.

---

24 *JORF 28/02/1957.*

25 *JOAOF 1957* P. 1539.

26 *JOAOF du 29 Avril 1958*

En outre, il existe la protection des personnes âgées bénéficiaires du plan "Sésame", celle des étudiants et celle des personnes vivant avec un handicap.

1). Le régime des travailleurs :

Les travailleurs du secteur privé et du secteur public (les agents non fonctionnaires) bénéficient d'un régime propre de sécurité sociale[27].

Ce régime est organisé par la loi n° 73-37 du 31 juillet 1973 portant Code de la Sécurité sociale. À l'heure actuelle, cette loi a été modifiée par la Loi n° 97-05 du 10 Mars 1997.

Cependant, cette dernière loi ne remet en cause que certaines dispositions de la loi de 1973 relatives aux cotisations afin de lever les difficultés liées à la situation financière des institutions concernées.

Ce régime comprenait à l'origine, les prestations familiales (maternité et allocations familiales), les accidents du travail et les maladies professionnelles (prévention et réparation). La gestion du régime des travailleurs est confiée à la Caisse de Sécurité sociale. Au demeurant, il est prévu d'incorporer, éventuellement, toute autre branche de sécurité sociale instituée ultérieurement.

La Loi n° 75-50 du 3 Avril 1975 (encore applicable) relative aux institutions de prévoyance sociale prévoit une couverture sociale des risques maladies et frais pharmaceutiques. Cette loi a été complétée par le Décret 75-895 du 14 Août 1975 portant organisation des institutions de prévoyance maladie d'entreprises ou interentreprises[28] et par le Décret n° 75-455 du 24 Avril 1975 rendant obligatoire pour tous les employeurs et pour tous les travailleurs l'affiliation à un régime de retraite.

Depuis 2008, la Loi n° 75-50 du 3 Avril 1975 a été modifiée. En effet, aux termes de l'article 13, alinéa2 de la loi « Les institutions de prévoyance sociale de toute nature, ainsi que leurs unions, doivent appliquer un régime de répartition… ».

Dans le souci d'améliorer les retraites, les différents partenaires sociaux se sont accordés pour l'institution d'un régime complémentaire par capitalisation basé sur une épargne volontaire du futur retraité[29]

---

[27] V. **ISSA-SAYEGH (J.), LAPEYRE (C.)**, *Les statuts des agents non fonctionnaires du secteur public et parapublic*, I.U.T. Techniques juridiques, Droit sénégalais, 1980.

[28] *JORS n° 4449 du 27 Septembre 1975, p. 557.*

[29] *Loi n° 2008-13 du 20 Février 2008 modifiant l'article 13 de la loi n° 75-50 du 3 Avril 1975.*

relative aux institutions de prévoyance sociale et autorisant la mise en place de régimes de retraite par capitalisation, basés sur une gestion privée[30].

La gestion du régime de retraite est confiée à l'Institution de Prévoyance retraite du Sénégal (I.P.R.E.S), ayant succédé à l'I.P.R.A.O ; conférant à cet organisme un monopole de fait[31].

Parallèlement, l'I.P.R.E.S s'est vue confier la gestion du régime particulier et complémentaire de retraite des cadres en vertu d'un accord collectif[32].

En somme, la protection sociale des travailleurs est confiée à trois types d'organismes que sont : la Caisse de Sécurité sociale (C.S.S), l'Institution de Prévoyance maladie (I.P.M) des entreprises et l'I.P.R.E.S. Cette législation constitue le droit commun pour les travailleurs.

Toutefois, il faut y ajouter des régimes spéciaux concernant les marins régis par le Code de la marine marchande (maladies et blessures ; prestations familiales ; retraite ; accidents du travail et maladies contractées à bord) et la convention collective nationale interprofessionnelle (CCNI) qui contient certaines clauses relatives à la maladie, l'accident du travail et l'hospitalisation.

N.B. : Soulignons enfin que le statut de la Caisse de Sécurité sociale a été réformé par la loi n° 91-33 du 26 Juin 1991 faisant de la Caisse une institution de prévoyance sociale.

2) Le régime des fonctionnaires :

Le régime des fonctionnaires est applicable aux seuls fonctionnaires, c'est-à-dire, aux personnes qui, nommées dans un emploi permanent, ont été titularisées dans un grade de la hiérarchie des corps du Sénégal ainsi qu'aux membres de leur famille désignés par les textes.

Le principe d'un régime de Sécurité sociale propre aux fonctionnaires est posé par l'article 97 de la loi n° 61-33 du 15 juin 1961 relative au statut général de la fonction publique qui renvoie à un Décret pour la fixation des règles relatives, notamment aux risques maladie, à la maternité, à l'invalidité et au décès[33].

---

[30] *JORS du 10 Mai 2008*, p. 471 et 472.

[31] *Arrêté n° 3043 du 9 Mars 1978 JORS n° 4638 du 3 juin 1978*, p. 709.

[32] *JORS n° 4313 du 1er Septembre 1973*, p. 1743.

[33] V. **DIARRA (M.)**, *Memento de la fonction publique*, NEA, 1982.

Dans le cadre de la loi de 1961, les articles 27, 57 et 75 posent respectivement les principes des suppléments pour charges de famille, des congés de maladie et de maternité et du régime de la retraite.

En plus de la loi fondamentale de 1961 sur la fonction publique, on relève deux autres textes :

Le Décret n° 72-215 du 7 mars 1972 instituant la Sécurité sociale des fonctionnaires[34].

La loi n° 81-52 du 10 juillet 1981 portant régime général des pensions civiles et militaires de retraite[35].

N.B.: Une particularité du système de protection sociale des fonctionnaires est que sa gestion n'est pas confiée à un organisme spécialisé doté de la personnalité morale et de l'autonomie financière. Cette gestion est le fait direct du Ministère chargé de la fonction publique pour certains risques et du Ministère utilisateur pour ce qui est des prestations constituant des éléments de rémunération du fonctionnaire. Le régime de sécurité sociale des agriculteurs est fixé par la loi d'orientation sylvo-pastorale. Mais, elle n'est pas encore appliquée[36].

3) Le régime de protection des groupes vulnérables :

Il existe un régime de protection des groupes vulnérables, à savoir les personnes âgées bénéficiaires du plan sésame, la jeunesse estudiantine et les personnes handicapées qui bénéficient d'une protection spéciale.

La protection des personnes âgées découle d'une volonté politique exprimée à l'origine par le Président Abdoulaye WADE. Elle intervient en dehors de tout cadre légal et réglementaire et se fait en concertation avec les institutions de prévoyance sociale, les collectivités locales et les établissements publics et privés de santé. La gestion de ce régime est confiée au Ministère de la Santé.

Concernant la jeunesse estudiantine, il existe un important cadre juridique qui permet d'assurer sa protection sociale. Il s'agit :

La Loi n° 66-23 du 1er Février 1966 créant le Centre des Œuvres Universitaires ;

---

34 *JORS n°4216 du 1er Avril 1972*, p. 508.

35 *JORS n° 4852 du 22 Août 1981 modifié en 1984 et 1990.*

36 V. **SCHMITT-DIABATE (V.), Olivier Louis dit Guérin, CISSE (A.)**, *Mise en place d'un régime de protection sociale agro-sylvo-pastoral. Note d'avancement de l'étude de faisabilité et proposition d'un schéma d'organisation du système de protection sociale agro-sylvo-pastoral*, BIT, Dakar, Avril 2006, 33 pages.

Le Décret n° 75-890 du 23 juillet 1975 fixant les règles d'organisation et de fonctionnement du Centre des Œuvres universitaires de Dakar ;

Le Règlement intérieur du Centre des œuvres universitaires.

Quant aux personnes handicapées, le cadre juridique de protection est constitué essentiellement de deux textes :

La Loi d'orientation sociale n°2010-15 du 6 Juillet 2010 relative à la promotion et la protection des droits des personnes handicapées ;

Le Décret n° 2012-1038 du 02 Octobre 2012 relatif aux commissions technique et de l'éducation spéciale.

Ce livre est divisé en quatre grandes parties articulées autour de la notion de rapport dont la nature permettra d'appréhender les préoccupations majeures soulevées en matière de droit social. Il s'agit des rapports individuels de travail (Partie I), des rapports collectifs de travail (Partie II), des rapports institutionnels (Partie III) et enfin des rapports socioprofessionnels ou extra professionnels (Partie IV).

ORIENTATIONS BIBLIOGRAPHIQUES

Il existe deux ouvrages de base produits par le professeur Joseph ISSA-SAYEGH:

- *Droit du travail sénégalais*, éd. LGDJ-NEA 1987 (à actualiser en tenant compte des réformes ultérieures survenues après la parution de l'ouvrage) ;
- *Droit de la sécurité sociale au Sénégal*, éd. NEA 1992 (à actualiser également en tenant compte des réformes ultérieurement survenues).

On peut utilement compléter ces deux ouvrages avec d'autres productions de droit africain. Ainsi, il est conseillé aux lecteurs de procéder aux recherches documentaires suivantes :

Consulter l'article du Professeur Laurent GAMET, « Introduction au(x) droit(s) du travail d'Afrique noire d'expression française », à paraître dans la *Revue de droit social* de 2017 ;

La revue *Relations sociales* animée par l'Amicale des Inspecteurs et contrôleurs du travail du Sénégal ;

Consulter les sites Web de l'IPRES et de la Caisse de Sécurité sociale du Sénégal ;

La jurisprudence des Cours et Tribunaux sénégalais en matière de droit du travail et de protection sociale ;

Les cahiers du plan (Revue d'analyse et d'information de la Direction générale du plan) de Décembre 2011 n° 2 « protection sociale et filets sociaux de sécurité au Sénégal ».

Consulter les thèses soutenues en matière de droit du travail et droit de la protection sociale.

PARTIE I :

LES RAPPORTS INDIVIDUELS DE TRAVAIL : LE CONTRAT DE TRAVAIL

Cette partie comporte quatre (4) grands titres :
titre I : la notion de contrat de travail ;
titre II : la formation du contrat de travail ;
titre III : les effets du contrat de travail ;
titre IV : la cessation du contrat de travail.

TITRE I :

LA NOTION DE CONTRAT DE TRAVAIL

L'étude de la notion de contrat de travail conduit à établir une distinction entre ce contrat et les notions voisines (chapitre I).

En outre, il s'agit de dégager les critères d'un contrat de travail (chapitre II).

CHAPITRE I :

LA DISTINCTION DU CONTRAT DE TRAVAIL AVEC LES CONVENTIONS VOISINES

Le contrat de travail doit être distingué de certaines notions voisines telles que le contrat d'entreprise, le contrat de mandat et les contrats des dirigeants sociaux.

SECTION I :

CONTRAT DE TRAVAIL ET CONTRAT D'ENTREPRISE

Le contrat d'entreprise est celui par lequel, une personne, l'entrepreneur, s'oblige à effectuer un travail pour le maître de l'ouvrage, sans création entre les parties d'un lien de subordination (art. 434 C.O.C.C).

Dans la pratique, le contrat d'entreprise et le contrat de travail peuvent se combiner dans le cadre du tâcheronnat.

Le contrat de tâcheronnat est une convention par laquelle un tâcheron s'engage à réaliser un ouvrage déterminé, directement pour le compte du maître de l'ouvrage (contrat d'entreprise) ou en qualité de sous-entrepreneur (sous traitance).

Le tâcheron est un maître-ouvrier qui, à titre occasionnel, recrute des ouvriers, leur fournit l'outillage et les matières premières pour réaliser l'ouvrage qu'il s'est engagé à entreprendre et à mener à son terme.

SECTION II :

CONTRAT DE TRAVAIL ET MANDAT

Le mandat est un contrat en vertu duquel le mandant donne au mandataire le pouvoir de faire, en ses lieu et place un ou plusieurs actes juridiques (art. 457 C.O.C.C).

Le mandat peut être commercial ou salarié.

SECTION III :

CONTRAT DE TRAVAIL ET CONTRATS DES DIRIGEANTS DE SOCIÉTÉS

Les dirigeants des sociétés civiles et commerciales sont considérés comme les mandataires sociaux révocables ad nutum ou pour justes motifs selon le type de société.

Toutefois, ils peuvent cumuler leur mandat social avec un contrat de travail à condition que ce contrat de travail corresponde à un emploi effectif dans l'entreprise et distinct des fonctions de dirigeant[37].

Il existe cependant une difficulté liée à la question de savoir si le contrat de travail conclu avec un directeur général d'une société lui donne-t-il le statut protecteur du Code du travail ? Dans deux affaires similaires soumises à la Cour d'Appel de Dakar[38], les juges ont rendu des solutions différentes.

Dans le premier arrêt, les juges retiennent que l'existence du contrat de travail soumet les parties au Code du travail.

Dans le deuxième arrêt, les juges ont estimé que le Directeur Général d'une SA n'a et ne peut avoir que le statut d'un mandataire révocable ad nutum et que l'établissement d'un contrat de travail ne peut servir d'exception à cette règle d'ordre public qui exclut la compétence de la juridiction sociale.

Cette dernière solution reprend en substance la position, des juges français relativement au statut des dirigeants de S.A[39].

---

[37] Voir dans ce sens *C.A. de Dakar, Arrêt n° 491 du 1er Décembre 2010*, Radio Nostalgie c/ Paul SAVIOTE, *Bull. 2013, vol. n°1,* p.16.

[38] *CA ch. sociale 2 arrêt n°263 du 14 juin 2005* Bank of Africa c/Bonneau et *CA ch. Soc 2 Arrêt n°472 du 6 novembre 2007* Elton SA c/Sarr.

[39] *CA Paris 28 février 1985 Rev. Soc. 1986,* p.249. Sur l'ensemble de la question cf. Me Doudou NDoye ; Observations sous ces 2 arrêts à la *Revue Edja n°76-Janvier –Février Mars 2008* pp.75 à 84.

CHAPITRE II :

LES CRITÈRES DU CONTRAT DE TRAVAIL

Les trois éléments caractéristiques du contrat de travail sont : la prestation de travail, la rémunération et le lien de subordination.

SECTION I :

LA PRESTATION DE TRAVAIL

Elle consiste en une obligation de faire qui doit revêtir certaines caractéristiques.

PARAGRAPHE I :

LA PRESTATION DE TRAVAIL EST UNE OBLIGATION DE FAIRE

Le salarié est normalement engagé pour rendre des services à son employeur. Son engagement l'oblige donc à accomplir des actes destinés à la réalisation du travail pour lequel il est embauché. Il peut s'agir d'actes matériels (activité physique, artistique, intellectuelle) ou juridiques (la représentation de l'employeur auprès de tierce personne).

PARAGRAPHE II :

LES CARACTÉRISTIQUES DE LA PRESTATION DE TRAVAIL

La prestation de travail doit être accomplie volontairement (ce n'est pas un travail forcé).

Elle doit être individuelle et non collective, même si elle contribue à une œuvre collective.

Elle doit être personnelle. Dès lors, le travailleur ne peut se faire substituer un tiers. Il s'agit du caractère *intuitus personae* du contrat de travail.

Elle doit être à exécution successive, ce qui expose le contrat de travail à la révision.

SECTION II :

LA RÉMUNÉRATION

La rémunération constitue une condition nécessaire qui peut se présenter sous diverses formes.

PARAGRAPHE I :

LA RÉMUNÉRATION, CONDITION NÉCESSAIRE

En l'absence de rémunération, on ne peut pas parler de contrat de travail. Il en est ainsi des travaux accomplis ou services rendus bénévolement entre amis.

PARAGRAPHE II :

LES DIVERSES FORMES DE RÉMUNÉRATION

La forme et les modalités de la rémunération ne sont pas décisives pour qualifier le contrat de travail dans la mesure où, on les retrouve dans d'autres contrats à titre onéreux (contrat d'entreprise etc.). Elles ne peuvent que constituer des éléments d'indices qui doivent être confirmés par le lien de subordination.

SECTION III :

LE LIEN DE SUBORDINATION

C'est l'élément décisif qui permet de qualifier le contrat de travail[40]. Cette position a été confortée par la Cour suprême[41].

Le lien de subordination constitue donc la condition nécessaire et suffisante dans la mesure où le travailleur se place sous l'autorité, la direction et la responsabilité de l'employeur. De plus, c'est ce lien de dépendance qui permet de distinguer le contrat de travail des autres contrats à titre onéreux, générateurs d'obligations de faire.

L'établissement du lien de subordination peut être vérifié à partir du comportement des parties et les conditions de travail. Ce sera le cas lorsque le travailleur reçoit des instructions précises sur l'organisation du travail. Il s'agit notamment du recrutement du personnel, de l'achat de matériel et de la fixation de leur prix etc.

En présence d'une négation du lien de subordination, il devient utile de requalifier la relation entre les parties. C'est notamment le cas d'un contrat de prestation de service[42].

---

40 Pour une application voir *C.A. de Dakar, Arrêt n°405 du 13 juillet 2011*, Papa DIALLO ZATOR c/ La Société PNN LDT, *Bull.2013 vol. n°1*, p.135.

41 *C.S. du Sénégal Arrêt n°6 du 11 février 2015*, Complexe le Paradis c/ Abdoulaye NDIAYE. *Bull. C.S. 2015, n° 9-10, p.166*, "Ne met pas la Cour en mesure d'exercer son contrôle, au regard de l'article L.2 du Code du travail, une Cour d'appel qui pour qualifier les relations entre les parties de contrat de travail, énonce que le contrat de gérance n'épouse pas les contours de location-gérance sans préciser les éléments qui lui permettent de retenir le lien de subordination". *Adde C.S. du Sénégal, Arrêt n° 41 du 27 mai 2015*, CORAF c/ DOGO SECK, Bull. C.S. 2015, n° 9-10, p.189.

42 Voir dans ce sens, *C.S. du Sénégal, Arrêt n° 59 du 28 octobre 2015*,Ndèye Rokhaya DIEYE c/ Lead Afrique francophone , *Bull. C.S. 2015, n° 9-10*, p.196; " ... selon le contrat de consultance, le consultant agit en tant que prestataire de service, il n'est pas employé du projet. À ce titre, le projet n'assume aucune obligation que celle de payer des honoraires".

TITRE II :

LA FORMATION DU CONTRAT DE TRAVAIL

En principe, elle obéit au droit commun de la formation du contrat. Cependant, on peut relever quelques particularités sur lesquelles il convient d'insister. Il s'agit de l'exigence des conditions de fond (chapitre I), et de l'allègement du formalisme (chapitre II).

CHAPITRE I :

L'EXIGENCE DES CONDITIONS DE FOND

Les conditions de fond visées concernent la capacité, le consensualisme et la durée du contrat de travail.

SECTION I :

LA CAPACITÉ

Il est établi que la majorité civile est de 18 ans.

Toutefois, l'âge à partir duquel un contrat de travail peut être formé pour les mineurs a été rabaissé à 15 ans, sauf dérogation du Ministre du travail. Cet âge correspond au seuil légal minimal de scolarisation obligatoire au Sénégal.

SECTION II :

LE CONSENSUALISME

Le consensualisme est un principe qui admet de multiples restrictions.

PARAGRAPHE I :

LE PRINCIPE DE LA LIBERTÉ CONTRACTUELLE

C'est un principe juridique posé par l'article 42 du C.O.C.C. En vertu de ce principe, les parties sont libres de contracter ou non, de choisir leur cocontractant, de déterminer le contenu du contrat et de s'en retirer.

Toutefois, il existe de nombreuses restrictions à cette liberté.

PARAGRAPHE II :

LES RESTRICTIONS AU PRINCIPE

Elles peuvent être d'origine légale ou conventionnelle.

A). Les restrictions d'origine légale :

Il s'agit, d'une part, des interdictions de contracter et, d'autre part, des obligations de contracter.

1). Les interdictions de contracter :

Il s'agit de :

- ***l'interdiction et la répression du débauchage (art. L.5 du C.. trav.) :***

Le débauchage consiste à inciter un travailleur à quitter son emploi pour se mettre au service d'un autre employeur ;

- ***l'interdiction du travail au noir et du cumul d'emploi :***

En principe, le travailleur peut, sauf clause contraire, en dehors de son temps de travail, exercer une autre activité professionnelle, à la condition que cette dernière ne concurrence pas celle de son premier employeur, et que ce travail extérieur ne nuise pas à la bonne exécution des services qu'il rend à son employeur (art. L.35 C. trav.).

Il existe un cumul d'emploi dans les cas suivants :

Lorsque le travailleur cumule avec son emploi, l'exercice pour son propre compte, d'une profession concurrente. À cet égard, la profession agricole est exclue.

Lorsque le travailleur effectue, pour un autre employeur, en plus d'un horaire hebdomadaire de travail supérieur ou égale à la durée légale des travaux rémunérés relevant des professions artisanales, industrielles et artisanales.

Lorsque le travailleur effectue, pour le même employeur, des travaux rémunérés au-delà de la durée maximale fixée par la loi ;

- ***la protection de la main d'œuvre nationale :***

Elle concerne la limitation de la liberté d'embauche des étrangers ainsi que ceux détenant des visas touristiques. Cependant, il est possible de fixer des quotas pour ces étrangers ;

- ***la protection de la santé des femmes et des enfants*** :

Il ya par exemple, l'interdiction du travail de nuit. Également, les femmes salariées qui sont enceintes ne peuvent être employées à travailler pendant la durée légale de congé de maternité.

Il y a aussi l'interdiction des pires formes de travail des enfants (Cf. Convention de l'OIT n°102)[43].

2). Les obligations de contracter :

Ce sont des obligations qui incombent essentiellement aux employeurs et qui s'expriment pour les travailleurs en des droits et priorités.

À titre d'exemples, on peut citer :

le droit de priorité des travailleurs licenciés pour motif économique dans leur ancienne entreprise ;

la priorité accordée aux apprentis pour promouvoir la formation professionnelle.

Les employeurs sont tenus de réserver aux mutilés du travail un pourcentage de leurs emplois, déterminé par arrêté ministériel.

B). Les restrictions d'origine conventionnelle :

Il a l'exclusivité de l'activité professionnelle. En effet, le salarié doit toute son activité professionnelle à son employeur (art. L.35 al.1 C. trav.), ce qui constitue une obligation de loyauté[44].

Il y a les clauses de non rétablissement ou de non réembauchage. Elles interdisent au travailleur de se rétablir dans une activité concurrente de celle de son employeur ou de se faire réembaucher par un employeur exerçant dans le même secteur d'activité. Une telle clause a vocation à s'appliquer après la rupture du contrat.

S'agissant de la clause de non concurrence, son domaine d'application est circonscrit dans le temps (1 an) et dans l'espace (dans un rayon de 50 km autour du lieu du travail) (art.L.35 C. trav.)[45].

---

[43] V. **NDIAYE (I.Y.)**, " Le travail des enfants en Afrique (Benin, Burkina Faso, Côte d'Ivoire, Guinée – conakry, Mali, Sénégal), *Bulletin de droit comparé du travail et de la sécurité sociale, 2000,* pp. 133 et 148.

[44] **V.CISSE NIANG (A.)**, "Obligation de loyauté dans les rapports de travail", note sous cassation 27 juillet 1994, Bull. n°1, 1995, p. 119. *Revue de l'association sénégalaise de droit pénal, janvier-décembre 1996*, pp. 168 à 170.

[45] V. **THIAW (E.A.),** *La clause de non concurrence en droit du travail sénégalais*, Éditions universitaires européennes, 2011.

SECTION III :

L'AUTONOMIE DE LA VOLONTÉ ET LA DURÉE DU CONTRAT DE TRAVAIL

Il existe différentes variétés de contrat de travail. On peut citer le contrat de travail à durée déterminée (CDD), le contrat de travail à durée indéterminée (CDI), le contrat d'engagement à l'essai, le contrat d'apprentissage et le contrat de stage auquel nous associerons la formation professionnelle.

PARAGRAPHE I :

LE CONTRAT DE TRAVAIL À DURÉE DÉTERMINÉE

Il y a CDD lorsque cette durée est précisée à l'avance par la volonté des parties (art. L.41 C. trav.).

En outre, il existe d'autres types de contrats assimilés au CDD. Il s'agit du contrat pour l'exécution d'un ouvrage ou la réalisation d'une entreprise dont la durée peut être fixée à l'avance avec précision.

Le CDD ne peut pas dépasser deux (2) ans (art. L.44 al.2 C. trav.). À défaut, il est présumé conclu pour une durée indéterminée[46]. Aussi, on n'en déduit que le législateur manifeste sa préférence pour le contrat à durée indéterminée.

La règle contenue dans l'article L.44 al 2 précitée, ne s'applique pas aux journaliers, saisonniers, dockers, aux travailleurs engagés en complément d'effectif, aux travailleurs engagés pour assurer le remplacement provisoire d'un travailleur de l'entreprise en suspension légale de contrat de travail[47].

De même, elle ne s'applique pas aux travailleurs engagés par des entreprises relevant d'un secteur d'activité dans lequel il est d'usage de ne pas recourir au contrat à durée indéterminée en raison des

---

46 **V. ZKARI (A.),** " La novation d'un contrat à durée déterminée en contrat à durée indéterminée en droit camerounais du travail", *Revue Edja* n°47, *Oct-Novembre-Décembre*, pp. 7 à 24.

47 Voir *C.S. du Sénégal, Arrêt n°14 du 11 février 2015*, Modou Moustapha LO c/ SIPS, Bull. *C.S. 2015, n° 9-10, p.177.*" ... les relations de travail ont duré de façon continue pendant huit ans, ce qui exclut le caractère temporaire de l'engagement et le surcroit exceptionnel des activités".

caractéristiques de l'activité exercée (art. L.43 C. trav.). Il s'agit notamment des entreprises de bâtiment et de travaux publics (BTP).

Le recours à cette forme de contrat est tellement fréquent au niveau des entreprises au point que la doctrine s'est demandée si c'est elle qui va créer les futurs emplois[48].

En plus, la jurisprudence décide que le contrat de travail à durée déterminée ne peut avoir pour objet de pourvoir durablement un emploi lié à l'activité normale et permanente de l'entreprise[49].

On assiste ainsi à un mouvement de précarisation organisé par la loi et qui débouche sur une multiplication des cas de recours aux contrats à durée déterminée[50]. Dans cette dynamique, on remarque aussi la légalisation du travail temporaire[51]. Ce dernier se singularise par l'existence d'une relation triangulaire : une entreprise de travail recrute du personnel salarié et le met à la disposition d'une autre entreprise utilisatrice, pour l'exécution d'un travail précis.

C'est le développement des moyens et réseaux de communication et l'externalisation de certaines activités à faible valeur ajoutée qui ont favorisé la prolifération des entreprises de travail temporaire.

En outre, les pouvoirs publics ont permis à certaines entreprises de pratiquer des horaires de travail à temps partiel[52]. Est considéré comme travail à temps partiel, tout travail dont l'horaire est inférieur d'au moins un cinquième de la durée légale ou à la durée fixée conventionnellement pour la branche ou l'établissement (art. 2 de l'arrêté précité).

---

[48] V. **NDIAYE (I.Y.)**, " Le contrat de travail à durée déterminée : demain, l'emploi ? ", Rev., Dr. Social, *Revue de l'Association sénégalaise de droit pénal*, Janv-Déc. 1996, pp. 67 à 80.

[49] V. *C.A. de Dakar arrêt n°156 du 6 avril 2010*, Port autonome de Dakar c/ Adama Sakhir TOUNKARA, *bull. 2013, vol. n°1*, p.30.

[50] V. **BODIAN (Y.)**, La précarité de l'emploi et droit du travail sénégalais, *NAF 2013,* pp. 291 à 329.

[51] *Décret n° 2009 -1412 du 23 Décembre 2009* fixant la protection particulière des travailleurs employés par des entreprises de travail temporaire et les obligations auxquelles sont assujetties ces entreprises (J.O n°6518 du samedi 27 Mars 2010)

[52] *Arrêté ministériel n°11100 MFPTEOP-DTSS en date du 3 Décembre 2009* déterminant les modalités d'application du travail à temps partiel (J.O n°6523 du Samedi 1 er Mai 2010)

PARAGRAPHE II :

LE CONTRAT DE TRAVAIL À DURÉE INDÉTERMINÉE

Il s'agit de tout contrat qui ne répond pas aux définitions du contrat à durée déterminée, du contrat d'apprentissage, du stage ou du contrat d'engagement à l'essai (art. L.49 C. trav.). Par suite, une jurisprudence constante décide que tous les travailleurs sont liés par un contrat à durée indéterminée et qu'il appartient à l'employeur d'établir que celui-ci relève d'un contrat particulier[53].

PARAGRAPHE III :

LE CONTRAT D'ENGAGEMENT À L'ESSAI

Il y a engagement à l'essai lorsque l'employeur et le travailleur décide de se tester mutuellement en vue de conclure un contrat définitif (art. L.36 C. trav.). Du côté de l'employeur, il s'agit d'apprécier la qualité des services du travailleur et son rendement. Du côté du travailleur, il s'agit d'apprécier les conditions de travail, de vie, de rémunération, d'hygiène et de sécurité et le climat social de l'entreprise.

Ce contrat à l'essai doit être constaté par un écrit. À défaut, il sera traité comme un contrat définitif[54]. Dans tous les cas, il ne peut porter, renouvellement compris, que sur une période maximale de 6 mois.

PARAGRAPHE IV :

LE CONTRAT D'APPRENTISSAGE

C'est celui par lequel un employeur s'engage à donner ou à faire donner une formation professionnelle méthodique et complète à une autre personne et par lequel celle-ci s'oblige, en retour, à se conformer aux instructions qu'elle recevra et à exécuter les ouvrages qui lui seront confiés en vue de son apprentissage.

---

[53] V. *C.A. de Dakar arrêt n°156 du 6 avril 2010*, Port autonome de Dakar c/ Adama Sakhir TOUNKARA, arrêt précité. *Adde*, C.A. de *Dakar, Arrêt n°24, du 11 janvier 2011*, SATTAR c/ Mohamed DIOUF et 03 autres, B*ull. 2013, vol. n° 1,* p. 223. *Adde C.A. de Dakar, Arrêt n°272, du 5 avril 2011*, Jean Dedieu COLY, C/ CONTIPLUS, *Bull. 2013, vol. n°1*, p.286.

[54] Voir dans ce sens, *C.A. de Dakar, Arrêt n° 106 du 1er février 2011*, DISPROKA c/ Mama Yaré BENGA, *Bull. 2013, vol. n° 1*, p. 235.

La particularité est que cette convention se présente à la fois, comme un contrat de travail et comme un contrat d'éducation, de formation professionnelle.

PARAGRAPHE V :

LE CONTRAT DE STAGE ET LA FORMATION PROFESSIONNELLE

Le contrat de stage et la formation professionnelle sont prévus par le Code du travail. Selon l'article L. 75 du Code du travail, le contrat de travail, ou ultérieurement un avenant à ce contrat, peut prévoir une formation professionnelle en alternance ou en formation continue ou un stage. Le contrat ou l'avenant doit être constaté par écrit.

Les objectifs et la durée de la formation ou du stage ainsi que la rémunération doivent être expressément indiqués.

En outre, lorsque le travailleur bénéficie d'une formation ou d'un perfectionnement professionnels entraînant des charges supportées par l'employeur, il peut être stipulé que le travailleur sera tenu de rester au service de l'employeur pendant un temps minimum en rapport avec le coût de la formation ou du perfectionnement, en proportion de la période non travaillée par rapport à la totalité du temps minimum de service souscrit dans la convention (art. L.76 C. trav.).

Toutefois, ce cadre juridique qui ne visait que le travailleur en activité, ne favorisait pas l'insertion des jeunes diplômés dans le monde du travail. C'est donc pour remédier à cette insuffisance qu'est intervenue la Loi n° 2015-04 du 12 février 2015[55] qui constitue l'une des innovations majeures et récentes du Droit sénégalais du travail. Le contrat de stage y est défini comme une convention par laquelle une entreprise s'engage à assurer à une personne appelée stagiaire, l'acquisition d'une expérience et d'aptitudes professionnelles pour faciliter son accès à un emploi et son insertion dans le milieu professionnel (art. L.76 bis C. trav.). Plus précisément, c'est un contrat conclu entre une entreprise et un diplômé n'ayant pas encore exercé une activité professionnelle en rapport avec sa formation.

La loi distingue quatre types de contrat susceptibles d'être offerts au stagiaire. Il s'agit du contrat de stage d'incubation, du contrat de stage

---

[55] *J.O.R.S N° **6835** du 19 février 2015.*

d'adaptation, du contrat de stage pré-embauche et du contrat de stage de requalification.

Et, tous ces quatre types de contrat sont réglementés par le Décret n°2015-777 du 2 juin 2015.

Le contrat de stage d'incubation est celui par lequel, par le biais de l'encadrement, de l'assistance, et du parrainage, l'entreprise d'accueil prépare le stagiaire à mener une activité professionnelle comme entrepreneur (art. 2 du Décret précité).

Le contrat de stage d'adaptation est celui par lequel l'entreprise d'accueil assure au stagiaire l'acquisition d'une expérience pratique en rapport avec sa formation.

Le contrat de stage pré-embauche est celui par lequel l'entreprise accueille le stagiaire en vue d'une embauche définitive à l'issue du stage.

Enfin le contrat de stage de requalification est celui par lequel l'entreprise d'accueil assure à un jeune diplômé formé pour un métier donné, une qualification supplémentaire lui permettant d'exercer un autre métier.

C'est un contrat qui est susceptible de renouvellement et dans ce cas l'employeur a l'obligation de notifier sa décision au stagiaire au plus tard à la date d'expiration du contrat. A défaut le stagiaire bénéficie d'un contrat de travail à durée indéterminée[56].

---

[56] Voir dans ce sens, *C.A. de Dakar, Arrêt n°432 du 21 juillet 2011*, Alassane DIOP c/ Crédit Mutuel du Sénégal, *Bull. 2013, vol. n°1*, p. 138.

CHAPITRE II :

L'ALLÈGEMENT DU FORMALISME

Si la formation du contrat de travail obéit au principe du consensualisme, il existe cependant certaines limites liées à la présence d'un formalisme qui fait l'objet d'un allègement.

SECTION I :

LA SUPPRESSION DE L'AUTORISATION ADMINISTRATIVE PRÉALABLE

Au départ, tout engagement d'un travailleur était subordonné à l'obtention d'une autorisation préalable du service de la main d'œuvre qui avait le monopole des placements.

Désormais, on laisse la place libre pour le recrutement direct ou par l'entremise de bureaux de placement payants.

SECTION II :

LA NON EXIGENCE DE L'ÉCRIT

Le contrat de travail peut être écrit ou verbal et il peut être prouvé par tout moyen[57]. Cependant, l'écrit est nécessaire pour la validité de certains contrats[58], à savoir :

le contrat de travail journalier [59];

---

[57] Voir dans ce sens, *C.A. de Dakar, Arrêt n°389 du 12 juillet 2011*, Khalifa Ababacar NDOYE c/ Youssoupha BEYE, *Bull. 2013, vol. n°1,* p. 115.

[58] Sur cette question voir **GAYE (M.),** Les formalités contractuelles en droit sénégalais du travail, *Annales africaines nouvelle série Vol. 1*, Avril 2015, CREDILA, pp. 99 à 127.

[59] À cet égard, le juge décide que « l'employeur qui entend recourir à un contrat de travail journalier doit le faire par un écrit précisant au travailleur soit la durée exacte de l'engagement soit la nature de l'entreprise ou de l'ouvrage et la durée approximative de son exécution, sous peine de voir ce contrat assimilé à un contrat à durée indéterminée, soumis au délai de préavis réglementaire ». Voir dans ce sens, *C.A. de Dakar, Arrêt n°478 du 23*

le contrat d'engagement à l'essai ;
le contrat d'apprentissage ;
le contrat de stage ;
le contrat de formation professionnelle ;
le contrat d'engagement maritime ;
le contrat de tâcheronnat etc.

SECTION II :

LA LIMITATION DU VISA D'APPROBATION

Hormis les contrats de travail des travailleurs déplacés de leur résidence habituelle pour lesquels le visa est requis, l'inspecteur du travail n'intervient plus dans l'approbation des contrats de travail puisque ces derniers sont simplement déposés à l'inspection du travail avant tout commencement d'exécution ; ce qui constitue un allègement de la formalité du visa d'approbation. En effet, la demande de visa incombait à l'employeur. Si le visa était refusé, le contrat devenait nul de plein droit.

---

novembre 2010, SAXE c/ Saliou NGOM et autres, *Bull. 2013, vol. n°1*, p.52. *Adde*, dans le même sens voir *C.A. de Dakar, Arrêt n°480 du 16 août 2011*, Entreprise de bâtiment Souleymane Sène dite EBSS c/ Mamadou Khaly SOW, *Bull. 2013, vol. n°1,* p.191.

TITRE III :

LES EFFETS DU CONTRAT DE TRAVAIL

Ce titre comporte deux sous-titres :
sous-titre I : l'exécution normale du contrat ;
sous-titre II : l'exécution affectée du contrat.

SOUS TITRE I :

L'EXÉCUTION NORMALE DU CONTRAT DE TRAVAIL

Elle génère de multiples obligations qui incombent tour à tour, au salarié (chapitre I) et à l'employeur (chapitre II).

CHAPITRE I :

LES OBLIGATIONS DU SALARIE

Il s'agit essentiellement de l'exécution de la prestation de travail qui s'inscrit dans une durée réglementée par la loi.

SECTION I :

L'EXÉCUTION DE LA PRESTATION DE TRAVAIL

Cette exécution doit revêtir un caractère personnel. En outre, le salarié doit tout son temps et son dévouement à son employeur pour participer à l'activité de l'entreprise.

SECTION II :

LA RÈGLEMENTATION DE LA DURÉE DU TRAVAIL

Elle doit permettre au salarié de disposer d'un temps libre et suffisant pour se reposer, participer à sa vie familiale, avoir des loisirs et même parfaire son éducation. Ainsi donc, la journée, la semaine et l'année seront découpés en des moments de travail et de repos.

PARAGRAPHE I :

LA DURÉE DE LA SEMAINE DE TRAVAIL

L'analyse de cette durée tient compte du mode de calcul et des modalités d'application de la semaine des 40 heures. En outre, il y a les exceptions qui concernent les heures supplémentaires.

A) Calcul et modalités d'application de la semaine des 40 heures :

En principe, la durée légale du travail ne peut excéder 40 heures par semaine (art. L.135 C. trav.).

Cette règle s'applique surtout aux établissements non agricoles.

Dans les établissements de travail agricoles, on retient le système de l'annualisation, à savoir 2352 h/an. En effet, le travail agricole repose sur un rythme saisonnier qui n'est pas forcément le même que celui des établissements non agricoles.

S'agissant des modalités, il existe plusieurs formules qui tiennent compte du nombre de jours.

Dans les professions non agricoles, il y a deux (2) schémas :

8 h x 5 jours avec 1 repos de 2 jours ;

6h40 mn x 6 jours avec 1 jour de repos.

Dans tous les cas, on ne pourra dépasser 8h de travail maximum par jour. Au-delà, ce sont les heures supplémentaires.

B). Les dérogations : les heures supplémentaires :

Les heures supplémentaires sont des heures effectuées au-delà de la durée légale hebdomadaire ou de la durée considérée comme équivalente et qui donnent lieu à majoration de salaire (art. L.138 C. trav.).

En l'absence de convention collective ou d'accord d'établissement, c'est un arrêté qui doit fixer les modalités d'exécution et les taux des heures supplémentaires effectuées le jour ou la nuit ainsi que la durée maximale des heures supplémentaires qui peuvent être effectuées en cas de travaux urgents ou exceptionnels et de travaux saisonniers.

En outre, c'est le Ministre chargé du travail qui doit déterminer le contingent annuel d'heures supplémentaires pouvant être effectuées.

Mais, lorsqu'il s'agit de dérogations permanentes, il n'est pas nécessaire pour le chef d'entreprise de demander une autorisation spéciale à l'administration du travail.

PARAGRAPHE II :

LE REPOS HEBDOMADAIRE

Le repos hebdomadaire est obligatoire. Il est au minimum de 24 heures consécutives par semaine. Il a lieu en principe le dimanche (Art. L.147 C. trav.).

À ce principe, il existe un certain nombre de dérogations. Celles-ci concernent les professions pour lesquelles et les conditions dans lesquelles, le repos pourra exceptionnellement et pour des motifs nettement établis, être donné par roulement ou collectivement d'autres jours que le dimanche. Également, le repos peut être suspendu par compensation des fêtes rituelles ou locales. Enfin, le repos peut être réparti sur une période plus longue que la semaine.

Autrement dit, il existe des dérogations au repos dominical et au repos hebdomadaire.

Toutefois, la dérogation au repos hebdomadaire peut se faire tantôt avec un repos compensateur, tantôt sans repos compensateur.

PARAGRAPHE III :

LES CONGES PAYES

Le bénéfice de ces congés, obéit à des conditions et à des modalités pouvant déboucher sur l'octroi d'une indemnité.

A) Conditions d'obtention du droit aux congés payés :

Sauf dispositions plus favorables des Conventions Collectives, le travailleur acquiert le droit au congé payé à la charge de l'employeur à raison de deux jours ouvrables par mois de service (art. L.148 C. trav.).

Les services effectifs sont tous ceux qui ont été effectués au service d'un même employeur y compris les services effectués temporairement en dehors du pays.

La durée des services effectifs doit s'inscrire dans une période de référence. La période de référence à prendre en compte est celle qui est déterminée à partir de la date de recrutement du travailleur ou de son retour de congé. Cette règle peut se comprendre dans la mesure où tout le monde ne part pas généralement en congé en même temps. Dès lors, il faut un étalement des congés.

B). Les modalités de jouissance des congés payés :

Le travailleur a droit à deux (2) jours ouvrables par mois de services effectifs si bien que la durée est de 12 x 2 = 24 jours. Il s'y ajoute que les mères de famille ont droit à un jour de congé supplémentaire par an pour chaque enfant de moins de 14 ans enregistré à l'état civil.

A ce nombre de congés déterminés, il existe quelquefois des déductions. En effet, lorsque le travailleur pendant l'année a dépassé le nombre d'absences accordés par la loi, les dépassements même convenus pourront donner lieu à déduction en fonction du nombre de jours dépassé.

Quant à l'époque ou la manière dont on prend le congé, en principe, elle doit être celle qui suit immédiatement la fin de la période de référence.

La jouissance effective du congé peut être reportée d'un commun accord, sans que la durée de services effectifs puisse excéder 3 ans. Dans ce cas, il faudra accorder au travailleur un congé de 6 jours ouvrables à prendre obligatoirement chaque année.

Le congé doit être, en principe, effectif et continu (on ne peut le fractionner) et il doit être pris en nature.

C). L'indemnité de congés payés :

Elle constitue une allocation perçue par le travailleur et qui est destinée à compenser la perte de salaire. Son montant est égal à 1/12ème des sommes perçues par le travailleur.

L'assiette de l'allocation comprend tous les éléments de salaire à la condition qu'ils aient la nature juridique de salaire.

L'allocation est payée au moment du départ de congé et c'est à ce moment que le paiement devient exigible. Dans certains cas, on parle d'indemnité compensatrice de congés payés lorsque le travailleur ne peut jouir de ses congés en nature. Il en est ainsi dans les cas suivants :

Le travailleur engagé à l'heure ou à la journée, pour une occupation de courte durée n'excédant pas une journée perçoit son allocation de congé en même temps que le salaire acquis, au plus tard, en fin de journée (art. L.151 al. 2 C. trav.).

Le travailleur permanent qui bénéficie d'un contrat de travail mais dont le contrat est rompu avant que ne s'achève la période de référence. Il perçoit un pécule calculé à partir de la période de référence jusqu'à la rupture c'est-à-dire au prorota temporis.

Le travailleur n'ayant pas bénéficié, du fait de l'employeur, de la totalité de ses congés au cours de la période antérieure aux trois années précédant la rupture du contrat de travail. Ce travailleur doit pouvoir bénéficier du cumul de l'indemnité compensatrice et des dommages-intérêts (art. L.151 in fine C. trav.)

.

CHAPITRE II :

LES OBLIGATIONS DE L'EMPLOYEUR

L'obligation d'assurer la continuité de l'exécution du contrat de travail doit s'accompagner du paiement régulier des salaires. En outre, dans certaines situations, l'employeur est tenu de verser des prestations en nature.

SECTION I :

LA RÉMUNÉRATION DU SALARIE

Cette étude concerne les éléments du salaire, les modalités de rémunération du salaire et des règles de protection de la créance de salaire.

PARAGRAPHE I :

LES ÉLÉMENTS DU SALAIRE

Il y a, d'une part, le salaire principal de base et d'autre part, les accessoires de salaire.

A). Le salaire principal de base :

C'est celui qui rémunère une quantité de travail. Il peut s'agir d'un temps de travail (salaire au temps) ou bien on peut prendre en compte le salaire au rendement (résultat). Si c'est le salaire au temps, on tient compte de l'unité de temps (l'heure) et on évalue le coût de l'heure de travail.

Il existe une échelle au bas de laquelle la valeur du taux horaire ne pourra jamais être inférieure au salaire minimum interprofessionnel garanti (SMIG). Le SMIG constitue un socle à partir duquel on édifie l'échelle des salaires.

Si c'est le salaire au rendement ou à la tâche, le salaire est calculé en fonction de la quantité de travail fourni. Dans ce cas, on doit faire en sorte qu'il procure au travailleur de capacité moyenne et travaillant normalement, un salaire au moins égal à celui du travailleur rémunéré au temps effectuant un travail analogue (Art. L.110 al.1 C. trav.). En outre, c'est un mode exceptionnel de rémunération du salarié puisqu'il faut qu'une convention collective à laquelle l'employeur appartient le prévoit.

B). Les accessoires de salaire :

On peut les regrouper en deux (2) grandes rubriques, à savoir les compléments de salaire et les indemnités.

1). Les compléments de salaire :

À titre d'exemples, il y a les éléments ci-après :

le sursalaire : il constitue la différence entre le salaire de base minimum et le salaire réel accordé et qui lui est supérieur ;

les gratifications : elles sont allouées généralement en fin d'année et entrent dans les libéralités. Le principe et le montant de ces libéralités sont laissés entièrement à la discrétion de l'employeur lorsque les gratifications ne sont pas prévues par les conventions collectives ;

la prime d'ancienneté : c'est une prime de fidélité à l'attachement du salarié à l'entreprise. Elle correspond à un pourcentage du salaire de base de sa catégorie. À cet égard la Cour suprême retient que la Cour d'appel qui condamne l'employeur au paiement d'une somme déterminée au titre de la prime d'ancienneté doit préciser le mode de calcul, l'ancienneté et le salaire catégoriel de référence[60] ;

la prime de rendement : elle est différente de la rémunération au temps. Cette prime permet de compléter la rémunération au temps en cas d'amélioration de la productivité.

2). Les indemnités :

Ce sont des sommes qui n'ont pas pour cause juridique le travail mais elles constituent soit le remboursement de frais professionnels, soit la réparation de préjudice, soit la compensation de certaines servitudes

---

[60] Voir, *C.S. du Sénégal, Arrêt n°13 du 11 février 2015*, Éditions trois fleuves c// Adama KONE, *Bull. C.S. 2015, n° 9-10*, p.175.

ou certaines sujétions que le salarié est obligé de supporter dans l'exercice de son emploi.

PARAGRAPHE II :

LES MODALITÉS DE RÉMUNÉRATION DU SALAIRE

Le salaire doit être payé en monnaie ayant cours légal au Sénégal, nonobstant toute stipulation contraire (art. L.114 C. trav.). On peut permettre le paiement par d'autres moyens comme le chèque ou le virement bancaire ou postal.

Le paiement de tout ou partie du salaire en alcool ou en boissons alcoolisés est formellement interdit.

Il existe une périodicité et une époque du paiement. En outre, la paye doit être faite pendant les heures de travail et le temps de paye est considéré comme temps de travail et rémunéré comme tel[61].

Le salaire doit être payé, en principe, à intervalles réguliers, ne pouvant excéder quinze (15) jours pour le travailleur payé à l'heure ou à la journée et un mois pour le travailleur payé au mois.

Sauf cas de force majeure, la paye doit être faite sur le lieu du travail ou au bureau de l'employeur lorsqu'il est voisin du lieu de travail. En aucun cas, elle ne peut être faite dans un débit de boissons ou dans un magasin de vente, sauf pour les travailleurs qui y sont normalement occupés.

PARAGRAPHE III :

LA PROTECTION DE LA CRÉANCE DE SALAIRE

Elle se justifie par l'idée selon laquelle le salaire revêt un caractère alimentaire accentué. Ainsi donc, en tant qu'unique source de revenu modeste du travailleur, la loi a jugé indispensable d'entourer la créance de salaire de règles assez protectrices. Dans cette perspective, la protection joue contre l'employeur et contre les tiers.

---

[61] Voir dans ce sens *C.A. de Dakar, Arrêt n°167 du 4 mai 2010*, Guillaume Louis SARR c/ SAGAM Sécurité, *bull. 2013, vol n°1*, p. 84.

A). La protection contre l'employeur :

Elle intervient dans trois rubriques qui concernent respectivement les prélèvements sur salaire, la preuve du paiement des salaires et l'action en paiement du salaire.

1). Les prélèvements sur salaire :

L'employeur ne peut pas infliger des amendes au travailleur (art. L.129 C. trav.)

Les prélèvements autorisés ne doivent pas dépasser un certain plafond. Sont visés les retenues (remboursements de fournitures en prestation en nature), les consignations, les cotisations fiscales, syndicales, de sécurité sociale. Il y a aussi les retenues de la quotité cessible ou saisissable du salaire pour rembourser les prêts ou les avances sur salaire. La quotité cessible est déterminée par le Code de procédure civile : 10% -20.000 F ; 20%- 20001 à 30.000 ; 30% - 30001 à 100.000 F ; 40 % 100.000 – à 200.000 F et 100% au-delà de 200.000[62].

Il faut établir une différence entre les avances d'argent (prêts) et les acomptes sur salaire (fraction de paiement du salaire). En effet, l'employeur est autorisé à prélever intégralement les acomptes.

S'agissant des avances, en principe, l'employeur ne peut consentir une avance supérieure à 6 mois de la quotité de salaire cessible ou saisissable. Pour ce faire, il faut que les formalités de la cession volontaire de salaire soient respectées.

La compensation entre les salaires ou appointements et les dettes du travailleur envers l'employeur, ne peut être opérée qu'en vertu de l'article 215 du COCC et par voie de justice.

Toutefois, cette règle ne s'applique pas en cas de rupture du contrat imputable au travailleur ou à la suite de sa faute lourde.

2) La preuve du paiement des salaires :

En droit du travail, l'employeur est tenu de deux obligations fondamentales : il doit établir qu'il a payé le salaire et ce qu'il a payé. L'employeur a donc l'obligation d'individualiser les éléments du salaire

---

[62] **V. MANZANZA LUMINGU (Y.J.)**, *Droit du travail congolais. Analyse critique des retenues légales sur la rémunération en République Démocratique du Congo*, Éditions universitaires européennes, 2012.

et l'obligation de délivrer un bulletin de paie et de tenir un registre des paiements (art. L.116 C. trav.).

En cas de contestation sur le paiement du salaire, le non-paiement est présumé de manière irréfutable, si l'employeur n'est pas en mesure de produire le registre des paiements dûment émargé par le travailleur (art. L.117 C. trav.).

Un assouplissement a été apporté au régime de cette preuve dans le but d'assurer une plus grande justice entre les partenaires sociaux. En effet, il peut arriver qu'un employeur de bonne foi, en l'absence du bulletin de paie ou du registre de paiement, puisse apporter, sous le contrôle du juge, la preuve qu'il a effectivement payé le salaire par chèque ou par virement bancaire ou postal.

A défaut de son imputation à tout autre élément de la rémunération individualisé par le bulletin de paie, le paiement effectué sera, sauf preuve contraire, présumé être le salaire de base du travailleur.

3) L'action en paiement du salaire :

Dans l'exercice de l'action en paiement du salaire, le législateur a aménagé trois (3) mécanismes destinés à assurer la protection de la créance de salaire.

Il s'agit de l'exception de transaction, l'exception de renonciation et de l'exception de prescription.

L'exception de transaction : en droit du travail, les seules transactions valables sont celles qui interviennent devant l'inspecteur du travail ou devant le Président du tribunal du travail sous forme de conciliation[63].

L'exception de renonciation : l'acceptation d'un bulletin de paie par le travailleur sans protestation ou réserve, ne peut valoir de sa part renonciation à tout ou partie du salaire ou à tout élément de salaire de quelque nature que ce soit qui lui serait dû en vertu de la loi, des règlements ou du contrat (art. L.116 al.7 C. trav.).

L'exception de prescription : l'action des travailleurs en paiement de salaires ainsi que, plus généralement de toute somme due par l'employeur au travailleur, et celle en fourniture de prestation en nature, se prescrivent par cinq (5) ans (art. L.126 C. trav.). Toutefois, en application de l'article L.128, si le serment déféré par le travailleur à son

---

[63] **V.DIWNI SHUTSHA (D.D.)**, *Transactions et contrat de travail, une analyse comparative en droit congolais, français et belge*, Éditions universitaires européennes, 2012.

employeur n'est pas prêté, l'action en paiement de salaire se prescrit par 10 ans[64].

B) La protection contre les tiers :

Par tiers, il faut comprendre les propres créanciers du travailleur, les propres débiteurs du travailleur et les créanciers de l'entreprise.

- Les créanciers du travailleur : il faut rappeler que le travailleur ne peut céder son salaire que dans les formes prévues par la loi. Cette cession ne peut être effectuée qu'à compter de la quotité cessible mensuelle (le tiers du salaire).

- Les débiteurs du travailleur : la loi accorde au travailleur deux garanties.

D'abord, il y a le droit de rétention. Le travailleur détenteur de l'objet par lui œuvré, peut exercer le droit de rétention (art. L.124 C. trav.). Pour ce faire, il doit détenir le bien pour son compte et non pour le compte d'autrui. Les biens en question sont des objets mobiliers confiés au travailleur pour être travaillés, façonnés, réparés ou nettoyés et qui n'auront pas été retirés dans le délai de six (6) mois. Ce droit ne peut être exercé que dans le cadre d'un contrat d'entreprise.

Ensuite, il y a l'assistance judiciaire. Il est acquis d'office pour toute demande d'autorisation de saisie-attribution que le travailleur croit devoir présenter à la juridiction de droit commun (art. L 125 C. trav.).

- Les créanciers de l'entreprise : a due concurrence de la fraction insaisissable du salaire, les créances de salaire du travailleur bénéficient d'un privilège préférable à tous autres privilèges généraux ou spéciaux. Ce privilège s'exerce sur les biens meubles et immeubles de l'employeur.

SECTION II :

LES PRESTATIONS EN NATURE

Elles concernent le logement, le ravitaillement et le déplacement du travailleur.

Dans le cas où le travailleur a été déplacé de sa résidence habituelle et introduit au lieu d'emploi par l'employeur pour l'exécution d'un

---

[64] Voir dans ce sens, *C.S. du Sénégal, Arrêt n° 72 du 23 décembre* 2015, Vénus Industries SARL c/ Mariama DIOUF et (20) autres, *Bull. C.S. 2015, n° 9-10*, p.207.

contrat de travail, celui-ci est tenu de lui procurer un logement suffisant pour lui et sa famille (art. L.106 C. trav.).

Dans le cas où le travailleur ne peut, par ses propres moyens, obtenir pour lui et sa famille, un ravitaillement régulier en denrées alimentaires de première nécessité, l'employeur est tenu de les lui fournir (art. L.107 C. trav.).

Lorsqu'un travailleur, en service au Sénégal, est astreint par obligation professionnelle à un déplacement occasionnel et temporaire hors de son lieu habituel d'emploi, il a droit à une indemnité dite « indemnité de déplacement ».

SOUS-TITRE II :

L'EXÉCUTION AFFECTÉE DU CONTRAT DE TRAVAIL

Il existe certains événements susceptibles d'affecter le contrat de travail. Il s'agit de la modification de la situation juridique de l'employeur (chapitre I), la révision du contrat de travail (chapitre II) et la suspension du contrat de travail (chapitre III).

CHAPITRE I :

LA MODIFICATION DE LA SITUATION JURIDIQUE DE L'EMPLOYEUR

S'il survient une modification dans la situation juridique de l'employeur, notamment par succession, reprise sous une nouvelle appellation, vente, fusion, transformation de fonds, mise en société, tous les contrats de travail en cours au jour de la modification subsistent entre le nouvel employeur et le personnel de l'entreprise (art. L.66 C. trav.)[65]

Ce texte consacre ainsi une modalité de transfert des salariés dont il convient d'examiner les conditions d'application et les effets[66].

SECTION I :

LES CONDITIONS D'APPLICATION

Elles se résument en trois éléments. Il s'agit de la modification de la situation juridique de l'employeur, de la continuité de l'entreprise et des contrats en cours.

PARAGRAPHE I :

LA MODIFICATION DE LA SITUATION JURIDIQUE DE L'EMPLOYEUR

C'est une condition essentielle et elle doit être distinguée de la situation économique. Cependant, il convient de signaler utilement que la modification de la situation économique peut entraîner une modification de la situation juridique.

---

65 V. **NDIAYE (I.-Y.)**, *Les vicissitudes de l'emploi et le sort de l'emploi*, Thèse, Dakar, 23 janvier 1989.

66 V. **KANTE (A.)**, "Les transferts de salariés en droit du travail sénégalais", *NAF n° 2, 2008*, p.p. 365 à 398.

PARAGRAPHE II :

LA CONTINUITÉ DE L'ENTREPRISE

Le texte ne s'applique que si c'est la même entreprise qui se poursuit. À cet égard, plusieurs critères pourront être retenus : l'identité de la clientèle, les mêmes locaux, la rupture d'activité suivie d'une reprise d'activité etc.

À l'inverse, le travailleur qui a effectué un stage dans une société distincte de celle avec laquelle il a signé un contrat de travail, ne peut invoquer l'existence d'une succession d'employeur entre les deux entités, même s'il est établi que celles-ci appartiennent à la même personne[67].

PARAGRAPHE III :

LES CONTRATS EN COURS

La notion de contrat en cours ne s'applique pas aux contrats de travail déjà rompus. Par contre, lorsque les contrats sont momentanément suspendus, ils seront maintenus.

SECTION II :

LES EFFETS

Ils concernent d'une part, l'ancien employeur et, d'autre part, le nouvel employeur.

PARAGRAPHE I :

À L' ÉGARD DE L'ANCIEN EMPLOYEUR

Puisqu'il cède son droit, après la modification, il devient étranger à l'entreprise. Toutefois, il devra répondre normalement des dettes sociales nées avant la modification.

---

67 Voir dans ce sens, *C.A. de Dakar arrêt n°157 du 6 avril 2010*, La société SATREC SOTRAPAL c/ Abibatou lissoune DIOP, *Bull. vol. n°1*, p.35.

PARAGRAPHE II :

À L' ÉGARD DU NOUVEL EMPLOYEUR

Il est obligé de maintenir les contrats individuels tels qu'il les a trouvés avec tous les avantages. Toutefois après audit, il pourra procéder à leur révision et prononcer un licenciement pour motif légitime personnel ou pour motif économique.

Sur le plan des rapports collectifs, il sera soumis aux différentes conventions collectives auxquelles appartient l'entreprise.

CHAPITRE II :

LA RÉVISION DU CONTRAT DE TRAVAIL

En raison du changement du tissu économique, la révision du contrat de travail peut s'imposer. Il s'agit d'appréhender la notion de révision et de décrire son mécanisme.

SECTION I :

LA NOTION DE RÉVISION DU CONTRAT DE TRAVAIL

On peut concevoir la révision comme une modification des conditions substantielles du contrat de travail. Il s'agit en l'occurrence de la prestation de travail[68] et de la rémunération. En effet, ces deux éléments entraînent un changement important et durable dans la situation économique et sociale des parties.

SECTION II :

LE MÉCANISME DE LA RÉVISION

Normalement, c'est un accord consensuel entre les deux parties. Ainsi donc, Si l'employeur a un pouvoir de direction et d'organisation de son entreprise, il peut toutefois dans l'exercice de ce droit, apporter unilatéralement des modifications substantielles dans les conditions d'exécution du contrat de travail. Constitue une modification substantielle, la mutation momentanée sans son consentement, du travailleur à un lieu différent de celui où il exerçait habituellement[69]. La proposition de révision peut émaner de chacune des parties. Si elle est

---

[68] Voir dans ce sens, *C.A. de Dakar, Arrêt n°285 du 7 avril 2011*, Directeur SAPROLAIT c/ Modou Ndayanne FAYE, *Bull. 2013, vol. n° 1*, p. 247.

[69] Voir dans ce sens *C.A. de Dakar, Arrêt n° 487 du 23 août 2011*, Ramatoulaye SOW c/ FNPJ, *Bull. 2013, vol. n°1*, p. 164.*Adde, C.A. de Dakar, Arrêt n°285 du 7 avril 20*11, arrêt précité.

refusée, on aura plusieurs cas de figure prévus par l'article L. 67 du Code du travail. Soit c'est l'employeur qui refuse, dans ce cas, le salarié peut rompre le contrat de travail en donnant sa démission. Soit c'est le travailleur qui rejette l'offre de l'employeur, ce dernier peut s'en arrêter là ou bien choisir de rompre le contrat. Dans ce cas, nous serons en présence d'un licenciement[70].

Dans tous les cas de figure, il convient de préciser que la révision subit un contrôle du juge qui vérifie la légitimité de la révision.

La révision devient légitime si elle est prévue par les conventions collectives, par les usages ou par un texte quelconque. En l'absence de texte, les juges doivent vérifier si la révision repose sur un motif légitime tenant à l'intérêt de l'entreprise ou même à celui du travailleur.

---

[70] Pour une application, voir *C.S. du Sénégal, Arrêt n°34 du 13 Mai 2*015,Société vivo Energy Sénégal c/ El Hadj Abdoul Hamid FAYE , *Bull. C.S. 2015, n° 9-10*, p.185; " A privé sa décision de base légale au regard de l'article L. 67 du Code du travail, la Cour d'appel qui déclare abusive la rupture des relations de travail à l'initiative de l'employeur, en se bornant à invoquer un changement d'emploi, de fonction et de prestation du travailleur, sans rechercher si ces éléments constituent une modification substantielle du contrat de travail emportant réduction de certains avantages.

CHAPITRE III :

LA SUSPENSION DU CONTRAT DE TRAVAIL

La suspension peut être définie comme l'interruption provisoire de l'exécution du contrat. Le contrat n'étant pas rompu, le lien contractuel demeure.

Il existe plusieurs causes de suspension prévues pour l'essentiel, par l'article L. 70 du Code du travail qui retient une douzaine d'événements. En matière de suspension, on distingue selon qu'elle est le fait de l'employeur ou du salarié.

SECTION I :

LA SUSPENSION DU FAIT DE L'EMPLOYEUR

Elle intervient en dehors d'un conflit social et en cas de conflit social.

PARAGRAPHE I :

LA FERMETURE D'ENTREPRISE EN DEHORS D'UN CONFLIT SOCIAL

Elle concerne le service militaire de l'employeur, la fermeture d'entreprise par décision administrative ou judiciaire et le chômage technique.

A). Le service militaire de l'employeur :

Il s'agit de l'employeur, personne physique qui ne peut plus assurer la direction de l'entreprise lorsqu'elle est fermée. La période de suspension n'est pas comptée comme temps d'ancienneté, ni comme droit au congé.

B). La fermeture d'entreprise par décision administrative ou judiciaire :

En application de la Loi n° 94-63 sur les prix, la concurrence et le contentieux économique, l'autorité administrative peut décider de la fermeture d'une entreprise pour une durée variable qui tient compte de trois situations.

La durée de la fermeture est inférieure à trois mois ; ce qui entraîne une suspension des contrats de travail.

La durée de la fermeture est supérieure à trois mois mais inférieure à deux ans ; ce qui peut entraîner la rupture des contrats.

La durée de la fermeture est supérieure à deux ans. Dans ce cas, il est fait renvoi au Code du travail qui n'a malheureusement rien prévu.

C). Le chômage technique :

Il permet à l'employeur de suspendre les contrats de travail de tout ou partie de son personnel, après consultation des délégués du personnel, en cas de nécessité d'une interruption collective résultant de causes conjoncturelles et accidentelles. Il s'agit notamment des accidents survenus au matériel, d'une interruption de la force motrice, d'un sinistre, des intempéries, d'une pénurie de matières premières d'outillage ou de moyens de transport (art. L. 65 C. trav.)[71].

À défaut de convention collective ou d'accord d'établissement, l'inspecteur du travail doit être préalablement informé des mesures envisagées.

PARAGRAPHE II :

LA FERMETURE D'ENTREPRISE DANS LE CADRE D'UN CONFLIT SOCIAL : LE LOCK-OUT

Le lock-out peut être appréhendé comme la décision d'un ou plusieurs employeurs d'interdire collectivement aux salariés l'accès à l'entreprise à l'occasion d'un conflit collectif.

---

[71] Toutefois, l'employeur, qui sous prétexte de mettre ses travailleurs en chômage technique conformément aux dispositions de l'article L.65 du C.T., vend son outil de travail commet un licenciement abusif. Voir dans *C.A. de Dakar, Arrêt n° 274 du 5 avril 2011*, Massaer BA et autres c/ SOCA, *Bull. 2013, vol. n°1*, p.268.

Il doit être distingué de la mise à pied disciplinaire qui est prise à titre individuel.

SECTION II :

LA SUSPENSION DU FAIT DU SALARIE

Ces différentes causes concernent les absences autorisées, les absences imposées au travailleur, les absences décidées par le travailleur et la mise en disponibilité du travailleur.

PARAGRAPHE I :

LES ABSENCES AUTORISÉES

Les absences sont légitimes lorsqu'elles sont prévues par la réglementation, les conventions collectives et les accords individuels (art. L. 70 al. 7 C. trav.).

Il existe des absences pour événements fortuits, des absences pour événements familiaux, des absences pour activités sportives et syndicales.

PARAGRAPHE II :

LES ABSENCES IMPOSÉES AU TRAVAILLEUR

Il s'agit d'une part, des décisions administratives, pénales ou disciplinaires et, d'autre part, de la santé du travailleur.

A). Les décisions administratives, pénales ou disciplinaires :

Ces absences sont liées au service militaire, à la détention préventive (détention provisoire), à la mise à pied du travailleur et à la condamnation pénale du travailleur.

La mise à pied est une sanction qui vise surtout le délégué du personnel. Lorsqu'elle est justifiée, elle entraîne la suspension de son contrat de travail. Elle ne peut être invoquée par l'employeur pour justifier un licenciement que dans les délais de l'article 16 al. 2 de la CCNI. Par suite, l'employeur qui congédie un salarié qui a fait l'objet d'une telle sanction après l'expiration du délai (6 mois), commet un licenciement abusif[72].

Lorsqu'on est en présence d'une condamnation à une peine privative des libertés du travailleur, ce dernier commet une faute lourde justifiant son licenciement, s'il n'informe pas son employeur afin de lui permettre de prendre des dispositions pour pourvoir aux tâches qui lui étaient dévolues et assurer la continuité et la bonne marche du service[73].

B). La Santé du travailleur :

C'est une cause de suspension qui concerne la maladie non professionnelle (celle n'ayant aucun lien avec le travail)[74], l'accident de travail, la maladie professionnelle et le congé de maternité.

S'agissant particulièrement du congé de maternité, la suspension intervient pendant la durée du congé. Par suite, la femme salariée à l'obligation de suspendre son contrat de travail pendant quatorze (14) semaines consécutives dont huit (8) postérieures à la délivrance. Cette suspension peut être prolongée de trois (3) semaines en cas de maladie dûment constatée et résultant de la grossesse ou de l'accouchement (art. L. 143 C. trav.).

PARAGRAPHE III :

LES ABSENCES DÉCIDÉES PAR LE TRAVAILLEUR

Il existe des absences liées à l'exercice d'un mandat professionnel ou d'un mandat parlementaire et les absences liées au déclenchement d'une grève.

---

72 Voir dans ce sens, *C.A. de Dakar, Arrêt n° 435 du 21 juillet 2011*, Pierre Emile SEMEDO c/ La Société CONDAK, Voir dans ce sens, *C.A. de Dakar, Arrêt n°432 du 21 juillet 2011*, Alassane DIOP c/ Crédit Mutuel du Sénégal, *Bull. 2013, vol. n°1*, p. 143.

73 Voir dans ce sens *C.A. de Dakar, Arrêt n° 458 du 2 août 2011*, Alassane MBENGUE c/ Simpa, *Bull. 2013, Vol. n°1*, p.170.

74 Dans ce cas le travailleur malade doit accomplir certaines formalités notamment, prévenir l'employeur et fournir un certificat médical dans les délais prescrits. A défaut son absence prolongée doit être assimilée à un abandon de poste justifiant son licenciement. Voir dans ce sens, *C.A. de Dakar, arrêt n° 600 du 19 Octobre 2011,* Ousseynou POUYE c/ Dakar intérim service, *Bull. 2013, vol. n°1*, p.111.

A). Les absences liées à l'exercice d'un mandat professionnel ou d'un mandat parlementaire :

À cet égard, on fait jouer les règles sur les incompatibilités. Cette période d'absence n'est pas comptabilisée comme temps d'ancienneté.

B). Les absences liées au déclenchement d'une grève :

La grève peut être définie comme « un arrêt concerté et collectif du travail de la part des salariés d'une entreprise pour obtenir la satisfaction de revendications professionnelles[75] »

La grève peut être licite ou illicite. Son illicéité peut se justifier pour des raisons de forme (non-respect du préavis) et de procédure ou bien pour des raisons de fond. Ces limitations à l'exercice du droit de grève tiennent compte désormais de la nécessité de protéger également l'intérêt de l'entreprise, ce qui a priori paraît inconciliable[76].

La grève produit des effets à l'égard des grévistes. Si la grève est licite, elle entraîne la suspension du contrat de travail. Dans le cas contraire, la grève illicite constitue une faute lourde pour ceux qui y participent.

PARAGRAPHE IV :

LA MISE EN DISPONIBILITÉ DU TRAVAILLEUR

C'est la position d'un travailleur qui, pendant une période déterminée, est autorisé à suspendre son contrat de travail pour convenance personnelle.

Cette suspension momentanée permet au travailleur de faire face à certaines obligations à caractère personnel. C'est le cas de la prolongation du congé de maternité, de l'assistance à un enfant physiquement diminué ou hospitalisé, de la création d'une activité etc.

La mise en disponibilité revêt un caractère exceptionnel et est laissée à la seule appréciation de l'employeur (art. L 68 C. trav.).

Dans le Code du travail, elle constitue une reprise de la CCNI qui en avait déjà posé le principe.

---

75 V. **ISSA-SAYEGH (J.),** *Droit du travail sénégalais,* Ed. NEA-LGDJ, 1987, p.581.

76 V. **SAKHO (A.)**, " Le droit de grève et survie de l'entreprise, *NAF, n°1- 2007*, pp. 353 à 362. *Adde* **FALL (P.T.)**, " Vraie ou fausse querelle autour de l'article 25 de la nouvelle constitution, *Quotidien le Soleil, 2,3,4,5 juin 2001.*

TITRE IV :

LA CESSATION DU CONTRAT DE TRAVAIL

Ce titre comporte cinq(5) éléments :
les règles générales de rupture du contrat de travail (chapitre I) ;
la cessation du contrat de travail à durée déterminée (chapitre II) ;
la cessation du contrat de travail à durée indéterminée (chapitre. III) ;
le licenciement pour motif économique (chapitre. IV) ;
la cessation du contrat des travailleurs protégés (chapitre V).

CHAPITRE I :

LES RÈGLES GÉNÉRALES DE RUPTURE DU CONTRAT DE TRAVAIL

Elles concernent les causes générales de rupture et les conséquences de la cessation des relations de travail.

SECTION I :

LES CAUSES DE LA RUPTURE

Quelle que soit la nature du contrat, elles entraînent la résiliation du contrat. Elles sont de plusieurs sortes :

la résiliation par consentement mutuel (art. 97 C.O.C.C) ;

la force majeure et l'impossibilité d'exécuter le contrat (art. 108 et 214 C.O.C.C) ;

le décès du travailleur. En effet, le contrat étant conclu *intuitus personae*, il ne passe pas à la charge des héritiers du travailleur.

le départ négocié[77] ;

À cet égard, le juge décide qu'en cas de rupture à l'amiable, le travailleur est malvenu à saisir la juridiction sociale pour obtenir le paiement d'une indemnité de licenciement, dès lors qu'il est établi que cette séparation ne lui a pas été imposée[78].

le départ à la retraite[79] ;

la faute lourde du travailleur. La faute lourde est celle qui est au sommet de l'échelle des fautes.

---

[77] V. **SARR TRAORE (M.-P.)**," Les départs négociés en droit sénégalais du travail", *Rev. Edja n°53, Avril-Mai-Juin 2002*, pp. 8 à 28. *Adde* **SAMB (M.)**, " Réformes et réception des droits fondamentaux du travail au Sénégal, *Revue Afrilex, Février 2000.*

[78] Voir *C.A. de Dakar, Arrêt n°18 du 6 janvier 2011*, Jean Bernard NADOLNY c/ Elisabeth DJIBOUNE, *Bull. 2013, vol. n° 1*, p. 210.

[79] Selon la Cour d'appel de Dakar « est légitime la rupture du contrat prononcée par l'employeur lorsque le travailleur concerné a atteint ou dépassé l'âge maximum de 60 ans, fixé par l'article L. 69 du Code du travail, même s'il a été engagé après sa mise à la retraite, dans l'entreprise où il exerçait auparavant. Voir *arrêt n° 1 du 4 janvier* 2011, Ousmane GOUDIABY c/ Hôtel Méridien Président, *Bull. 2013, vol. n° 1*, p. 206.

En cas de rupture, un contrôle judiciaire s'impose dans la mesure où le manquement doit être suffisamment grave pour justifier la résolution judiciaire. Il en résulte qu'une action en dommages-intérêts est toujours envisageable en cas de rupture abusive.

SECTION II :

LES CONSÉQUENCES DE LA RUPTURE

Elles sont relatives au reçu pour solde de tout compte, au certificat de travail et à l'obligation contractuelle de non concurrence.

PARAGRAPHE I :

LE REÇU POUR SOLDE DE TOUT COMPTE

Il ne pourra être opposé au travailleur la mention « pour solde de tout compte » ou toute mention équivalente souscrite par lui, soit au cours de l'exécution, soit après la résiliation de son contrat de travail, et par laquelle le travailleur renonce à tout ou partie des droits qu'il tient de son contrat de travail (art. L. 116 al. 7 C. trav.). Il résulte de ce texte que cette quittance (reçu) ne peut être retenue contre le salarié.

A l'inverse, le décompte peut bien être opposé à l'employeur qui l'a signée.

PARAGRAPHE II :

LE CERTIFICAT DE TRAVAIL

À l'expiration du contrat, l'employeur doit remettre au travailleur, au moment de son départ définitif de l'entreprise ou de l'établissement, un certificat indiquant exclusivement la date de son entrée, celle de sa sortie, la nature et les dates des emplois successivement occupés, la catégorie de la Convention collective dont le travailleur relève (art. L. 58 C. trav.). Sur ce certificat, on peut y ajouter des mentions élogieuses. En aucun cas, on ne peut y inclure des mentions erronées ou tendancieuses.

La délivrance du certificat de travail est une obligation de faire, à la charge de l'employeur[80]. Toutefois, elle reste une dette quérable.

PARAGRAPHE III :

L'OBLIGATION CONTRACTUELLE DE NON CONCURRENCE

C'est une obligation qui est limitée dans le temps et dans l'espace. En principe, elle ne pèse que sur le salarié lorsqu'il a démissionné ou s'il a été licencié pour faute lourde[81].

---

[80] Voir dans ce sens, *C.A. de Dakar, Arrêt n° 280 du 6 avril 2011*, Médoune GUEYE c/ Boulangerie Keur Serigne Saliou MBACKE, *Bull. 2013, vol. n°1*, p.261.

[81] Voir dans ce sens, *C.A. de Dakar, Arrêt n°159 du 6 avril 2010*, La sénégalaise des *télécommunications c/ Ndèye Mali NDIAYE – Société AKIL TELECOM, Bull. 2013, vol.1* p.39. À l'expiration du contrat de travail, « le juge déclare nulle de plein droit toute clause d'un contrat de travail portant interdiction pour le travailleur d'exercer une activité quelconque, à moins que la rupture ne soit le fait du travailleur ou résulte d'une faute lourde de celui-ci ».

CHAPITRE II :

LA CESSATION DU CONTRAT À DURÉE DÉTERMINÉE

Elle est régie par des règles spéciales que l'on peut percevoir dans les modes et les conséquences de la rupture.

SECTION I :

LES MODES DE CESSATION

Il s'agit essentiellement de deux modes, à savoir l'arrivée du terme et la rupture anticipée du Contrat de travail.

PARAGRAPHE I :

L'ARRIVÉE DU TERME

En principe, c'est le mode normal de cessation. L'arrivée du terme entraîne la fin du contrat sauf si les relations contractuelles de travail se poursuivent au-delà du terme par le fait qu'aucune des parties n'a pris l'initiative du départ. C'est la reconduction tacite ou expresse[82]. Cette dernière se fait soit selon une nouvelle durée déterminée si une clause du contrat le prévoit, soit en cas de silence des parties, pour une durée indéterminée. À l'arrivée du terme, si les relations contractuelles de travail ne se poursuivent pas à l'issue d'un C.D.D[83], il est alloué au salarié une indemnité de fin de contrat. Cette indemnité est égale à 7 % du montant de la rémunération totale brute due au travailleur pendant toute la durée du contrat (art. L. 47 C. trav.).

---

[82] Pour une application, voir *C.A. de Dakar, Arrêt n°402 du 13 juillet* 2011, Momar SY c/ IRIS Hôtel, *Bull. 2013, vol. n°1*, p. 127.

[83] Dans ce cas le juge décide : « L'employeur, qui n'entend pas renouveler les relations contractuelles, a l'obligation de le notifier au travailleur dans le délai de préavis stipulé dans le contrat de travail ». Voir dans ce sens, *C.A. de Dakar, arrêt n°161 du 6 avril 2010*, OXFAM AMERICA c/ Birame Ndiaye DIEYE, *Bull. 2013, vol. n°1*, p. 44.

PARAGRAPHE II :

LA RUPTURE ANTICIPÉE

Il ne peut être mis fin avant terme à un contrat à durée déterminée qu'en cas de faute lourde ou d'accord entre les parties constaté par écrit ou de force majeure (art. L.48 C. trav.).

SECTION II :

LES CONSÉQUENCES DE LA CESSATION

Elles dépendent de la personne de la victime.

Si c'est l'employeur, on applique le droit commun de la responsabilité.

A l'inverse, si c'est le travailleur qui a subi un préjudice il pourra prétendre à trois (3) chefs de réclamation, à savoir :

l'indemnité de licenciement qui est versée pour l'ancienneté ;

les dommages-intérêts. Dans le cas particulier du C.D.D, on retient le principe selon lequel il faut allouer au salarié une somme équivalente au salaire qu'il n'a pas perçu pendant la période restant à courir ;

l'indemnité de préavis qui sanctionne une brusque rupture.

CHAPITRE III :

LA CESSATION DU CONTRAT À DURÉE INDÉTERMINÉE

Il s'agit du licenciement de droit commun, encore appelé licenciement ordinaire[84].

SECTION I :

LA PROCÉDURE DU LICENCIEMENT

Elle nécessite la notification de la rupture et le respect d'un délai de préavis[85].

PARAGRAPHE I :

LA NOTIFICATION DE LA RUPTURE

L'employeur doit notifier par écrit son intention de rompre le contrat (art. L.50 C. trav.). Cette obligation vise principalement deux fonctions. D'abord, elle permet d'identifier l'auteur de la rupture. Ensuite, elle permet de fixer la date de cessation du contrat.

Une telle exigence formelle n'est requise qu'à titre de preuve ad probationem. Dès lors, l'absence d'un tel écrit ou son irrégularité ne rend pas le licenciement automatiquement abusif (art. L.51 C. trav.).

---

[84] V. **DIAKHATE FAYE (M.),** *Le droit commun du licenciement au Sénégal*, Thèse, 1992.

[85] V. **GAYE (M.),** *Les formalités contractuelles en droit sénégalais du travail, Annales africaine nouvelle série Vol. 1*, Avril 2015, CREDILA, pp. 99 à 127.

PARAGRAPHE II :

LE RESPECT D'UN DÉLAI DE PRÉAVIS

Le délai de préavis est fixé soit par les conventions collectives, soit par la réglementation. Ce délai peut être allongé en faveur du salarié par une disposition plus favorable du contrat individuel de travail.

Le non-respect du délai de préavis peut entraîner l'allocation de dommages-intérêts à la charge de la partie fautive. Cette sanction se justifie dans la mesure où, pendant la durée du délai de préavis, l'employeur et le travailleur sont tenus au respect de toutes obligations réciproques qui leur incombent (art. L.52 C. trav.)[86].

Toutefois, la rupture du contrat à durée indéterminée sans préavis peut intervenir en cas de faute lourde. Dans ce cas la preuve d'une telle faute incombe à l'employeur qui ne peut l'établir par de simples affirmations[87].

Dans le souci d'améliorer la situation du salarié, le Code du travail, reprenant une disposition prévue par la CCNI, favorise le salarié. En effet, il permet au travailleur licencié de quitter l'entreprise lorsqu'il retrouve un nouvel emploi qu'il doit occuper immédiatement. Toutefois, il devra produire les justifications s'il ne veut pas payer d'indemnité compensatrice (art. L.53 C. trav.).

Cependant, cette indemnité compensatrice n'est pas due lorsque l'une des parties commet une faute lourde sous réserve de l'appréciation de la gravité de la faute (art. L.54 C. trav.).

Si la résiliation est intervenue pendant le congé du travailleur, l'indemnité de préavis est doublée (art. L.55 C. trav.).

---

[86] Pour une application, *voir Jugement social n°12 du 6 mai 2013*, Trib. Trav. Ziguinchor, A. SADIO c/ Hôtel CAP CONCEPT.

[87] *C.A. de Dakar, Arrêt n°270 du 5 avril 2011,* Wayel AYAD c/ Aissatou BADJI, *Bull. 2013, Vol. n°1*, p. 292.

SECTION II :

L'EXIGENCE D'UN MOTIF RÉEL ET SÉRIEUX

Il s'agit de cerner la notion de motif réel et sérieux, la preuve de l'existence du motif réel et sérieux et les sanctions en l'absence de motif réel et sérieux.

PARAGRAPHE I :

LA NOTION DE MOTIF RÉEL ET SÉRIEUX

Elle repose sur un catalogue de faits et recouvre une infinité de cas concrets que l'on peut regrouper en deux rubriques, à savoir les motifs tenant au travailleur[88] et à l'entreprise[89].

A) Les motifs tenant au travailleur :

Il s'agit de l'inaptitude du travailleur et la faute commise par le travailleur.

1) L'inaptitude du travailleur :

Il s'agit de l'inaptitude physique médicalement constatée suite à une maladie professionnelle ou non professionnelle ou bien encore à un accident de travail.

C'est aussi l'inaptitude professionnelle qui est une mauvaise gestion, une mauvaise manière de servir. À cet égard, la jurisprudence décide que la charge de la preuve de l'insubordination notoire ainsi que celle de la mauvaise manière de servir du travailleur, incombe à l'employeur, à défaut, le licenciement est abusif[90].

---

[88] V. **NDOYE (N.)**, *Le licenciement pour motif personnel en France et au Sénégal (Étude de droit comparé)*, Thèse, Strasbourg, 2012.

[89] Ainsi donc, la « sénégalisation » de l'emploi visée par un employeur dans sa lettre ne saurait constituer un motif légitime de licenciement d'un travailleur expatrié, Voir dans ce sens, *C.A. de Dakar, Arrêt n+ 478 du 16 août 2011*, Compagnie sucrière sénégalaise c/ Luis Rodriguez FRAZAO, *Bull. 2013, vol. n°1*, p.185.

[90] Voir dans ce sens, *C.A. de Dakar, Arrêt n° 614 du 26 octobre 2011*, M. Sylvie la personne alias David IGNARE C/ Lélia SAGNA, *Bull. 2013, vol. n°1*, p. 105. *Adde, C.A. de dakar, Arrêt n°512 du 6 septembre 2011*, Imprimerie Excaf Éditions c/ Ibra DIOUF, B*ull. 2013, vol ; n° 1*, p. 197.

2) *La faute du travailleur :*

Dans le droit de la responsabilité civile, la faute est un manquement à une obligation préexistante[91]. En droit du travail, en principe, toute faute du salarié, quel que soit son degré, constitue un motif légitime de licenciement[92]. Cependant, cette affirmation doit être relativisée eu égard à l'article 105 du COCC qui prévoit que la faute doit revêtir un caractère suffisamment grave. En outre, la jurisprudence considère que le licenciement fondé sur des faits commis par le travailleur et connus de l'employeur il y a plus de 20 mois, constitue un licenciement tardif et abusif[93]. De même, la Cour suprême a approuvé la décision de la Cour d'appel qui a déclaré un licenciement abusif après avoir relevé qu'en dehors des faits portés devant le juge pénal pour lesquels l'employé a été relaxé au bénéfice du doute, l'employeur n'a pas invoqué une autre faute disciplinaire pour justifier la perte de confiance[94].

Il existe une échelle des fautes :

la faute intentionnelle : c'est celle qui procède de la volonté de commettre un dommage. Exemple : le banquier dépositaire de fonds qui détourne une partie des sommes ;

la faute dolosive : c'est celle qui est commise par une personne qui refuse délibérément d'exécuter ses obligations peu importe le résultat final obtenu et l'intention de nuire au cocontractant ;

la faute inexcusable : elle est d'une gravité exceptionnelle telle qu'elle permet de faire sauter les plafonds légaux de la réparation. Par suite, elle aboutit à la réparation intégrale ;

la faute lourde : elle est caractérisée par un manquement grossier aux obligations mises à la charge d'une personne. Par suite, l'auteur ne peut être admis à s'exonérer. Exemple : un conducteur en état d'ivresse.

Le juge considère qu'un licenciement pour abandon de poste est justifié[95]. A l'inverse, ne commet pas un abandon de poste ou une

---

91 Sur cette question voir **CISSE NIANG (A.)**, *La responsabilité civile du travailleur*, Thèse, Dakar, 25 février 1995. *Adde* **CORREA (J.J.L.),** L'incidence de la définition légale de la faute en droit du travail sénégalais, *Annales africaine nouvelle série Vol. 1, Avril 2015*, CREDILA, pp37 à 64.

92 Selon la Cour de Cassation « la faute du salarié est un manquement à une obligation préexistante de quelque nature qu'elle soit et la faute de l'employé constitue pour l'employeur un motif légitime de licenciement » ; Voir dans ce sens *Cass. Soc. 19 février 1999*, Air gabon c/ Annette BESSE, *Bull. Arr. C. cass. Ch. Soc.* P.53. *Adde* Cass. Soc. 27 décembre 2000, Abdou Aly KANE c/ CBAO, *Bull. Arr. C. Cass. Ch. Soc.* p.20.

93 Voir dans ce sens *C.A. de Dakar, Arrêt n° 403 du 13 juillet 2011*, DAKAR DEM DIKK c/ Yankhoba FALL, *Bull. 2013, vol. n°1*, p.131.

94 Ababacar BA, *Bull. C.S. 2015, n° 9-10*, p.187.

95 V. *Jugement social n°10 du 31 mars 2008*, Trib. Trav. Ziguinchor.

démission le travailleur qui déserte momentanément son emploi, dès lors qu'il est établi que l'employeur ne lui a pas payé son salaire[96]. De même le refus de recevoir une correspondance de son employeur, constitue une faute lourde[97]. En revanche le juge a déclaré abusif le licenciement d'un travailleur au motif qu'une évaluation des employés dont le résultat est le mauvais comportement, n'est pas constitutive de faute concrète. Il s'ensuit que le licenciement doit reposer sur des faits objectifs et concrets caractérisant clairement une faute lourde imputable à l'employé[98].

De même, commet une faute lourde justifiant le licenciement, le travailleur qui refuse de se soumettre à une fouille corporelle prescrite par l'employeur ne le visant pas spécifiquement[99]. De même, le travailleur qui administre des coups à son subordonné lui occasionnant des blessures ayant entraîné une incapacité temporaire de travail, au motif qu'il a refusé d'exécuter ses instructions, alors même qu'il dispose d'un pouvoir de sanction disciplinaire, commet une faute lourde, légitimant son licenciement pour ce motif[100].

la faute légère : elle est caractérisée par l'absence de gravité, d'intention de nuire. Exemple : lorsqu'un salarié arrive avec un léger retard. L'importance de la faute permet de dire si le salarié a droit à une réparation et le montant de cette réparation.

Le degré de gravité de la faute est apprécié souverainement par le juge du fond.

---

[96] V. *C.A. de Dakar, Arrêt n° 20 du 11 janvier 2011*, Sénégal Construction International c/ Abdou GOUMBALA, *Bull. 2013, vol. n° 1*, p. 218.

[97] V. *Jugement social n° 6 du 25 avril 2005*, Trib. Trav. Ziguinchor. H. Mané c/ Hotel perroquet

[98] Voir dans ce sens *Jugement social n°11 du 24 juin 2009*, Trib. Trav. Ziguinchor, M. SADIO c/ ANRAC-PARC. Toutefois, à côté du critère objectif de la faute lourde, la Cour suprême a ajouté un critère subjectif. Voir dans ce sens, *C.S. du Sénégal Arrêt n° 07 du 11 février 2015*, Matar Kébé c./ Société SET, *Bull. C.S. 2015, n° 9-10*, p.168. " A privé sa décision de base légale au regard de l'article L. 48 du Code du travail, la Cour d'appel qui retient le licenciement pour faute lourde, aux motifs que l'employeur a versé aux débats, une lettre de mise en garde et une mise à pied non contestées par le travailleur, sans rechercher si la faute était commise dans l'intention de nuire à l'employeur". *Adde., C.S. du Sénégal, Arrêt n° 10 du 11 février 2015*, Nathalie CHAUVIN c/ Lycée français JEAN MERMOZ, *Bull. C.S. 2015, n° 9-10*, p.173.

[99] Voir dans ce sens, *C.A. de Dakar Arrêt du 6 avril 2010*, Société SIMPA c/ Ibrah THIAM, *Bull. 2013, vol. n°1*, p. 48.

[100] Voir dans ce sens, *C.A. de Dakar, arrêt n°287 du 7 avril 2011*, Ibrahima BA c/ La société OVH, *Bull. 2013, vol. n°1*, p.258.

B). Les motifs tenant à l'entreprise :

Ils tiennent généralement à la cessation d'activité de l'entreprise. Il s'agit plus exactement de la fermeture totale et définitive de l'entreprise et non d'un établissement. En outre, il y a l'hypothèse de la modification du contrat de travail proposé au salarié et qui est imposée par l'intérêt de l'entreprise. Si le salarié refuse, la proposition pourra être suivie d'une rupture du contrat de travail.

PARAGRAPHE II :

LA PREUVE DE L'EXISTENCE D'UN MOTIF RÉEL ET SÉRIEUX

En cas de contestation, la preuve de l'existence d'un motif légitime de licenciement incombe à l'employeur (art. L.56 al 2 C. trav.). Cette règle renverse la charge de la preuve telle qu'elle est répartie par le droit commun. La preuve se fait par tous les moyens. Le salarié est admis à apporter ses propres preuves.

PARAGRAPHE III :

LES SANCTIONS EN L'ABSENCE DE MOTIF RÉEL ET SÉRIEUX

Elles se résument principalement à une réparation pécuniaire. L'employeur fautif devra verser au salarié une indemnité de préavis, une indemnité de licenciement et, s'il y a lieu, des dommages et intérêts pour licenciement abusif.

A). L'indemnité de préavis :

L'indemnité dite « indemnité de préavis », est une indemnité compensatrice dont le montant correspond à la rémunération et aux avantages de toute nature dont aurait bénéficié le travailleur durant le délai du préavis qui n'aura pas été respecté.

B). L'indemnité de licenciement :

Elle consiste dans le versement d'une somme calculée en fonction de l'ancienneté du salarié dans l'entreprise et de son salaire global mensuel moyen perçu pendant les douze derniers mois, ou du salaire perçu depuis l'entrée dans l'entreprise si l'embauche du travailleur remonte à moins d'un an (art. L.56 in fine C. trav.). Dans la seconde hypothèse, le calcul se fera donc en prorata temporis.

Il convient de préciser que les dommages-intérêts ne se confondent pas avec l'indemnité de licenciement éventuellement prévue par le contrat ou la convention collective.

C). Les dommages intérêts pour le licenciement abusif :

Toute rupture abusive du contrat peut donner lieu à des dommages et intérêts (art. L.56 al.1 C. trav.). L'allocation de dommages intérêts par le juge doit être suffisamment motivée. Leur montant est fixé en tenant compte des usages, de la nature des services engagés, de l'ancienneté des services, de l'âge du travailleur et des droits acquis à quelque titre que ce soit (art. L.56 al. 5 et 7 C. trav.)[101].

---

[101] Pour une application voir, *C.S. du Sénégal Arrêt n°08 du 11 février 2015*, Crédit mutuel du Sénégal c/. El Hadj Cheikh SOW, *Bull. C.S. 2015, n° 9-10*, p.170; " A privé sa décision de base légale la Cour d'appel qui alloue le même montant de dommages et intérêts à des travailleurs sans rechercher si les travailleurs se trouvent dans une situation identique".

CHAPITRE IV :

LE LICENCIEMENT POUR MOTIF ÉCONOMIQUE

C'est une forme de licenciement qui a connu une évolution en dents de scie quant à la procédure applicable. En 1961, l'employeur devait seulement informer les délégués du personnel de son intention de licencier pour motif économique et le dernier mot lui revenait.

En 1977, la loi avait renforcé considérablement la protection des travailleurs en introduisant la procédure d'une autorisation préalable de l'Inspecteur du Travail.

En 1983, il eut le renforcement de la procédure de licenciement par la consultation des délégués du personnel, l'autorisation de l'inspection du travail et le recours possible contre la décision de l'inspecteur du travail.

En 1997, on est revenu à la législation de 1961, à savoir la simple information des délégués du personnel. En outre, ce retour s'est accompagné de la consultation de l'Inspecteur du Travail qui ne peut plus s'opposer au licenciement pour motif économique[102]. Désormais, le seul recours possible est la saisine des tribunaux du travail en vue d'obtenir des dommages-intérêts.

Il s'agit à ce niveau d'exposer les règles de fond et les règles de procédure de cette forme de licenciement.

SECTION I :

LES RÈGLES DE FOND

Elles concernent d'une part, l'exigence d'un motif économique et, d'autre part, le personnel visé.

---

102 V. **DIAKHATE (B.)**, "L'article 47 du Code du travail : facteur de paix sociale oude discorde dans l'entreprise", *Relations Sociales n° 10, 1er trimestre 1997,* p. 9. *Adde* **KANTE (A.)**, *L'ordre public économique dans un pays en développement : l'exemple du Sénégal*, Thèse, UCAD, 27 fév. 1998. *Adde* **NDIAYE (I.-Y.)**, *Les vicissitudes de l'emploi et le sort de l'emploi,* Thèse, UCAD, 23 janvier 1989.

PARAGRAPHE I :

L'EXIGENCE D'UN MOTIF ÉCONOMIQUE

Tout licenciement individuel ou collectif effectué par un employeur, et motivé par une difficulté économique ou une réorganisation intérieure constitue un licenciement pour motif économique (art. L.60 C. trav.). Ainsi, constitue un motif économique, un licenciement pour sénégalisation des emplois[103].

PARAGRAPHE II :

LE PERSONNEL CONCERNE

Ce sont les salariés de l'entreprise quel que soit leur statut. Il peut s'agir des femmes, des enfants, des salariés protégés ou non, des saisonniers, des intermittents ou des permanents.

Cependant, le titulaire d'un CDD bénéficiant d'une situation particulière, doit être exclu du champ d'application du licenciement pour motif économique.

SECTION II :

LES RÈGLES DE PROCÉDURE

Au niveau de l'entreprise, l'employeur qui envisage un licenciement pour motif économique doit au préalable établir l'ordre des licenciements. En cas de litige, la charge de la preuve du motif économique et du respect de l'ordre des licenciements incombe à l'employeur. Tout licenciement intervenu en violation de cette procédure est abusif[104].

En outre, l'employeur doit consulter et réunir les délégués du personnel pour rechercher avec eux d'autres alternatives. Puis, il doit

---

103 **NDOYE DIAKHATE (M.)**, " Le licenciement pour la sénégalisation, Cour de Cassation, 28 avril 1993, TPOM, 1995, pp.9. *Adde* **ISSA-SAYEGH (J.)**, *Droit du travail sénégalais* NEA – LGDJ, 1987, n° 1281, p. 589 et n° 1345, p.622.

104 Voir *C.A. de Dakar, Arrêt n° 110 du 1er février 2011*, CARITAS DAKAR C/ Jean Pierre NDIAYE, *Bull. 2013, vol. n° 1*, p. 241.

informer l'inspecteur du travail pour lui permettre d'exercer un contrôle social des licenciements.

Les différends individuels de travail relatifs à la rupture du contrat de travail pour motif économique doivent être examinés prioritairement par les juridictions du travail.

Enfin, le bénéfice de la priorité d'embauche est conservé pour les salariés licenciés pour motif économique. Cependant, l'employeur qui recrute un chef comptable après avoir licencié son chef de département administratif, financier et comptable, pour motif économique, ne méconnaît pas le droit à la priorité d'embauche de ce dernier dont la catégorie au jour de son licenciement, est différente de celle de celui recruté à sa suite[105].

---

[105] *Voir C.A. de Dakar, Arrêt n° 110 du 1er février 2011*, CARITAS DAKAR C/ Jean Pierre NDIAYE, Arrêt précité.

CHAPITRE V :

LA CESSATION DU CONTRAT DES TRAVAILLEURS PROTÉGÉS

Il existe plusieurs catégories de salariés protégés, à savoir les délégués du personnel, la femme en état de grossesse et le salarié dont la santé est détériorée.

SECTION I :

LA PROTECTION JUSTIFIÉE PAR LES FONCTIONS EXERCÉES : LE DÉLÈGUE DU PERSONNEL

Ce licenciement concerne essentiellement les délégués du personnel. En l'occurrence, lorsque le licenciement est prononcé par l'employeur sans l'autorisation préalable de l'Inspecteur du Travail, le délégué doit être réintégré d'office avec paiement d'une indemnité égale au salaire qu'il aurait perçu s'il avait travaillé (art. L.217 C. trav.).

Cette réintégration se justifie par le fait que ce licenciement est déclaré nul et non abusif[106].

Le refus de réintégrer le délégué du personnel peut même être constitutif d'une infraction pénale[107].

---

[106] Contra *C.A. de Dakar, Arrêt n°151 du 25 mars 2010*, Mme Dieynaba Binta BA c/ SENTEL GSM, *Bull. 2013, vol. n°1*, p.56. « L'employeur qui refuse la réintégration d'un délégué du personnel, dont le licenciement a été déclaré nul par la juridiction de jugement, commet un licenciement abusif ». Doctrine, V.**KANTE (A.),** la réintégration du salarié protégé en droit du travail sénégalais, Rev. EDJA. n° 49.2001 p.p 84-105. De plus le refus de réintégrer le délégué irrégulièrement licencié pourrait être qualifié de délit d'entrave à l'exercice régulier des fonctions de délégués du personnel ; ce qui est pénalement sanctionné. **DIAKHATE (B.)**, *Le contrôle du licenciement des délégués du personnel au Sénégal,* Edition L'Harmattan, Paris 2013. *Adde* **PUATI (G.A.)**, " le licenciement des salariés protégés en droit congolais", *Rev. Edja, n°63, Oct-Nov-Déc 2004,* pp. 4 à 17. *Adde* **MBOUP (E.H.M.),** " Le licenciement des salariés protégés en droit sénégalais : le cas des délégués du personnel", *NAF, n°1, 2010,* p.p. 207 à 232

[107] **FOMBENO (H.-J.T.)**, " Propos sur le délit d'entrave aux fonctions de délégués du personnel en Afrique noire francophone", *Rev. Edja n°57*, Avril-Mai-Juin 2003, pp.7 à 22.

SECTION II :

LA PROTECTION JUSTIFIÉE PAR L'ÉTAT DE SANTE DU TRAVAILLEUR

Cette protection joue en faveur de la femme en état de grossesse. Cette dernière ne peut être licenciée pendant son congé de maternité (art. L.143 C. trav.).

Elle joue aussi en faveur du salarié victime d'un accident de travail ou d'une maladie professionnelle.

Si ce travailleur ne peut être reclassé dans un emploi, il pourra être licencié avec l'accord préalable de l'inspecteur du travail.

Contrairement à la sanction d'un licenciement irrégulier du délégué du personnel, il s'agit ici d'un licenciement abusif.

Sur l'ensemble de la question, Voir la partie consacrée à la protection sociale.

PARTIE II :

LES RAPPORTS COLLECTIFS DE TRAVAIL : LES ACCORDS ET LES CONFLITS COLLECTIFS DE TRAVAIL

Cette partie comporte deux (2) grands titres :
titre I : le dialogue social et la négociation collective ;
titre II : les conflits collectifs de travail.

TITRE I :

LE DIALOGUE SOCIAL ET LA NÉGOCIATION COLLECTIVE

Dans ce titre, des développements seront consacrés d'une part, au dialogue social (Sous-titre I) et, d'autre part, à la négociation collective (Sous-titre II).

SOUS-TITRE I :

LE DIALOGUE SOCIAL

En droit sénégalais, il est surtout marqué par l'élaboration et l'adoption de deux cadres juridiques, à savoir la Charte nationale sur le dialogue social (chapitre I) et le Pacte national de Stabilité sociale et d'Émergence économique (chapitre II). En outre, la réalisation des objectifs assignés à ces instruments juridiques est confiée à une importante institution qui est le Haut Conseil du Dialogue Social (chapitre III).

CHAPITRE I :

LA CHARTE NATIONALE SUR LE DIALOGUE SOCIAL

C'est une convention entre l'État, les employeurs et les travailleurs en vue d'instaurer, de façon permanente le dialogue social dans les relations professionnelles[108].

Il résulte de l'article 1er de la Charte signée par les différents partenaires sociaux que la Charte est appelée à jouer un rôle déterminant dans la modernisation des relations sociales dans la mesure où elle a vocation à s'appliquer dans les secteurs publics, para-publics et privés.

Il s'agit à ce niveau d'exposer le périmètre et le contenu de la charte nationale sur le Dialogue social.

SECTION I :

LE PÉRIMÈTRE DE LA CHARTE NATIONALE SUR LE DIALOGUE SOCIAL

La Charte est signée le 22 novembre 2002 par la quasi-totalité des organisations syndicales. Elle rappelle les principes fondamentaux du droit du travail, à savoir la liberté syndicale (art. 3 de la Charte), la liberté du travail (art. 4 de la Charte). Depuis 2009, un décret est venu préciser les conditions d'application des dispositions de l'article L 5 du Code du travail relatives au droit d'expression directe et collective et aux procédures de négociation au sein de l'entreprise[109].

En outre, un Code de conduite définit les valeurs de référence et les règles de conduite des parties dans le déroulement du dialogue social à des niveaux différents. Trois niveaux sont prévus : le niveau national, le niveau de la branche d'activité et le niveau de l'entreprise.

---

[108] V. **CISSE (M.), DIOH (A.)**, *"Le dialogue social au Sénégal"*, Étude nationale BIT, 2004.

[109] *Décret n°2009-1413 du 23 décembre 2009, J.O. n°6518 du samedi 27 mars 2010.* Pour l'essentiel, le Décret confirme les dispositions essentielles contenues dans la Charte, tout en apportant quelques précisions importantes. Exemple : le Comité de Dialogue social est institué dans chaque entreprise de dix travailleurs (Art.5).

PARAGRAPHE I :

LE PÉRIMÈTRE AU NIVEAU NATIONAL

Le dialogue social au niveau national s'effectue dans un cadre permanent constitué par le Comité national du Dialogue social à composition tripartite (art. 10 de la Charte) dont les membres sont désignés pour une durée de 3 ans.

Le Comité a une mission de contrôle de l'application de la Charte et de prévention des conflits. Il peut intervenir en amont et en aval des rapports sociaux.

PARAGRAPHE II :

LE PÉRIMÈTRE AU NIVEAU DE LA BRANCHE D'ACTIVITÉ

La Charte prend en compte chaque branche d'activité et elle institue un Comité tripartite dont les membres sont issus des organisations syndicales d'employeurs et de travailleurs. Ce comité a pour mission d'observer, d'impulser et de coordonner les structures de dialogue social qui existent au sein des entreprises relevant de la branche d'activité. Le Comité tripartite établit un rapport annuel sur l'état du dialogue social et de la paix sociale qui est transmis au Comité national du Dialogue social (art. 11 al. 3 de la Charte).

PARAGRAPHE III :

LE PÉRIMÈTRE AU NIVEAU DE L'ENTREPRISE

À l'heure actuelle, cette Charte a institué un Comité local de dialogue social. Ce Comité local comprend l'employeur, ses fondés de pouvoirs et préposés et les délégués du personnel titulaires et suppléants élus sur l'ensemble des établissements que compte l'entreprise (art. 12 al. 12 de la Charte). De par sa composition, le Comité local constitue un maillon essentiel en matière de prévention et de résolution des conflits sociaux au sein de l'entreprise.

SECTION II :

LE CONTENU DE LA CHARTE NATIONALE SUR LE DIALOGUE SOCIAL

La Charte érige en principe le respect des règles établies d'un commun accord (art. 5 de la Charte). Cette disposition pourrait faciliter la concrétisation des engagements pris par les partenaires sociaux. De façon générale, ces engagements sont précisés par les articles 7 à 9 de la Charte et ils concernent chaque partenaire social : l'État, les employeurs et les travailleurs.

PARAGRAPHE I :

LES OBLIGATIONS A LA CHARGE DE L'ÉTAT

L'État doit servir les usagers, promouvoir une politique de justice sociale, éviter de porter atteinte au droit de grève en préjugeant de son caractère licite ou illicite qui relève de l'appréciation souveraine du juge. En outre, l'État doit garantir des consultations régulières dans le cadre de la Convention n° 144 de l'OIT. Enfin, il doit prendre, dans un délai raisonnable, tous les textes législatifs et règlementaires visant à appliquer ou à compléter la législation du travail et de la sécurité sociale en vigueur (art. 8 de la Charte).

PARAGRAPHE II :

LES OBLIGATIONS A LA CHARGE DES EMPLOYEURS

La Charte (art. 7) met à la charge des employeurs les obligations suivantes :

la mise en place d'un cadre institutionnel ;

la diffusion de l'information économique, financière et sociale ;

la promotion de la protection sociale des travailleurs et la sauvegarde des institutions de prévoyance sociale ;

la mise en place d'une politique de formation et d'information des travailleurs dans le cadre du bilan social.

PARAGRAPHE III :

LES OBLIGATIONS A LA CHARGE DES TRAVAILLEURS

Il existe de nombreuses obligations fixées par l'article 9 de la Charte.

Les travailleurs doivent se conformer aux procédures législatives, règlementaires et conventionnelles de déclenchement de la grève et ne pas recourir à la violence et aux voies de fait.

Ils doivent déclencher l'alerte auprès de l'employeur lorsqu'ils ont connaissance de faits ou de dangers graves et imminents de nature à affecter de manière préoccupante, les conditions de travail ou le climat social dans l'entreprise.

Enfin, ils doivent contribuer à la recherche de solutions adéquates pour prévenir les maux qui gênent le bon fonctionnement de l'entreprise.

CHAPITRE II :

LE PACTE NATIONAL DE STABILITÉ SOCIALE ET D'ÉMERGENCE ÉCONOMIQUE

Il est signé le 15 avril 2014 par dix-neuf (19) parties, représentant les employeurs et les travailleurs, et par le gouvernement[110]. Il est conclu pour une durée de trois ans (art.18 du Pacte) et il est ouvert à tous les partenaires économiques et sociaux (art.19 du Pacte).

Le Pacte découle d'une volonté unanimement exprimée par les acteurs économiques et sociaux de créer les conditions optimales d'un dialogue social, inclusif et durable, gage d'une stabilité sociale indispensable à une émergence économique.

Le Pacte repose sur quatre piliers majeurs. Il s'agit des fondements axiologiques, politiques, économiques et sociaux (Cf. art. 1er à 4 du Pacte).

Il convient d'examiner son contenu et sa mise en œuvre.

SECTION I :

LE CONTENU DU PACTE

Le Pacte définit les attentes et les engagements des parties.

PARAGRAPHE I :

LES ATTENTES DES PARTIES SIGNATAIRES

Ces attentes concernent les organisations d'employeurs (art.7 du Pacte), les organisations des travailleurs (art.8 du Pacte) et le gouvernement (art.9 du Pacte).

[110] Pour les employeurs : CNP, CNES, EMDES. Pour les travailleurs : CNTS, UNSAS, CSA, CNTS/FC, FGTS/B, CDSL,UDTS,FGTS/A,CDTS, UTS, USDS, STDS, UTLS/B, CDSA, EUTLS.

Dans ce rapport tripartite, on remarque qu'il existe des attentes réciproques à l'égard de chaque signataire du Pacte.

PARAGRAPHE II :

LES ENGAGEMENTS DES PARTIES SIGNATAIRES

Les différentes parties signataires ont souscrit à divers engagements dans le domaine économique et social en vue de parvenir à un environnement stable. Certains de ces engagements sont communs à toutes les parties signataires (art. 10 du Pacte). Ainsi par exemple, les signataires s'engagent au respect d'une trêve d'une durée de trois ans après l'adoption du pacte (art.10 al.3 du Pacte). À l'inverse d'autres engagements sont spécifiques au gouvernement, aux organisations d'employeurs et aux organisations de travailleurs (art.11, 12 et 13 du Pacte).

SECTION II :

LA MISE EN ŒUVRE DU PACTE

Elle obéit à des conditions et des modalités. En outre, l'exécution du Pacte est soumise à un suivi et à une évaluation.

PARAGRAPHE I :

LES CONDITIONS DE MISE EN ŒUVRE DU PACTE

Dans le but de maximiser les chances de réussite du Pacte, les parties signataires devront intégrer les facteurs exogènes et les facteurs endogènes (art. 14 du Pacte).

Les facteurs exogènes sont la dégradation de l'environnement de l'entreprise, l'instabilité politique, les troubles sociaux, la rupture du dialogue, le calendrier électoral et l'instabilité institutionnelle.

Quant aux facteurs endogènes, il s'agit de la mise à disposition à bonne date des ressources financières, humaines, techniques, de la régularité des sessions de l'organe chargé de la mise en œuvre du Pacte, de la qualité du management et du faible degré d'engagement des parties.

PARAGRAPHE II :

LES MODALITÉS DE MISE EN ŒUVRE DU PACTE

La mise en œuvre du Pacte et la garantie de son efficacité requiert la mobilisation de toutes les énergies nationales ainsi que la concertation permanente entre les différentes parties (art. 15 du Pacte). Les engagements des parties devront faire l'objet d'un plan d'action qui sera adossé aux objectifs du Pacte.

La vulgarisation de ces objectifs devra faire l'objet d'une stratégie de communication qui implique l'ensemble des acteurs économiques et sociaux, pour une meilleure appropriation.

Enfin, des organisations de la société civile, l'Assemblée nationale et le Conseil économique social et environnemental pourront être mis à contribution dans la stratégie de mise en œuvre du Pacte.

PARAGRAPHE III :

LE SUIVI ET L'ÉVALUATION DU PACTE

Deux organes sont prévus (art. 16 du Pacte) :

Au niveau stratégique, il y a le Conseil d'Orientation stratégique (COS) présidé par le 1er Ministre.

Au niveau opérationnel, il y a le Comité technique et le Secrétariat exécutif.

Le Comité technique sera présidé par le ministre de la fonction publique, du travail, du dialogue social et des organisations professionnelles. Quant au Secrétariat exécutif, il sera assuré par le Haut Conseil du Dialogue social (H.C.D.S).

Le mécanisme de suivi et d'évaluation du Pacte requiert à chaque niveau (stratégique et opérationnel) le développement d'un système d'information spécifique (art.17 du Pacte).

CHAPITRE III :

LE HAUT CONSEIL DU DIALOGUE SOCIAL

Il se substitue au Comité national de Dialogue social tout en préservant les principes directeurs fondateurs de la Charte nationale.

Le Haut Conseil vise la promotion du dialogue social dans tous les secteurs public, parapublic et privé ainsi que dans l'économie informelle[111].

Il s'agit de présenter les missions, les règles d'organisation et de fonctionnement du Haut Conseil.

SECTION I :

LES MISSIONS

Le Haut Conseil a pour missions (art. 2 du Décret 2014-1299 précité) :

- de procéder à des médiations sociales entre les acteurs sociaux ;
- d'appuyer les acteurs en matière de prévention, de gestion et de résolution des conflits sociaux, notamment par le biais de la formation ;
- de mettre en place des mécanismes adaptés de dialogue social à l'échelle nationale et sectorielle ;
- de mener ou de faire toute étude jugée utile sur la situation et les perspectives du dialogue social ;
- d'établir le rapport sur l'état du dialogue social.

En outre, il découle du Pacte national que le Haut Conseil assure le Secrétariat exécutif chargé de l'animation du Pacte et de la coordination de son dispositif global de suivi et d'évaluation (art. 16 al 5 du Pacte).

[111] On note une extension notoire des activités du Haut Conseil qui prend en compte aussi bien les secteurs formels qu'informels.

SECTION II :

LES RÈGLES D'ORGANISATION

Il existe une organisation administrative et une organisation financière.

PARAGRAPHE I :

L'ORGANISATION ADMINISTRATIVE

Elle est composée de quatre organes, à savoir l'Assemblée plénière, le Bureau, le Secrétariat exécutif et les Commissions.

A). L'Assemblée plénière :

Aux termes de l'article 5 du Décret précité, c'est elle qui délibère sur le budget, le programme d'activités annuel, le projet de règlement intérieur et la création des Commissions spécialisées. En outre, elle peut émettre des recommandations sur les différends dont elle a pris connaissance.

Elle est composée des membres titulaires, remplacés en cas d'absence par les membres suppléants.

Elle ne peut valablement délibérer que si le quorum est atteint, soit la moitié de ses membres plus un (1). Enfin, les décisions sont prises par consensus, à défaut, à la majorité simple. En cas d'égalité, la voix du Président est prépondérante.

B). Le Bureau :

Il est composé :

- du Président ;
- de deux Vice – Présidents (Employeurs et Travailleurs) désignés par les organisations les plus représentatives ;
- du Secrétaire exécutif ;
- des Présidents de Commissions désignés par le Président du Haut Conseil parmi les représentants titulaires.

S'agissant plus particulièrement du Président de l'Institution, il est nommé par le Président de la République sur proposition du Premier Ministre. Il doit être une personnalité indépendante dotée d'une expérience avérée dans le domaine du dialogue social. Il représente le Haut Conseil auprès des autres organismes ou institutions et préside toutes ses activités (art. 9 du Décret 2014 – 1299 précité).

C). Le Secrétariat exécutif :

Aux termes de l'article 7 du Décret 2014 -1299 précité, le Secrétariat exécutif comprend un secrétaire exécutif et deux experts.

Le secrétaire exécutif est nommé par Décret, sur proposition du Ministre en charge du Travail après avis du président du Haut Conseil. Il est chargé de l'administration de l'institution. À ce titre, il s'occupe de la préparation des sessions, de la rédaction et de la transmission des comptes rendus de l'Assemblée plénière.

Il est choisi parmi les fonctionnaires de la Hiérarchie A ou assimilés disposant d'une ancienneté d'au moins dix ans et d'une compétence avérée en matière de législation sociale et de dialogue social.

Quant aux experts, ils sont chargés d'étudier les questions de dialogue social et de législation sociale. Ils sont choisis parmi les fonctionnaires de la hiérarchie A ou assimilés disposant d'une ancienneté d'au moins de dix ans et de compétences avérées dans le domaine de la législation sociale.

D). Les Commissions :

Aux termes de l'article 8 du Décret précité, il existe trois Commissions que sont : la Commission de la Médiation sociale, la Commission de la Formation et de la Communication et la Commission de la Protection sociale. Toutefois, le Haut Conseil peut mettre en place toute autre commission en cas de nécessité.

Chaque Commission se réunit sur convocation de son Président ou du Président du Haut Conseil.

Paragraphe II :

L'organisation financière

Elle concerne les ressources et les modalités de rémunération.

Aux termes de l'article 11 du Décret précité, les ressources financières du Haut Conseil proviennent :

- de la subvention de l'État ;
- des dons et legs approuvés par le Bureau ;
- des appuis des partenaires techniques et financiers.

Également, le Haut Conseil jouit de l'autonomie financière. Puis, c'est le Président qui ordonne les dépenses nécessaires au fonctionnement de l'Institution.

Quant aux modalités de rémunération des membres statutaires de l'institution, elles sont fixées par décret.

SECTION III :

LES RÈGLES DE FONCTIONNEMENT

Le Haut Conseil élabore un règlement intérieur qui détermine le mode de fonctionnement, les modalités de ses délibérations ainsi que les règles applicables à ses membres. Le règlement intérieur, après adoption par l'Assemblée plénière, est soumis à l'approbation du Ministre chargé du Travail (art. 13 décret 2014 précité).

Le Haut Conseil se réunit au moins une fois par trimestre en session ordinaire. Il peut se réunir en session extraordinaire sur convocation de son Président, à la demande d'une des parties exprimée par son vice – Président ou du Ministre du travail.

La durée de chaque session est fixée en fonction de l'ordre du jour ou selon les modalités particulières arrêtées par le Bureau.

Le Président du Haut Conseil désigne, de manière rotative, un rapporteur général parmi les membres titulaires pour chaque session (art.14 Décret 2014 précité).

SOUS-TITRE II :

LA NÉGOCIATION COLLECTIVE

Elle se caractérise surtout par les conventions collectives qui constituent une originalité du droit du travail. Elle présente la particularité de provenir du monde du travail lui-même, c'est-à-dire que ce sont les personnes concernées qui vont créer ces conventions collectives qui seront négociées.

Au Sénégal, on peut distinguer globalement quatre catégories de conventions collectives, à savoir la Convention collective ordinaire (C.C.O) (chapitre II), la Convention collective extensible(C.C.E) (chapitre III), l'Accord collectif d'entreprise (A.C.E) (chapitre IV) et la Convention collective nationale interprofessionnelle (C.C.N.I) (chapitre V). Avant d'analyser ces différentes conventions et charte, il convient de dégager au préalable leurs traits de généralité (chapitre I).

CHAPITRE I :

GÉNÉRALITÉS

Elles concernent d'une part la définition et le rôle des conventions collectives et d'autre part le droit des conventions collectives.

SECTION I :

DÉFINITION ET RÔLE DES CONVENTIONS COLLECTIVES

La convention collective de travail est un accord relatif aux conditions de travail conclu entre, d'une part, les représentants d'un ou plusieurs syndicats ou groupements professionnels de travailleurs et, d'autre part, une ou plusieurs organisations syndicales d'employeurs ou tout autre groupement d'employeurs ou un ou plusieurs employeurs pris individuellement

Commentaires :

Jamais un travailleur pris individuellement ne peut conclure une convention collective. Les conventions sont négociées collectivement même si c'est un employeur puisque l'entreprise est derrière l'unique employeur.

Les conventions collectives sont conçues et réalisées comme des lois, des chartes professionnelles.

Les conventions collectives remplissent trois fonctions socio-économiques.

D'abord, c'est la compensation de l'inégalité des rapports entre les employeurs et les salariés. Ensuite, elles enrichissent et améliorent le SMIG soit en inventant des avantages nouveaux, soit en améliorant des avantages existants.

Enfin, elles assurent la paix sociale en donnant satisfaction aux revendications de travailleurs soit pour éviter des conflits soit pour y mettre fin.

SECTION II :

LE DROIT DES CONVENTIONS COLLECTIVES

Il s'agit du droit à la négociation collective et du droit de la négociation collective.

PARAGRAPHE I :

LE DROIT À LA NÉGOCIATION COLLECTIVE

C'est un droit pour les travailleurs de négocier et même d'inciter à la négociation collective[112].

Ce droit est reconnu par la Convention n° 98 de l'OIT sur le droit d'organisation et de négociation collective qui oblige les États à adopter des règles destinées à promouvoir les conventions collectives. La Constitution prévoit que « tout travailleur participe par l'intermédiaire de ses délégués à la détermination des conditions du travail » (art. 20 al. 4 de la Constitution du Sénégal).

Ce droit à la négociation collective a même engendré des formes nouvelles de conventions collectives. Il s'agit en particulier de la C.C.N.I.

PARAGRAPHE II :

LE DROIT DE LA NÉGOCIATION COLLECTIVE

Le droit de la négociation, c'est le droit des conventions collectives c'est-à-dire les règles de formation, d'application et d'extinction des C.C.

Le droit positif connaissait trois types de CC, à savoir la C.C.O qui constitue le droit commun, la C.C.E et l'A.C.E[113], avant l'apparition de la Convention collective nationale et interprofessionnelle.

---

[112] **CISSE NIANG (A.),** Droit du travail sénégalais entre ambiguïtés et contradictions, *Annales africaine, nouvelle série Vol. 2, Décembre 2015, n°3*, pp. 69 à 91.

[113] **V. GONIDEC (P.F.)**, *La convention collective de travail, Encyclopédie juridique de l'Afrique ; vol I*, NEA 1982 pp. 33 et s.

CHAPITRE II :

LE DROIT COMMUN DES CONVENTIONS COLLECTIVES : LA CONVENTION COLLECTIVE ORDINAIRE

C'est à la C.C.O que l'on se réfère lorsque le législateur est silencieux sur certains points relatifs aux autres Conventions. Cette Convention reflète le schéma ordinaire et primaire dans la mesure où elle ne lie que les syndicats signataires et leurs membres.

Il s'agit de voir les conditions de fond d'élaboration, les conditions de forme et de publicité, les règles d'adhésion, le champ d'application et les effets de la Convention collective ordinaire.

SECTION I :

LES CONDITIONS DE FOND D'ÉLABORATION

En principe, on applique les règles de droit commun des contrats. À cela, on ajoute des règles particulières qu'il convient d'examiner.

PARAGRAPHE I :

LES PARTIES CONTRACTANTES

On distingue entre la représentation des salariés et celle des employeurs.

A). La représentation des salariés :

Elle ne peut être assurée que par des syndicats ou des groupements professionnels dotés de la personnalité morale. Le salarié qui signera individuellement n'engagerait que lui-même.

B). La représentation des employeurs :

Les employeurs peuvent être représentés par leur groupement tels que les syndicats, les fédérations ou les confédérations et ils peuvent aussi être pris individuellement. En effet, l'employeur est le chef d'une communauté de salariés et de ce fait, par sa signature, il s'engage à faire bénéficier à ses salariés les effets de la convention collective. Donc, l'effet collectif va être réalisé au sein de l'entreprise.

PARAGRAPHE II :

LE CONTENU DE LA CONVENTION COLLECTIVE

Le législateur adopte ici le principe de la liberté contractuelle auquel on peut apporter quelques limites.

A). Le principe de la liberté contractuelle :

Le législateur n'impose pas de clauses obligatoires. Cependant, la convention doit prévoir une clause décrivant les formes, l'époque à laquelle elle doit être dénoncée ou renouvelée ou révisée.

Rappelons que l'inobservation de cette règle n'entraine aucune sanction. Finalement, tout dépend de la volonté des parties qui précisent le contenu de la C.C.O (règle de formation, d'exécution, de rupture de la convention, les engagements à l'essai, les avancements, les promotions de carrière, la progression de l'échelle de l'ancienneté). En somme, il n'y a point de limite car la négociation peut porter sur les rapports individuels et sur les rapports collectifs.

B). La limite à la liberté contractuelle :

Si la liberté des parties est totale, elle ne doit pas heurter de front les dispositions d'ordre public définies par les lois et règlements en vigueur si ce n'est dans un sens plus favorable aux travailleurs.

L'interprétation de cette règle soulève des difficultés pour deux raisons. D'abord, elle prend en compte la notion d'ordre public social relatif et la notion d'ordre public absolu. Ensuite, il faut identifier entre deux normes (légale et conventionnelle) coexistantes laquelle est la plus avantageuse ?

Sur le premier point on peut dire que s'il existe un ordre public social intangible, c'est que le législateur l'a voulu ainsi. Ex. : les règles de compétence d'attribution.

En outre, il y a de règles légales prohibitives et des interdictions posées par la loi. On ne peut y déroger même si on estime que la règle est plus favorable au salarié. Ex : interdiction de vendre de l'alcool dans l'entreprise, interdiction de saisir ou de céder le salaire au-delà de la quotité saisissable ou cessible. L'interdiction d'employer la femme salariée enceinte qui doit prendre son congé de maternité.

En outre, il y a les règles établissant l'égalité de traitement des travailleurs face aux privilèges, aux suretés et aux garanties. Ex. : en cas de licenciement pour motif économique, il y a des critères à respecter. Il y a aussi la portion, l'assiette et le rang des privilèges qui garantit les créanciers du salarié.

Sur le second point, pour comparer les deux normes légales et conventionnelles, elles doivent absolument avoir le même objet. À cet effet, cette difficulté est laissée à l'appréciation souveraine du juge du fond.

SECTION II :

CONDITIONS DÉFORME ET DE PUBLICITÉ

S'agissant de la forme, la Convention est établie sur papier libre et doit être signée par chacune des parties contractantes. Une fois que la convention est établie, elle doit faire l'objet d'une publicité.

S'agissant de la publicité, la Convention est d'abord déposée au secrétariat du tribunal du travail et ce dépôt fait l'objet d'un récépissé. Ce récépissé est important car, c'est lui qui permet de prendre connaissance de la C.C. De plus, il constitue le point de départ de l'application de la C.C. sauf stipulation contraire. En effet, la convention est applicable à partir du jour qui suit son dépôt. Après le dépôt, la C.C. fait l'objet d'affichage et de communication. Ainsi, elle doit être affichée dans toutes les entreprises où la Convention est applicable. Pour ce faire, un simple avis suffit. Après la communication, le secrétaire du tribunal délivre des copies de la convention sur simple demande de ceux qui sont intéressés, et qui devront en supporter les frais. Enfin, les C.C. qui ne respectent pas les conditions de fond, de forme et de publicité risquent d'être frappées de nullité. En principe, ce contentieux de la nullité est réservé aux tribunaux de grande instance qui statuent à titre principal.

La nullité peut frapper la Convention entière (ce qui est rare) ou une clause particulière (nullité partielle).

SECTION III :

L'ADHÉSION À LA CONVENTION COLLECTIVE ORDINAIRE

L'adhésion est l'acte juridique par lequel un groupement professionnel (syndicat ou un employeur) accepte d'être lié par une convention collective sans avoir pris part à la négociation et à la signature dès le départ et cela sans que les parties signataires puissent s'y opposer.

L'adhésion à une CC est différente de l'adhésion à un syndicat.

PARAGRAPHE I :

LES CONDITIONS DE L'ADHÉSION

L'adhésion peut provenir des groupements et personnes physiques prévus à cet effet sans que l'on ait besoin de solliciter l'avis ou l'autorisation des autres partenaires.

En vertu de la liberté contractuelle, on peut adhérer partiellement ou totalement à la CC sauf stipulation contraire. Quant à la forme, il suffit seulement de notifier son intention par écrit au secrétaire du tribunal du travail et informer ensuite les parties contractantes.

PARAGRAPHE II :

LES EFFETS DE L'ADHÉSION

La Convention lie également les organisations qui lui donnent leur adhésion ainsi que tous ceux qui, à un moment donné, deviennent membres de ces organisations.

Il résulte de ce qui précède une assimilation des parties adhérentes avec les parties signataires. Cependant, les parties adhérentes en tant que partenaires sociaux peuvent-ils avoir les mêmes droits que les parties signataires d'origine ?

Il s'agit notamment de la dénonciation, de la révision, de la prorogation de la C.C.O.

En général, ces droits sont réservés aux parties signataires. Cependant, on pourrait pencher pour l'assimilation totale sauf si une clause contraire est stipulée dans la CC. C'est notamment le cas de la C.C.N.I qui a prévu une disposition expresse.

SECTION IV :

LE CHAMP D'APPLICATION DE LA CONVENTION COLLECTIVE ORDINAIRE

Il y a un domaine territorial, professionnel et temporel.

PARAGRAPHE I :

LE CHAMP D'APPLICATION TERRITORIALE

Il relève de la liberté contractuelle des parties. Il peut concerner le territoire national tout entier, le territoire régional ou local.

Mais, la plupart du temps, il concerne le territoire national. Il existe une hiérarchie entre les C.C.O. En effet, lorsqu'une C.C est conclue sur le plan national, les C.C conclues sur le plan inférieur, régional ou local, doivent adapter cette convention ou certaines de ses dispositions aux conditions particulières de travail de la localité. Elles peuvent en outre prévoir des dispositions nouvelles et des clauses plus favorables aux travailleurs.

Cette hiérarchie peut être analysée comme une stratification dans la mesure où les parties ne peuvent qu'adopter ou améliorer la nouvelle convention à la première convention.

En principe, les entreprises et les salariés qui se trouvent dans un territoire donné sont assujettis à la CC qui s'applique au territoire dans lequel s'exercent les contrats de travail.

S'il s'agit d'une convention collective nationale, il n'y a aucun problème.

Mais, s'il existe, pour une profession donnée, une multitude de C.C d'application territoriale différente, que faire ?

Le critère dominant, c'est le lieu où s'exécute le contrat de travail (ex : Dakar, Sédhiou, Kaffrine et Kédougou). En cas de mutation d'un travailleur, on doit retenir le nouveau lieu d'exécution du contrat de travail.

PARAGRAPHE II :

CHAMP D'APPLICATION PROFESSIONNELLE

Une CC s'applique pour une profession déterminée. Il appartient aux parties de tracer le cadre professionnel dans lequel s'appliquera la convention négociée.

Les C.C.O peuvent couvrir n'importe quel domaine professionnel, du plus étroit au plus large.

Il peut même s'agir d'un ensemble de professions c'est-à-dire une branche d'activité qui regroupe plusieurs professions similaires ou connexes.

Lorsqu'une entreprise exerce plusieurs activités à la fois, quelle est la CC qui lui sera appliquée si elle a signé plusieurs C.C ?

Solutions : lorsque l'entreprise exerce plusieurs activités distinctes dans des établissements distincts, chaque établissement se verra appliquer la C.C de la profession qu'il exerce. Toutefois, la situation peut être plus complexe si une entreprise mène une seule activité autour de laquelle gravitent d'autres activités.

Solution : on doit rechercher quelle est l'activité principale de l'entreprise pour savoir la C.C qui s'applique à cette activité principale.

PARAGRAPHE III :
LE CHAMP D'APPLICATION TEMPORELLE

Le point de départ, la durée de la CC et la survie de la CC seront examinés.

A). Le point de départ de la C.C.O :

Normalement, c'est le lendemain du jour du dépôt de la C.C, mais ceci constitue une règle supplétive. En effet, on peut soit anticiper, soit retarder le point de départ. On dit que l'effet rétroactif s'applique aux C.C qui règlent un vieux conflit social.

B). La durée de la convention collective ordinaire :

À l'instar de tout contrat, la durée d'une C.C.O peut être déterminée ou indéterminée.

1). La durée déterminée :

Elle ne peut être supérieure à cinq (5) ans. En effet, le législateur ne veut pas que les parties s'enferment trop longtemps dans une C.C car les données économiques et sociales peuvent changer, peuvent évoluer.

Si la C.C.O arrive à son terme sans avoir été dénoncée, récusée, révisée par les parties, elle sera reconduite pour une durée indéterminée. Il s'agit d'une disposition supplétive car les parties peuvent en décider autrement.

2). La durée indéterminée :

Elle est stipulée comme telle dès le départ ou devenue ainsi par le déroulement des évènements. Cette C.C peut être dénoncée unilatéralement par l'une des parties moyennant le respect d'un délai de préavis et les formes prescrites par la loi. Cette dénonciation se fait par un acte écrit adressé au secrétariat du tribunal du travail. Elle peut être totale ou partielle et elle libère les auteurs de la dénonciation. Cependant, les autres restent tenus sauf stipulation contraire.

3). La survie de la Convention Collective :

Une C.C, en principe, ne vit que le temps de sa durée jusqu'à l'expiration de son terme et jusqu'à sa dénonciation.

Elle est caduque lorsque son terme arrive à échéance ou si elle est dénoncée par les parties lorsqu'il s'agit d'une durée indéterminée. Toutefois, la C.C peut survivre si les parties n'ont rien décidé. De la même façon, les parties qui dénoncent peuvent décider que la convention survivra tant que la nouvelle convention n'est pas négociée.

Ces deux cas de survie sont des exemples de prorogation de la C.C.

Il en va autrement lorsqu'une convention collective nouvelle est signée et devient applicable. Il y aura un conflit de lois dans le temps qui sera résolu par le principe de l'effet immédiat de la loi nouvelle.

Toutefois, la situation est plus délicate pour les contrats qui sont en cours d'exécution, formés sous l'empire de la loi ancienne et qui continuent à s'exécuter sous l'empire de la loi nouvelle. Quelle sera la loi applicable à ce contrat pour la partie qui est en cours d'exécution après l'apparition de la loi nouvelle ?

Solution : En matière contractuelle, en principe, le contrat continue à être régi par la loi ancienne sauf si, dans la nouvelle loi, il y a des dispositions d'ordre public.

Quid en matière de convention collective ?

En principe, on applique le principe de l'effet immédiat de la convention collective nouvelle qui abroge la convention collective ancienne. Toutefois, il y a une exception relative à la théorie des avantages individuels acquis. Cette dernière aboutit à maintenir la C.C ancienne même pour la période postérieure à son abrogation. D'où, il y a une survie de la C.C précédente. Pour ce faire, il faut quatre conditions

D'abord, il faut une stipulation expresse des partenaires sociaux ; c'est la clause expresse dans la convention nouvelle de maintien des avantages individuels acquis.

Ensuite, il faut que les avantages que l'on veut maintenir soient des avantages individuels et non collectifs. Peut être considéré comme un avantage individuel, celui qui accroit individuellement le patrimoine du salarié.

Ex.: une prime de panier, une prime de transport, un sursalaire. Sont considérés comme des avantages collectifs ceux qui profitent collectivement aux salariés ou de façon indivisible. Exemple : l'exercice du droit syndical, l'accroissement du nombre de délégués par rapport à celui prévu par la loi etc.

En somme, on ne maintient que les clauses individuelles de la C.C ancienne les plus avantageuses que celles de la nouvelle C.C.

En outre, il faut comparer, dans les C.C, les normes comportant les avantages ayant le même objet et repérer la disposition la plus avantageuse.

Ex. : les indemnités de rupture du contrat de travail prévues par la convention collective ancienne avec les indemnités de licenciement ou de départ à la retraite de la nouvelle convention collective.

Enfin, l'avantage individuel dont on revendique le maintien doit avoir été acquis sous l'empire de la C.C ancienne.

Autrement dit, la loi nouvelle ne peut remettre en cause les droits définitivement acquis sous l'empire de la loi ancienne.

SECTION V :

LES EFFETS DE LA CONVENTION COLLECTIVE ORDINAIRE

Il y a l'effet contractuel et l'effet normatif.

PARAGRAPHE I :

L'EFFET CONTRACTUEL ENTRE LES PARTIES À LA CONVENTION COLLECTIVE

L'effet contractuel, c'est l'effet obligatoire entre les parties signataires qui ont des droits et des obligations. Il s'agit des parties qui ont signé ou adhéré par la suite à la C.C en raison de l'effet relatif des conventions.

D'abord, les signataires et les adhérents ont une obligation de ne rien faire qui soit de nature à compromettre la loyale exécution de la C.C.

Ensuite, ils sont obligés de respecter les délais de préavis, de dénonciation, les procédures de renouvellement, de révision etc.

En somme, ils sont concernés par l'administration et la gestion de la C.C.

Quid des sanctions ?

Les signataires d'une C.C peuvent agir en justice si l'une des parties ne respecte pas ses engagements. Les groupements peuvent le faire en leur nom personnel.

Ex. : un groupement de salariés contre un groupement d'employeurs.

Un groupement signataire peut même se retourner contre un de ses membres qui refuse d'appliquer la C.C.

PARAGRAPHE II :

L'EFFET NORMATIF À L'ÉGARD DES ASSUJETTIS

La C.C contient en outre des dispositions de portée générale et impersonnelle destinées à régir les relations individuelles et collectives de travail dans l'entreprise.

Ex. : la durée de l'engagement à l'essai.

Ex. : l'observation d'un délai de préavis pour la rupture du contrat de travail.

Ces dispositions ont l'allure de règles générales et impersonnelles qui sont appelées à s'appliquer à tous ceux qui sont assujettis à la C.C, à savoir les groupements signataires ou les adhérents, les employeurs et les travailleurs.

A). La détermination des assujettis :

D'abord il y a des membres du groupement signataire. Ce sont les employeurs et les travailleurs membres des groupements signataires ou adhérents. Les membres, ce sont tous ceux qui ont adhéré au syndicat avant la CC et tous ceux qui sont venus après la C.C.

Quid des membres qui ont démissionné du syndicat ?

Si la démission est intervenue avant la signature de la CC, ils ne sont pas liés.

S'ils ont démissionné après la signature, ils seront liés par celle-ci.

Ensuite, les membres doivent exercer la profession visée par la C.C c'est une condition d'exercice. Cette activité professionnelle doit être exercée sur le territoire visé par la C.C.

Les employeurs et les travailleurs qui appartiennent à la profession et qui n'ont pas signé la C.C de leur profession ne sont pas concernés par l'effet normatif de la C.C.

Soulignons enfin que l'effet impératif s'applique au contrat de travail qui ne peut pas lui être contraire sauf dans un cas qui est plus favorable au travailleur. Quant à l'effet automatique, il signifie que les travailleurs n'ont pas besoin de préciser cela dans leur contrat individuel de travail.

B). Les sanctions :

On peut relever au moins trois (3) types d'action en justice contre ceux qui violent la C.C.

1). L'action individuelle du salarié :

La personne dont l'intérêt a été lésé par la violation de la C.C peut demander réparation de son dommage au responsable de la violation.

Le responsable peut être l'employeur ou le groupement d'employeur contre lesquels le salarié peut agir. Cette action du salarié contre l'employeur relève de la compétence du tribunal du travail.

2). L'action collective des groupements :

Les groupements signataires d'une C.C peuvent agir à la place de leurs membres et en leur faveur contre les auteurs de la violation d'une C.C qui auraient lésé les intérêts de ses membres sans avoir à justifier d'un mandat des intéressés.

Ainsi donc lorsqu'un salarié subit un préjudice individuel dont l'auteur est l'employeur, normalement, il s'agit d'une action du salarié ; Cependant, la loi vole au secours du travailleur pour donner au groupement le pouvoir d'agir. Ce faisant, elle vise l'objectif de respect de la C.C. En d'autres termes, le groupement va agir « au nom et à la place et en la faveur » du salarié, ce qui fait que l'action reste individuelle par sa cause juridique et son résultat.

Il convient de préciser que le syndicat avant d'agir en justice, doit en informer l'intéressé. Soit ce dernier ne s'y oppose pas, donc l'action se poursuit. Soit ce dernier s'y oppose et le syndicat ne pourra pas poursuivre l'action. Par conséquent, on ne peut exclure une idée de mandat préalable.

3). L'action des groupements capables :

Les syndicats liés par une C.C peuvent, en leur nom propre, agir en réparation contre les auteurs de la violation d'un C.C qu'il s'agisse d'employeurs ou de salariés. Cette action tend à demander la réparation d'un préjudice beaucoup plus moral que matériel.

Le législateur veut faire de ces groupements les gardiens de la C.C.

En pratique, c'est lorsque des difficultés d'interprétation surviennent que les syndicats interviennent.

Ex. : lorsqu'on décide qu'une prime de transport sera allouée à tout travailleur qui habite à plus de six (6) kilomètres de l'entreprise. Ces six (6) kilomètres peuvent être conçus de deux façons.

D'abord, il y la ligne directe ou à vol d'oiseau. Ensuite, il y a la prise en compte de l'itinéraire réelle du parcours.

Par conséquent, en l'absence des commissions ad hoc d'interprétation et pour éviter la détérioration du climat social dans l'entreprise, il est bon d'avoir une jurisprudence capable de régler les difficultés.

CHAPITRE III :

LA CONVENTION COLLECTIVE EXTENSIBLE OU CONVENTION COLLECTIVE ÉTENDUE

Elle est destinée à avoir un rayonnement juridique et professionnel plus grand que celui de la C.C.O dans la mesure où l'effet normatif et collectif est total. Quant au rayonnement professionnel, le rayon concerne une branche d'activité, à savoir un ensemble de professions similaires ou connexes.

Pour toutes ces raisons, le législateur va adopter des règles spéciales régissant la C.C.E.

SECTION I :

L'ÉLABORATION DE LA CONVENTION COLLECTIVE EXTENSIBLE

Il existe quelques particularités. Il s'agit de la commission mixte paritaire et des règles de conflits relatifs à l'élaboration de la Convention.

PARAGRAPHE I :

LA COMMISSION MIXTE PARITAIRE

Elle n'existe pas pour la C.C.O. En raison du rayonnement très grand de la C.C.E, le Ministre du travail va provoquer une réunion de la commission mixte (employeurs – travailleurs) et paritaire (il y a un nombre égal de représentant de travailleurs et d'employeurs).

Cette commission mixte est composée des représentants des syndicats les plus représentatifs de la branche d'activité considérée puisqu'il s'agit d'engager toute une profession ou un ensemble de professions.

PARAGRAPHE II :

LES CONFLITS RELATIFS À L'ÉLABORATION DE LA CONVENTION

Si une commission mixte ne parvient pas à un accord sur un ou plusieurs points de la convention, l'Inspecteur du Travail doit, à la demande de l'une des parties, intervenir pour faciliter la réalisation de cet accord.

L'Inspecteur n'impose pas une solution, il tente de rapprocher les parties.

Malgré tout, si le désaccord persiste, le Ministre du Travail peut, à défaut ou en attendant l'établissement d'une CC, règlementer les conditions de travail pour une profession déterminée ou pour un groupe de professions dans lesquelles les conditions d'emploi sont comparables. Pour ce faire, il prend un arrêté.

S'il décide d'intervenir, il doit solliciter l'avis du Conseil Consultatif national du travail et de la sécurité sociale (C.C.N.T.S.S).

SECTION II :

LE CONTENU DE LA CONVENTION COLLECTIVE EXTENSIBLE

Le législateur l'a minutieusement règlementé. En effet, il existe des clauses obligatoires, des clauses facultatives et des annexes.

PARAGRAPHE I :

LES CLAUSES OBLIGATOIRES

Elles sont au nombre de dix (art. L.86 al. 1 C. trav.) : Le libre exercice du droit syndical ; l'échelle des salaires, les heures supplémentaires, la durée de l'engagement à l'essai ; les délégués du personnel ; les procédures de révision, modification et de dénonciation ; les modalités d'application du principe à travail égal, salaire égal pour les femmes et les jeunes ; les congés payés ; les indemnités de déplacements ; les clauses de passage et le poids des bagages.

Parmi ces clauses, certaines ne sont pas régies par les lois et règlement. Ex. : l'échelle des salaires, la durée d'engagement à l'essai.

Par contre, d'autres peuvent être traitées par renvoi aux dispositions législatives et réglementaires qui existent à ce sujet. S'il manque une clause obligatoire, le législateur n'a prévu aucune sanction. Mais, il semble que la sanction logique et adéquate est celle du refus du Ministre du travail d'étendre la convention.

PARAGRAPHE II :

LES CLAUSES FACULTATIVES

Elles sont au nombre de treize (13) (art. L. 86 al 2 C. trav.). Il s'agit : des primes d'ancienneté ; des primes pour frais professionnels ; des primes de panier ; des conditions générales de la rémunération au rendement ; des indemnités pour travaux pénibles ; des conditions d'embauchage et de licenciement ; de l'organisation et fonctionnement de l'apprentissage et de la formation professionnelle ; des conditions particulières du travail des femmes et des jeunes, ; des modalités de constitution du cautionnement; de l'emploi à temps réduit de certaines catégories; des procédures conventionnelles d'arbitrage.

En fait, c'est une liste indicative. De plus, le législateur souhaite que la convention soit la plus complète possible.

Enfin, le Ministre du Travail peut demander, par décret que soit rendue obligatoire telle ou telle clause facultative lorsqu'elle sera reconnue utile.

PARAGRAPHE III :

LES ANNEXES

Pour comprendre l'importance des annexes, il faut partir du caractère vaste de la C.C.E qui s'applique à une branche d'activité et à toutes les catégories de salariés d'une branche déterminée. En effet, cette pluralité implique des règles particulières que la commission mixte paritaire ne peut toujours prévoir.

À titre d'exemple, la durée de l'engagement à l'essai devra être précisée selon les catégories professionnelles : l'ouvrier, le planton, les informaticiens etc.).

Idem pour la durée du préavis pour la rupture du contrat pour chaque profession ou catégorie professionnelle. Il convient de préciser que les annexes ont la même nature juridique que la convention elle-même dont elles sont l'accessoire direct et obligatoire. Donc, ce sont des documents contractuels.

SECTION III :

LE CHAMP D'APPLICATION DE LA CONVENTION COLLECTIVE EXTENSIBLE

La détermination se fait sur le plan territorial et temporel. À cet égard, on retrouve exactement les mêmes règles que celles qui régissent les C.C.O.

Cependant, il convient de préciser que, sur le plan territorial, la C.C.E est toujours prévue pour une échelle nationale et qu'il n'est pas exclu que, sur le plan local, une convention régionale prenne le relai pour améliorer la C.C.E.

Sur le plan professionnel, la loi impose que la C.C.E concerne toujours une branche d'activité. Cette dernière peut se définir comme un ensemble de professions similaires ou connexes.

La notion de professions similaires : entre les professions concernées, une similitude peut exister en raison des matières travaillées. Ex : dans les professions du bois, la transformation de bois par l'ébénisterie, la menuiserie etc.

La similitude peut apparaître aussi d'après les méthodes de travail.

Ex : les entreprises de manutention et de transport.

Ex : le commerce de détail et le commerce de gros.

La notion de professions connexes : ces professions sont différentes dans leur méthode de travail, de condition de travail mais elles sont reliées entre elles. Ainsi, elles peuvent participer à la production d'un même bien ou la fourniture d'un même service.

Pour le même service : la C.C des bâtiments et travaux publics ; il y a les maçons, les menuisiers, les électriciens etc. qui concourent à la réalisation du même bien.

Pour le même service : le tourisme ; il y a les agences de voyage, l'hôtellerie, les guides touristiques et l'interprétariat.

SECTION IV :

L'EXTENSION DE LA CONVENTION COLLECTIVE EXTENSIBLE

Avant l'arrêté, la CC reste une C.C.O. De plus, il faut une mutation qui implique une procédure qui entraine des conséquences.

PARAGRAPHE I :

LA PROCÉDURE D'EXTENSION

C'est le Ministre du Travail qui est le maître d'œuvre de l'extension. Il intervient soit sur sa propre initiative, soit sur l'initiative des syndicats.

Si on décide de recourir à l'extension, le texte doit être publié au J.O. et on consulte toutes les personnes intéressées. Après un délai de trente (30) jours mis à profit pour recueillir les avis, le Ministre peut prendre sa décision. À ce sujet il a un pouvoir discrétionnaire contre lequel il n'existe pas de recours.

S'il prononce l'extension, il peut le faire en retirant de la C.C certaines dispositions soit pour illégalité, soit parce qu'elle ne répond pas à la situation de la branche d'activité considérée. Donc, le Ministre fait un contrôle de légalité et d'opportunité. S'il s'agit d'un contrôle de légalité, il faut prévoir la possibilité d'un Recours pour excès de pouvoir.

Si l'illégalité porte sur une clause obligatoire, l'arrêté d'extension ne peut pas être pris. Une fois, l'arrêté d'extension pris, il est publié au JORS.

PARAGRAPHE II :

LES EFFETS DE L'EXTENSION

L'extension n'entraine aucune modification de la nature juridique de la convention collective. Cette dernière reste contractuelle sur le plan de sa validité, de sa durée et de son interprétation.

Il y aura donc un effet contractuel et un effet normatif.

L'effet contractuel entre les parties signataires et les adhérents. Donc, on applique les mêmes règles que la C.C.O.

L'effet normatif : une fois étendue, la CC s'applique à tous les employeurs, à tous les travailleurs de la branche d'activité considérée. En effet, on fait appel ici aux syndicats les plus représentatifs qui défendent les intérêts de la profession.

PARAGRAPHES III :

LE RETRAIT DE L'EXTENSION

Le Ministre du Travail peut retirer son arrêté d'extension. Dans ce cas, il doit obligatoirement consulter le C.C.N.T.S.S qui doit donner un avis motivé.

Le retrait ministériel peut être total au partiel. Lorsque le retrait est total, la C.C sera convertie par réduction. Autrement dit, d'une C.C.E, elle devient une C.C.O qui ne lie que les parties signataires sauf si celles-ci avaient décidé que la convention est conçue pour être étendue et qu'à défaut, elles ne seront plus liées par la convention.

Lorsque le retrait est partiel : En principe, la Convention reste une C.C.E pour ceux qui restent.

Mais si le retrait concerne une clause obligatoire, que faire ?

Dans ce cas la convention redevient une C.C.O.

CHAPITRE IV :

L'ACCORD COLLECTIF D'ENTREPRISE OU D'ÉTABLISSEMENT

Il est destiné à adapter dans chaque entreprise les C.C existantes. Curieusement, le législateur ne lui consacre qu'un seul article, à savoir L.92 du Code du travail intitulé « des accords collectifs d'entreprise ou d'établissement ». Ainsi donc des accords concernant une entreprise, un ou plusieurs établissements déterminés peuvent être conclus entre les employeurs et les représentants des syndicats les plus représentatifs du personnel de l'entreprise ou des établissements concernés.

Ces accords sont très importants car ils ont permis de créer des avantages sociaux et des institutions qui n'étaient prévues ni par la loi, ni par les règlements ou les C.C.

Ex. : l'institution des délégués du personnel.

SECTION I :

LA CONCLUSION DE L'ACCORD COLLECTIF D'ENTREPRISE

Elle implique des négociations entre les employeurs et les salariés.

PARAGRAPHE I :

LA REPRÉSENTATION DES EMPLOYEURS

Un employeur ou un groupe d'employeurs a la possibilité de conclure un A.C.E.

L'employeur peut être une personne physique ou morale. Il peut se faire représenter par un mandataire.

Les groupements d'employeurs : il peut s'agir d'un syndicat ou de tout regroupement d'entreprises.

PARAGRAPHE II :

LA REPRÉSENTATION DES SALARIES

La négociation se fait par des salariés qui travaillent dans l'entreprise et qui sont membres des syndicats les plus représentatifs de l'établissement. Il s'agit d'assurer une représentation du personnel la plus effective.

Pour éviter tout conflit entre les syndicats quant à la représentativité, il est permis de faire appel aux délégués du personnel.

SECTION II :

LE CONTENU DE L'ACCORD COLLECTIF D'ENTREPRISE

L'objet des A.C.E est limité.

S'il existe déjà une C.C ou un arrêté en tenant lieu, l'A.C.E ne peut qu'adapter les dispositions de cette C.C ou de cet arrêté aux conditions particulières du ou des établissements considérés. Donc, le législateur réserve un rôle d'adaptation aux A.C.E.

Ex. : s'agissant des primes de productivité et de rendement, il appartient à chaque établissement considéré de calculer les modalités. L'ACE peut contenir des dispositions plus favorables aux travailleurs.

S'il n'a pas une C.C ou un arrêté en tenant lieu, il faut interpréter ce vide. Dans ce cas, on estime que l'A.C.E ne peut porter que sur les salaires et les accessoires de salaire.

Cependant, on ne voit pas comment sanctionner un A.C.E qui traite d'autres problèmes juridiques que les salaires et les accessoires. Ceci est d'autant plus compréhensible que ce sont les ACE qui ont été à l'origine des progrès sociaux tels que : les allocations familiales, les prestations sociales, les délégués du personnel, les indemnités de licenciement, et de départ à la retraite.

SECTION III :

LE CHAMP D'APPLICATION DE L'ACCORD COLLECTIF D'ENTREPRISE

Durée : Elle obéit exactement aux mêmes règles que celles des C.C.O.

Sur le plan territorial et professionnel : les deux domaines se confondent. En effet, les ACE sont taillés à la mesure de l'entreprise et de l'activité exercée.

CHAPITRE V :

LA CONVENTION COLLECTIVE NATIONALE INTERPROFESSIONNELLE

Si les C.C.O, les C.C.E et les A.C.E jouent un rôle de diversification professionnelle, au contraire, la C.C.N.I joue un rôle d'uniformisation. C'est une convention qui est de portée nationale et interprofessionnelle. Elle uniformise le même avantage en l'appliquant à tous les employeurs et salariés de la Communauté nationale.

En Afrique Noire, la C.C.N.I était ignorée du droit positif. Pourtant, c'est elle qui a permis de créer d'importants avantages tels que les régimes complémentaires de retraite, la 5e semaine de congés payés, l'allocation de chômage en France.

Mais, on a vu apparaître par la suite, en Afrique, des C.C.N.I au Bénin, en Côte d'Ivoire, au Burkina-Faso, au Niger, au Togo, au Congo et au Sénégal[114].

Les C.C.N.I africaines constituent de véritables chartes professionnelles qui régissent tout ce que les parties ont voulu mettre.

Enfin, à travers les C.C.N.I, les pouvoirs publics ont uniformisé les vieilles CC nées avant les indépendances et qui contenaient des disparités au plan des avantages. Seront examinés les parties, le champ d'application et le contenu de la convention.

SECTION I :

LES PARTIES À LA CONVENTION COLLECTIVE NATIONALE INTERPROFESSIONNELLE

Les employeurs signataires appartiennent à des syndicats affiliés à l'UNISYNDI (union intersyndicale d'entreprise et d'industrie du Sénégal), le SCIMPEX (syndicat des commerçants importateurs et exportateurs), le SYPOA (syndicat patronal de l'Ouest africain).

[114] **SAMB (M.)**, *La convention collective nationale interprofessionnelle en Afrique noire francophone*, Thèse, Dakar, 24 janvier 1989.

Du côté des salariés, ce sont les syndicats affiliés à la C.N.T.S (Confédération nationale des travailleurs du Sénégal). Ceci étant, il n'est pas sûr que tous les salariés soient représentés à la C.N.T.S car, en effet, depuis 1982, année de la signature de la C.C.N.I, beaucoup de syndicats et d'unions de syndicats sont nés. La même remarque peut être faite à propos du patronat.

Par conséquent, la Convention ne doit régir que les employeurs et les travailleurs affiliés aux syndicats. Conscient de la portée limitée de la C.C.N.I, l'article 6 prévoit la possibilité d'adhésion.

Si l'organisation adhérente est représentative au plan national, elle jouira des mêmes droits que les organisations signataires.

Dans le cas contraire, elle ne pourra ni dénoncer la Convention, ni en demander la révision, ni exiger de siéger dans les commissions paritaires prévues par la Convention.

SECTION II :

LE CHAMP D'APPLICATION DE LA CONVENTION COLLECTIVE NATIONALE INTERPROFESSIONNELLE

Il concerne le domaine professionnel, territorial et temporel.

PARAGRAPHE I :

LE CHAMP PROFESSIONNEL ET TERRITORIAL

Au sens de l'article 1er de la C.C.N.I « la C.C.N.I a pour objet de régler, les rapports de travail entre les employeurs et les travailleurs dans les entreprises exerçant leurs activités sur toute l'étendue du territoire du Sénégal ».

À cet effet, elle annule et remplace toutes les conventions existantes et leurs avenants concernant les employeurs et les travailleurs sus visés (article 3 C.C.N.I).

L'interprétation de ces dispositions appelle quelques commentaires.

D'abord, l'ambition de la C.C.N.I est de s'appliquer à tous les travailleurs et à toutes les entreprises exerçant au Sénégal. Toutefois, elle ne peut lier tout le monde tant qu'elle n'est pas étendue. C'est pour quoi quelques mois après sa conclusion, le Ministre a pris un arrêté d'extension qui ne concerne nullement les entreprises publiques.

Ensuite, la Convention ainsi étendue annule et remplace les Conventions antérieures. Quid des arrêtés règlementaires tenant lieu de Conventions Collectives ? De plus le terme annuler n'est pas approprié. Plutôt, le terme abroger semblait plus adéquat.

Malgré l'annulation décidée par la C.C.N.I, il y a un maintien en vie des Conventions antérieures à trois niveaux.

D'une part, il y a le maintien en vigueur des annexes et des classifications catégorielles des C.C antérieures jusqu'à leur abrogation par d'autres annexes.

D'autre part, il y a le maintien de dispositions des C.C antérieures plus favorables que celles de la C.C.N.I ayant le même objet.

Enfin, il y a le maintien des avantages individuels acquis au profit des travailleurs recrutés avant l'entrée en vigueur de la C.C.N.I. Ces avantages sont particuliers à certains travailleurs ou résultent de l'application dans l'établissement de CC antérieures, d'accord d'établissement ou des usages.

Sur le plan territorial, c'est le territoire national sénégalais qui ne doit être ni restreint, ni élargi.

PARAGRAPHE II :

LE CHAMP TEMPOREL

La C.C.N.I est conclue pour une durée indéterminée. D'où elle ne peut prendre fin que par une dénonciation totale ou partielle par les parties signataires après un préavis d'un mois signifié aux autres parties et à l'autorité compétente, à savoir le Ministre du travail.

L'originalité vient du fait que la partie qui prend l'initiative de la dénonciation, devra accompagner dans sa lettre un nouveau projet de convention sur le ou les points en cause.

Pendant le délai de renégociation, les parties signataires et adhérentes s'engagent ni à aller en grève, ni à faire le lock-out.

Si la négociation n'aboutit pas pendant le délai de préavis, la C.C.N.I prévoit que le texte ancien reste en vigueur jusqu'à ce que l'on obtienne une nouvelle Convention.

On en déduit alors qu'il y a une obligation de négocier et une obligation d'aboutir à la négociation.

Cette règle pose problème à la lumière du principe selon lequel nul ne peut être lié indéfiniment par un contrat à durée indéterminée. Or, la C.C.N.I semble porter atteinte à ce principe général du droit.

Il convient de préciser, cependant, que ces règles de procédures ne concernent pas les demandes de révision des salaires dès lors que les parties ont une grande liberté et que chaque profession a ses méthodes et ses grilles de salaires.

SECTION III :

LE CONTENU DE LA CONVENTION COLLECTIVE NATIONALE INTERPROFESSIONNELLE

La Convention comporte 72 articles, ce qui n'est pas énorme eu égard à l'ambition de la C.C.N.I qui cherche à régir les rapports individuels et collectifs.

Elle renvoie à des annexes le soin de déterminer les salaires et les catégories professionnelles. Ainsi donc, chaque secteur d'activité va adopter ses propres échelles de salaires et ses propres catégories professionnelles.

La C.C.N.I du Sénégal ayant été étendue, on devait subséquemment y faire figurer les clauses obligatoires et éventuellement les clauses facultatives.

Dans la C.C.N.I, deux commissions ont été prévues. D'abord, il y a la commission professionnelle paritaire de classement qui a pour objet de régler les problèmes de classement catégoriel.

Ensuite, il y a la commission paritaire d'interprétation et de conciliation compétente pour rechercher une solution amiable à tous les différends nés de l'interprétation et de l'application de la C.C.N.I et de ses annexes.

TITRE II :

LES CONFLITS COLLECTIFS DE TRAVAIL

Par leur dimension, les conflits collectifs peuvent constituer une menace importante pour la paix sociale à cause de l'ampleur de la communauté des travailleurs impliqués dans de tels conflits. Par l'importance des revendications en cause (intérêt collectif), le législateur s'est préoccupé de résoudre de tels conflits par une procédure spécifique qui nécessite des institutions appropriées.

Il s'agit de cerner d'une part, la notion et les contours des conflits collectifs (chapitre I) et, d'autre part, la procédure de règlement (chapitre II).

CHAPITRE I :

LA DÉFINITION ET LES VARIANTES DES CONFLITS COLLECTIFS

Il convient de définir d'abord la notion de conflit collectif avant d'exposer les différentes variantes de conflits collectifs.

SECTION I :

LA DÉFINITION DES CONFLITS COLLECTIFS

Le conflit collectif peut être défini comme celui qui oppose une collectivité de salariés à un ou plusieurs employeurs et qui tend à obtenir la satisfaction d'une revendication qui profitera à des travailleurs déterminés collectivement.

Le premier élément de cette définition concerne l'existence d'une collectivité de travailleurs. Il s'agit alors d'une communauté c'est-à-dire un groupement organisé (syndicat) ou non organisé (comité de grève) ou une communauté à l'échelle d'une profession, d'une entreprise, d'un établissement. Cette communauté doit être en conflit.

Le deuxième élément est que le conflit doit porter sur des intérêts collectifs, à savoir des intérêts communs à tous les salariés en cause et dont la satisfaction les concernent tous. Ne constitue donc pas un conflit collectif, même si les demandes sont identiques, les requêtes introduites par des employés de banque qui sont partis à la retraite séparément et à des dates différentes[115].

Il peut s'agir de la demande d'un ACE ou même du respect de l'ACE sur un point déterminé ou encore l'institution d'une prime de transport dans une profession donnée.

À l'échelle nationale, il peut s'agir d'une hausse des salaires ou de la création d'une I.P.M. Il convient de préciser que la juxtaposition de conflits individuels ne constitue pas nécessairement un conflit collectif car la cause juridique des demandes est distincte d'un salarié à un autre.

---

[115] Voir dans ce sens, *C.A. de Dakar de Dakar, Arrêt n° 467 du 11 août 2011*, La SGBS c/ Boubacar DIAWARA et autres, *Bull. 2013, Vol. n°1*, p. 178.

SECTION II :

LES VARIANTES DES CONFLITS COLLECTIFS

Il y a des conflits collectifs qui sont juridiques et des conflits collectifs qui sont économiques.

PARAGRAPHE I :

LES CONFLITS COLLECTIFS JURIDIQUES

Le conflit collectif est juridique lorsque l'objet du litige est d'obtenir le respect d'une règle de droit méconnue. Dans ce cas, on veut obtenir le respect de la règle.

Ex. : le non-paiement d'une prime de transport prévue par une CC et qui n'est servie à aucun travailleur ;

il y a aussi la non affiliation des travailleurs à une institution de prévoyance retraite rendue obligatoire ;

le non-respect de la classification des travailleurs résultant de la CC.

Ces conflits peuvent être résolus de deux manières : soit on va devant le tribunal du travail et ils deviennent alors des conflits individuels, soit on va vers une seule et même décision. Dès lors, il y a deux possibilités de procédures pour les conflits collectifs juridiques.

PARAGRAPHE II :

LES CONFLITS COLLECTIFS ÉCONOMIQUES

Il s'agit de demander moins le respect d'une règle de droit que la création d'une règle de droit nouvelle, la modification d'une règle de droit existante ou sa disparition.

En réalité, on demande un avantage nouveau.

Ex. : Il n'existait pas une prime de transport, de panier, on les demande par la création d'une règle de droit nouvelle.

Hausse de salaire : il y a l'ancienne échelle des salaires, on modifie ou valorise l'échelle existante.

À la différence des conflits juridiques qui doivent être réglés juridiquement, les conflits économiques ne peuvent être tranchés que par équité. C'est ce qui justifie le rôle accru de l'arbitre.

CHAPITRE II :

LES PROCÉDURES DE RÉSOLUTION DES CONFLITS COLLECTIFS

Il y a une procédure normale et des procédures spécifiques de résolution.

SECTION I :

LA PROCÉDURE NORMALE DE RÉSOLUTION DES CONFLITS COLLECTIFS

Il s'agit d'une procédure légale qui a vocation à s'appliquer à tout le droit du travail. En outre, c'est une procédure supplétive qui ne s'applique que si les parties n'ont pas prévu d'autres institutions ou procédure de règlement.

Trois points seront étudiés : la notification, la tentative de conciliation et l'arbitrage.

PARAGRAPHE I :

LA NOTIFICATION DU CONFLIT

C'est une formalité obligatoire d'ordre public. En effet, sans elle, aucune procédure de règlement ne peut être déclenchée.

Elle constitue aussi le point de départ des effets des accords qui seront conclus ou des sentences rendues pour régler le conflit. Elle est faite à l'Inspecteur du Travail par l'une ou l'autre partie. Ce sera soit à l'Inspecteur compétent lorsque le conflit est limité au ressort d'une inspection régionale, soit au Directeur général du travail lorsque le conflit s'étend sur les ressorts de plusieurs inspections régionales (art. L.272 C. trav.).

PARAGRAPHE II :

LA TENTATIVE DE CONCILIATION

Il s'agit de voir les règles de procédure et de dénouement de la tentative de conciliation.

A). La procédure de conciliation :

Elle est informelle. En effet, le fonctionnaire compétent convoque les parties et le conciliateur a les pouvoirs les plus étendus pour s'informer de la situation économique des entreprises et de la situation sociale des travailleurs concernés par le conflit. Pour ce faire, il peut procéder à des enquêtes, il peut demander aux entreprises de produire des documents comptables et financiers. Il peut recourir à des expertises comptables et à des conseillers juridiques.

Il convient de souligner que la loi ne lui donne pas le pouvoir de trancher le litige. Il doit essayer seulement de rapprocher les parties d'un accord.

B). La clôture de la tentative de conciliation :

La procédure se clôt par un P.V de conciliation ou de non conciliation. Si une solution heureuse est trouvée, l'accord de conciliation produit les effets d'une convention collective. Par conséquent, telle une C.C.E, il peut être soumis à l'extension du Ministre du Travail. Même lorsque le différend ne concerne pas une C.C.E, il y a un intérêt à étendre l'accord à toute une communauté.

Ex. : La création d'un avantage nouveau susceptible de concerner toute la communauté des travailleurs d'une profession ou d'une nation.

S'il y a échec de la tentative de conciliation, on dresse un procès-verbal de non conciliation et l'Inspecteur envoie dans les vingt-quatre (24) heures le Procès-verbal et le rapport complet sur le conflit au Ministre du Travail.

En cas d'échec de la procédure, les salariés pourront recourir à la grève et les patrons au lock-out.

Mais, tant que le délai de préavis de trente (30) jours n'est pas épuisé, aucune grève, aucun lock-out ne pourra être déclenché sous peine d'être déclaré illicite.

PARAGRAPHE III :

L'ARBITRAGE

Le Code du travail a prévu le recours à l'arbitrage comme mode de règlement des conflits collectifs.

En effet, l'article L.86 dispose que les conventions collectives extensibles peuvent contenir des dispositions concernant « les procédures conventionnelles d'arbitrage, suivant lesquelles seront ou pourront être réglés les différends collectifs de travail susceptibles de survenir entre les employeurs et les travailleurs ».

Toutefois, un décret devra déterminer les conditions dans lesquelles cette disposition facultative pourra être rendue obligatoire.

SECTION II :

LES PROCÉDURES SPÉCIFIQUES DE RÉSOLUTION DES CONFLITS COLLECTIFS

Dans l'ensemble, on peut retenir trois procédures : la procédure des Établissements publics à caractère industriel et commercial (E.P.I.C), celle du secteur privé et celle du droit maritime.

PARAGRAPHE I :

LA PROCÉDURE SPÉCIFIQUE DES ÉTABLISSEMENTS PUBLICS À CARACTÈRE INDUSTRIEL ET COMMERCIAL

L'article 97 du Décret de 1976 régissant les agents des E.P.I.C prévoit que : « s'il y a un différend sur l'interprétation du statut général ou des statuts particuliers, la Commission doit être saisie et le conflit doit être réglé par un avis unanime de la Commission ». Il s'agit de la Commission nationale de coordination, d'interprétation, de conciliation et de classement professionnel dont la compétence est réservée uniquement à l'application des statuts. Sinon, on en revient à la procédure de droit commun.

La Commission rend un avis. S'il est unanime, cela règle le problème. Si l'unanimité n'est pas obtenue, le différend sera soumis à l'arbitrage du Premier ministre.

PARAGRAPHE II :

LA PROCÉDURE SPÉCIFIQUE DANS LE SECTEUR PRIVE

Il existe parfois dans telle ou telle convention collective de branche d'activités ou secteur professionnel telle ou telle Commission chargée de résoudre les conflits collectifs.

Ex. : dans la C.C.N.I, c'est l'article 71 qui institue une Commission paritaire d'interprétation et de conciliation.

Cette Commission est composée de deux (2) membres titulaires et de deux (2) membres suppléants de chaque organisation de travailleurs signataires et un nombre égal de membres employeurs titulaires et suppléants en nombre identique.

Le texte donne compétence à cette commission pour interpréter la C.C.N.I, « pour rechercher une solution amiable aux différends pouvant résulter de l'interprétation et de l'application de la ... Convention ou de ses annexes... ».

Elle n'est compétente que pour les conflits juridiques ayant pour objet d'interpréter la C.C.N.I.

En outre, la Commission ne peut connaître des litiges individuels qui ne mettent pas en cause le sens et la portée de la C.C.N.I c'est-à-dire que la commission a compétence pour les conflits juridiques collectifs.

PARAGRAPHE III :

LA PROCÉDURE SPÉCIFIQUE EN DROIT MARITIME

Tout conflit collectif doit être notifié immédiatement au chef de la circonscription maritime par les parties. En cas d'échec, il réunit une Commission paritaire de conciliation qu'il préside. Elle est composée des représentants des armateurs, des marins et de l'Inspecteur de la navigation et du travail maritime assistant. Si cette commission ne réussit pas dans sa mission, le président de la Commission rédige un rapport et envoie tout le dossier au Ministre du Travail qui devra suivre alors la procédure du Code du travail.

PARTIE III :

LES RAPPORTS INSTITUTIONNELS DE TRAVAIL : LES INSTITUTIONS ADMINISTRATIVES, PROFESSIONNELLES ET JUDICIAIRES

Par institution, on entend les différentes entités professionnelles, administratives et judiciaires ayant pour objet principal et exclusif le traitement des questions relatives au droit du travail. Il existe des institutions internationales (l'O.I.T, la C.E.D.E.A.O etc.) et des institutions nationales parmi lesquelles on peut retenir les institutions administratives, juridictionnelles et professionnelles, Dans ce titre, seules les institutions nationales seront développées.

Il s'agit des points suivants :

titre I : les institutions professionnelles ;

titre I : les institutions administratives et judiciaires.

TITRE I :

LES INSTITUTIONS PROFESSIONNELLES

Elles concernent l'entreprise (chapitre I) et les syndicats (chapitre II).

CHAPITRE I :

L'ENTREPRISE

C'est une notion débattue dans de nombreuses disciplines scientifiques comme les sciences économiques et les sciences juridiques. En droit, l'entreprise se présente de différentes façons selon qu'il s'agit d'une approche fiscale, commerciale etc. En droit du travail, plus particulièrement, l'entreprise peut se définir comme « un groupe de travailleurs exerçant une activité orientée vers le même but au profit d'un même employeur sous l'autorité d'un chef[116] ».

a). La notion de groupe de travailleurs :

Dès qu'il prend des salariés travaillant collectivement en un endroit, le droit du travail s'intéresse à cet endroit-là. Cependant, le nombre de salarié importe peu car dès qu'il y a un seul contrat de travail, la législation du travail doit s'appliquer.

b). La notion de chef d'entreprise :

Le chef d'entreprise c'est celui qui est investi de l'autorité d'organisation, de direction et c'est envers lui que le salarié est tenu dans le rapport de subordination. Il est souvent confondu avec l'employeur qui est le partenaire contractuel du salarié.

L'employeur et le chef d'entreprise peuvent être la même personne notamment lorsqu'il s'agit d'une entreprise individuelle. Mais, il peut y avoir dissociation lorsque l'employeur a plusieurs établissements. La distinction entre l'employeur et le chef d'entreprise doit être précisée car ils ne sont pas soumis au même régime juridique.

En effet, pour le groupement de personnes morales, il y a une dissociation inévitable entre l'employeur et le chef d'entreprise qui assure la direction au quotidien.

---

[116] Sur l'ensemble de la question, voir ISSA-SAYEGH (J.), *Droit du travail sénégalais*, NEA – LGDJ, 1987, n°751, p.353.

c). La notion d'activité :

En droit du travail, l'importance de l'activité se justifie pour plusieurs raisons

D'abord, le volume du travail compte pour la rémunération.

Ensuite, si l'entreprise cesse toute activité, le volume aura de l'importance car il est susceptible d'être modifié et d'avoir des répercussions sur le contrat de travail.

Enfin, l'entreprise doit être distinguée de l'établissement. En effet, l'établissement est une fraction de l'entreprise et peut se définir comme un groupe de travailleurs menant une activité sous la responsabilité ou l'autorité d'un chef d'établissement qui est lui-même un salarié de l'entreprise. On dit aussi que l'établissement est le poste avancé de l'entreprise. Donc, il devient normal que certaines règles du droit du travail s'y appliquent.

Ex. : l'institution des délégués du personnel.

SECTION I :

LE CHEF D'ENTREPRISE

Il est soumis à un statut composé de règles relatives à ses pouvoirs, ses obligations et sa responsabilité.

PARAGRAPHE I :

LES POUVOIRS DU CHEF D'ENTREPRISE

Traditionnellement, on lui reconnait trois pouvoirs, à savoir, le pouvoir de direction, le pouvoir réglementaire et le pouvoir disciplinaire.

A). Le pouvoir de direction :

Il est assumé par le chef d'entreprise à tous les stades de l'entreprise (création jusqu'à sa fermeture) et il s'exerce à titre individuel ou collectif.

Le chef d'entreprise dispose souverainement du pouvoir de créer une entreprise ou de mettre fin à l'activité. Cette solution a été consacrée depuis le 31 mai 1956 par la Cour de cassation française et elle a été reprise par le juge sénégalais en 1968[117].

Il s'agit aussi pour l'employeur du pouvoir d'embaucher, de recruter des salariés. Il est le maître des emplois à créer, des catégories d'emploi à créer et il embauche les salariés selon ses propres critères à condition de respecter le principe de non-discrimination et en respectant le droit de priorité d'embauchage ou de réembauchage lorsque celui-ci existe à l'égard de certains salariés.

Le chef d'entreprise a aussi le pouvoir de supprimer les emplois qu'il juge inutile. Cependant, il doit justifier d'un motif légitime de licenciement.

Il a le pouvoir d'organiser le travail, d'établir les horaires de travail. Il peut choisir des hommes à tel ou tel poste en fonction de leur qualification et il choisit les moyens.

En somme, on note que le pouvoir de direction s'exerce dans la souveraineté mais qu'il n'est pas totalement discrétionnaire.

B). Le pouvoir réglementaire :

C'est le pouvoir d'imposer un règlement intérieur. À travers ce R.I, l'employeur manifeste son pouvoir d'édiction des règles. Il convient d'examiner les règles d'élaboration du RI, son contenu, sa publicité et son application.

1). L'élaboration du règlement intérieur :

Le RI est obligatoire dans toutes les entreprises qui emploient habituellement vingt (20) salariés au moins.

Le R.I est en général rédigé par l'employeur qui doit le communiquer aux délégués du personnel pour qu'ils fassent leurs observations. Ensuite, l'Inspecteur du Travail doit faire connaitre son avis au chef d'entreprise. En réalité, le contrôle exercé sur ce R.I. est un contrôle de légalité et non d'opportunité. Par conséquent, l'Inspecteur peut demander le retrait des dispositions illégales ou encore le retrait des dispositions étrangères à l'objet d'un R.I. telles que définies par la loi.

---

[117] *C.A. 21 février 1968 Tpom n°* 262 p.5796.

2). Le contenu du règlement intérieur :

Le règlement intérieur a un objet spécifique et il ne doit contenir aucune disposition réglementaire contraire aux règles d'ordre public, ni contraire à l'objet d'un R.I.

Le R.I contient des règles de trois (3) ordres, à savoir l'organisation technique, la discipline, l'hygiène et la sécurité.

S'agissant de l'organisation technique du travail, elle consiste à indiquer l'horaire du travail, à savoir les heures d'arrivée, de départ, de composition, de rotation des équipes et l'affectation des travailleurs à leur poste de travail.

Quant à la discipline, il s'agit d'identifier les fautes et de préciser les sanctions disciplinaires applicables. Ainsi donc le non-respect par le travailleur du règlement intérieur de l'entreprise peut être constitutif de faute lourde justifiant le licenciement sans préavis et sans paiement d'indemnité[118].

Enfin s'agissant des prescriptions d'hygiènes et de sécurité, il existe certes des règles au plan global mais le chef d'entreprise peut ajouter des dispositions qui lui semblent nécessaires à la bonne marche du travail. Ainsi donc, le juge reconnait à l'employeur exposé à des vols multiples le droit d'instaurer des mesures de sécurité et de sauvegarde de l'outil de travail[119].

3). La publicité et l'application du Règlement intérieur :

L'Inspecteur du Travail communique son avis au chef d'entreprise. Dans les trois (3) mois suivant la réception de cet avis ou en cas de silence, le chef d'entreprise dépose le R.I. au secrétariat du tribunal du travail.

Ensuite, le R.I. est affiché dans les locaux où se fait l'embauche et où s'exécutent les contrats de travail.

Il est même souhaitable qu'il soit traduit verbalement dans les différentes langues de la communauté des travailleurs.

S'agissant de la nature du R.I., on se demande si elle est institutionnelle ou contractuelle ? Il semble que le RI est surtout de nature institutionnelle et non contractuelle. En effet, il n'est pas

---

[118] Pour une application, voir *C.A. de Dakar, Arrêt n°19 du 6 janvier 2011*, Albert Guy NUNEZ et Pierre DACOSTA c/ HOTEL SOFITEL TERANGA, *Bull. 2013, vol. n° 1*, p. 214.

[119] Cf. *C.A. de Dakar Arrêt du 6 avril 2010*, Société SIMPA c/ Ibrah THIAM, *Bull. 2013, vol. n°1*, p. 48.

nécessaire de recueillir l'adhésion des salariés pour que le R.I leur soit applicable. De plus, on ne cherche pas à savoir si les salariés ont accepté ou non le RI car on estime que c'est aux salariés de s'informer de l'existence d'un R.I.

C). Le pouvoir disciplinaire :

C'est un pouvoir qui est inhérent à la qualité de chef d'entreprise. Il découle du lien de subordination en vertu duquel le chef d'entreprise peut donner des ordres, il a le droit d'en surveiller l'exécution et en cas de mauvaise exécution ou d'inexécution, il a le pouvoir de sanctionner. Le pouvoir disciplinaire, c'est aussi le pouvoir d'infliger des sanctions pour des fautes. Il s'agit de cerner la notion de faute disciplinaire et les sanctions applicables aux fautes disciplinaires.

1). Les fautes disciplinaires :

La faute civile est définie comme tout manquement à une obligation préexistante.

Par référence à la faute civile, on peut dire que c'est un manquement à une obligation préexistante de type professionnel, reproché à un salarié, telle qu'elle nuit au bon fonctionnement de l'entreprise et à l'ordre qui y règne. C'est pourquoi, tout ce qui appartient à la vie privée échappe à la faute disciplinaire.

Cependant, certains actes de la vie privée peuvent avoir un retentissement sur la vie professionnelle et entraîner le licenciement.

Ex. 1 : l'immoralité du travailleur entrainant la perte de confiance, le chef d'entreprise peut licencier le travailleur.

Ex. 2 : le travailleur qui se livre à des abus de confiance, des escroqueries, des vols à intervalles réguliers.

La gravité d'une faute doit être appréciée par le chef d'entreprise sous réserve du contrôle des tribunaux. En effet, les juridictions se réservent le droit de vérifier si la faute est imputable au salarié et si elle a un lien avec la vie professionnelle ou bien si appartenant à la vie privée, la faute a un retentissement sur la vie professionnelle.

2). Les sanctions disciplinaires :

Elles sont de différentes catégories.

Les sanctions les plus bénignes et qui sont d'ordre moral telles que l'avertissement, le blâme, la réprimande.

Les sanctions pécuniaires : il faut préciser à cet égard que les amendes sont formellement interdites (art. L.129 C. trav.). L'employeur supprime une prime pécuniaire à un salarié en raison de son comportement.

Ex. : primes d'assiduité, primes de ponctualité etc.

Cette sanction est étonnante. En fait, il ne s'agit pas d'amende car le salaire reste intact. Donc, c'est un plus que l'on accorde au salarié pour une prestation normale de service. Par suite, la suppression de telles primes est reconnue légitime.

Les sanctions qui atteignent l'emploi du salarié. Il s'agit de la mise à pied, de la mutation et du licenciement.

La mise à pied consiste à interdire au salarié l'accès à l'entreprise moyennant la suppression de salaire. La durée de l'interdiction est précisée. Il y a alors une suspension du contrat de travail.

La mutation peut provenir de ce que le salarié a commis une faute ou ne s'entend pas avec ses collègues de travail.

Le licenciement est la rupture du contrat, le départ définitif du salarié par suite d'une faute qu'il a commise.

PARAGRAPHE II :

LES OBLIGATIONS DU CHEF D'ENTREPRISE

Elles apparaissent lors de la création et du fonctionnement de l'entreprise.

A). Les obligations lors de la création de l'entreprise :

Toute personne qui désire ouvrir une entreprise ou un établissement doit en faire la déclaration à l'Inspecteur du Travail territorialement compétent dans la mesure où elle occupe des travailleurs.

B). Les obligations au cours du fonctionnement de l'entreprise :

Les obligations sont multiples et variées. Ainsi, par exemple, il est obligatoire de signaler le transfert ou le déplacement de l'entreprise ou de l'établissement, de signaler aussi tout changement juridique tel que la vente, la fusion ou la scission.

Pour l'essentiel, on peut regrouper les obligations en six (6) grandes rubriques.

1). Les obligations en matière d'embauche et d'emploi :

Tout travailleur embauché fait l'objet d'une déclaration établie par l'employeur et adressée par ce dernier à l'inspection du travail.

L'employeur doit aussi déclarer les mouvements des travailleurs (embauchage, départ à la retraite, licenciement, démission maladie, congés etc.).

L'employeur doit respecter les règles relatives au cumul d'emploi et on lui interdit le travail au noir.

2). La tenue de documents et affichage :

Elle permet de renseigner le plus parfaitement possible l'Inspecteur du Travail en cas de contrôle. Il y a :

le registre d'employeur qui mentionne tout ce qui concerne les salariés. Il rend compte des mouvements des travailleurs et doit être conservé pendant cinq (5) ans c'est-à-dire les cinq (5) ans qui suivent l'apposition de la dernière mention ;

le registre des paiements. Il est destiné à consigner tous les paiements de salaires faits aux travailleurs et doit être conservé pendant cinq (5) ans dans les mêmes conditions que le précédent. Il doit être contresigné par le travailleur ;

le registre de visite journalière pour consigner la visite médicale des travailleurs malades en cas d'existence d'une médecine d'entreprise ;

puis, le registre des délégués du personnel qui mentionne les déclarations, les visites au chef d'entreprise et les réponses du chef d'entreprise aux questions ;

le registre d'organisation du travail par équipe ;

le registre du repos hebdomadaire lorsque le repos hebdomadaire n'est pas mentionné collectivement le même jour ;

le registre de vérification et de sécurité lorsque les textes l'exigent.

En plus de ces documents, il y a les affichages qui concernent les horaires de travail, le tableau de travail par équipe, le R.I etc.

3). Le respect de la règlementation des conditions du travail, d'hygiène et de sécurité :

L'employeur est responsable de l'application des mesures prescrites par le Code du travail en matière d'hygiène et de sécurité.

À ce titre, il doit faire en sorte que le lieu de travail, les machines et les matériels, les procédés de travail placés sous son contrôle, ne présentent pas de risques pour la santé et la sécurité des travailleurs (art. L. 171 et s. C. trav.).

4). La création et la gestion d'œuvres sociales :

Il existe deux types d'œuvres sociales : l'économat et le service médical ou sanitaire.

L'économat : c'est une organisation où l'employeur pratique la vente des marchandises aux travailleurs de l'entreprise pour leurs besoins personnels et normaux. En principe, la création d'un économat relève de la discrétion du chef d'entreprise sauf si elle est imposée par le Ministre du Travail sur proposition de l'Inspecteur du Travail.

Le service médical ou sanitaire : il est créé au bénéfice des travailleurs. Leur création dépend des effectifs de l'entreprise.

5). Les obligations en matière de sécurité sociale et de droit fiscal :

En matière de sécurité sociale, l'employeur est obligé d'affilier les salariés à la Caisse de Sécurité Sociale et aux Institutions de Prévoyance sociale. En outre, il a l'obligation de payer la cotisation de la C.S.S qui est entièrement à sa charge.

En revanche, les cotisations dues à l'IPRES et à l'I.P.M sont supportées pour partie par l'employeur et pour partie par le salarié. Il faut cependant préciser que c'est à l'employeur de payer l'intégralité de la cotisation quitte à prélever les cotisations sur les salaires.

En matière de droit fiscal, l'employeur est tenu de déclarer à l'administration fiscale les sommes versées au titre des salaires durant l'exercice écoulé. Il a aussi l'obligation de retenir à la source les impôts relatifs aux traitements et aux salaires et à les reverser au Trésor public.

6). L'obligation de présenter un bilan social :

Tout chef d'établissement doit produire annuellement la déclaration de la situation de la main-d'œuvre qu'il emploie lorsqu'il occupe moins de 50 travailleurs.

En outre, lorsque le chef d'établissement occupe cinquante (50) travailleurs ou plus, il doit produire annuellement un bilan social récapitulant les principales données chiffrées de la situation de l'établissement dans le domaine social.

PARAGRAPHE III :

LA RESPONSABILITÉ DU CHEF D'ENTREPRISE

Il encourt une responsabilité civile et une responsabilité pénale.

A). La responsabilité civile :

Elle joue à l'égard des salariés et à l'égard des tiers.

1). La responsabilité civile à l'égard des salariés :

Au cours de l'exécution du contrat de travail, l'employeur doit respecter les obligations découlant du contrat.

Mais la responsabilité de l'employeur joue surtout en matière de rupture du contrat de travail. À l'égard des salariés, l'employeur ne doit encourir aucune responsabilité du fait de la fermeture de son entreprise.

Lorsque le travailleur est victime d'une maladie professionnelle, d'un accident de travail, ce risque est couvert par la Caisse de Sécurité Sociale. Dans ce cas, l'employeur n'est pas responsable sauf, s'il commet une faute inexcusable. On estime même qu'il devra payer intégralement sur son patrimoine personnel. On opère une distinction entre la personne et l'entreprise.

Par contre, si l'accident ou la maladie ne sont pas couverts par la CSS, on applique les règles du droit commun de la responsabilité civile.

2). La responsabilité civile à l'égard des tiers :

C'est une responsabilité à l'égard de toute personne étrangère à l'entreprise. Il s'agit :

de la responsabilité civile de son fait personnel ;

de la responsabilité civile du fait de son personnel.

Dans ce cas, l'employeur ne peut s'exonérer même en cas de dol ou de faute lourde de ses préposés. Ce qu'il peut faire, c'est exercer l'action récursoire.

B). La responsabilité pénale du chef d'entreprise :

En règle générale, la responsabilité pénale est fondée sur la règle de l'individualité des peines. Autrement dit, c'est celui qui commet l'infraction qui doit en subir la peine.

Cependant, il existe quelques exceptions.

D'abord, il y a la responsabilité des dirigeants des personnes morales. En effet, une personne morale peut être atteinte pénalement (ex : amende). La sanction frappe alors la personne morale alors que l'infraction a été commise par une personne physique.

Ensuite, il y a la responsabilité des chefs d'entreprise du fait d'autrui. Il s'agit alors de règles particulières qui font peser sur les chefs d'entreprise une responsabilité pénale du fait d'autrui.

Ex. : Pour des raisons liées aux intérêts de salubrité publique, la loi peut imposer la surveillance des auxiliaires. Ladite responsabilité est retenue sauf en cas d'existence d'une délégation de pouvoir. Dans ce cas, il faut deux conditions :

la délégation doit être expresse et acceptée par le délégué ;

le délégué doit avoir les moyens de faire respecter le pouvoir qui lui est attribué.

SECTION II :

LE PERSONNEL

À ce niveau, nous mettrons l'accent sur : la composition du Personnel et la représentation du personnel.

PARAGRAPHE I :

LA COMPOSITION DU PERSONNEL

Il existe plusieurs catégories définies par les C.C dont relèvent les salariés. C'est une classification en fonction des catégories ou un classement des salariés.

La classification peut être appréhendée comme une présentation ordonnée de groupes d'emplois rassemblés en considération de la similitude ou de l'équivalence de leur contenu. Qu'elle soit opérée au niveau de la profession ou dans l'entreprise, elle exprime une hiérarchie des emplois qui, fondée sur leur nature, sert de base aux actions de recrutement, de transfert, de promotion et surtout à la fixation des rémunérations. Il résulte de la jurisprudence que le classement du travailleur est fonction de l'emploi qu'il occupe effectivement dans l'entreprise. En conséquence, doit être classé à la catégorie 7A, de par la Convention collective du commerce, l'agent affecté à la caisse et dont le travail consiste à effectuer des opérations de caisse et à tenir les écritures comptables y correspondantes[120]. Il s'y ajoute que pour le classement du travailleur à un grade ou une hiérarchie, il doit être tenu compte des tâches effectivement exercées dans l'entreprise et non des diplômes obtenus[121].

PARAGRAPHE II :

LA REPRÉSENTATION DU PERSONNEL

Elle se fait surtout à travers les délégués du personnel. C'est une nécessité prévue par les textes. Ainsi, depuis 1937, il est prévu que les C.C doivent prévoir obligatoirement les dispositions relatives aux délégués du personnel.

Dans les différents Codes du travail, une règlementation des délégués du personnel est prévue.

A). Domaine d'application de l'institution :

Il concerne d'une part, l'établissement et, d'autre part, l'effectif.

1). L'établissement :

Les délégués du personnel sont obligatoirement élus dans tout établissement regroupant plus de dix travailleurs. L'établissement est un groupe de personnes relevant d'une entreprise et travaillant en commun

---

[120] Voir dans ce sens, *C.A. de Dakar, Arrêt n°432 du 21 juillet 2011*, Alassane DIOP c/ Crédit Mutuel du Sénégal, Arrêt précité.

[121] Voir dans ce sens *C.A. de Dakar, arrêt n° 537 du 15 septembre 2011*, la SONATEL c/ Djibril MBAYE, *Bull. 2013, vol. n° 1*, p. 202.

en un même lieu déterminé sous l'autorité d'un chef d'établissement ou de son représentant.

Il est caractérisé par une activité en un lieu donné : usine, atelier etc.

2). L'effectif :

Il faut onze salariés pour l'existence d'un délégué. Le nombre des délégués à élire est fonction du nombre des salariés. Il y a autant de délégués titulaires que de suppléants.

Parmi l'effectif, il y a les travailleurs habituellement occupés dans l'établissement, à savoir les permanents, les stagiaires, les apprentis et les journaliers.

Les travailleurs intermittents ne sont pris en compte que s'ils totalisent six (6) mois dans l'entreprise.

B). Les élections :

Elles concernent l'électorat les conditions d'éligibilité, les opérations électorales et les règles de contentieux.

1). L'électorat et les collèges électoraux :

Tous les travailleurs âgés de 18 ans et ayant travaillé six mois dans l'entreprise et qui ne sont pas frappés de condamnation privative. Si certains électeurs ne totalisent pas six mois et que leur nombre représente 75% des effectifs, l'Inspecteur du Travail peut autoriser la dérogation à l'ancienneté.

Les électeurs sont répartis en deux catégories :

le collège d'encadrement : le personnel d'encadrement ;

le collège des ouvriers et des employés : le personnel d'exécution.

Les électeurs sont répartis dans leur collège et, les sièges des délégués sont également répartis proportionnellement au nombre des électeurs. Leur répartition fait l'objet d'un accord entre le chef d'entreprise et les organisations syndicales. S'il n'existe pas d'accord, l'Inspecteur du Travail intervient pour concilier et, en cas d'échec, il doit décider.

2). L'éligibilité :

Sont éligibles tous les travailleurs âgés de plus de 21 ans, de nationalité sénégalaise ou ressortissant d'un État accordant la réciprocité, et ayant accompli douze (12) mois de services dans l'entreprise sans interruption. Ne sont éligibles dans un collège que les électeurs de ce collège. Ne peuvent être élus les ascendants, descendants, frères ou alliés du chef d'entreprise.

L'éligibilité se perd par la rupture du contrat de travail ou la démission du syndicat qui a présenté le candidat. Des dérogations sont prévues pour les conditions d'ancienneté dans les mêmes conditions que pour l'électorat.

3). Les opérations électorales :

Date : L'élection a lieu tous les trois (3) ans dans le mois qui précède l'expiration des mandats des délégués. La date et le lieu sont fixés par le chef d'entreprise après accord des syndicats intéressés. À défaut d'accord, c'est l'Inspecteur du Travail qui doit intervenir.

Présentation des candidatures : Les syndicats représentés dans l'établissement ont le monopole de l'établissement des listes des candidats pour chacun des collèges. Les listes sont portées à la connaissance du chef d'entreprise et elles sont affichées. S'il n'existe pas de liste, l'Inspecteur du Travail constate la carence des syndicats et autorise les élections pour des candidats libres.

Le vote : il a lieu dans l'établissement et aux temps de travail. On peut voter par correspondance, séparément pour les membres titulaires et suppléants de chaque collège. Le scrutin est un scrutin de liste à deux tours avec représentation proportionnelle. Le panachage est interdit.

Un second tour n'est possible que si le nombre des votants est inférieur à la moitié des électeurs inscrits.

4). Le contentieux :

Toutes les contestations relatives à ces opérations sont de la compétence du tribunal d'instance qui statue d'urgence et en dernier ressort. Le tribunal du travail ne connaît pas de ce litige.

C). Le mandat :

Durée : Il est de trois (3) ans renouvelable indéfiniment. Mais, il peut prendre fin par le décès, le départ à la retraite, la démission de l'intéressé ou son licenciement. Dans ce cas, c'est le suppléant qui prend sa place.

1). Les attributions des délégués :

Ils présentent les réclamations du personnel. Ils peuvent présenter à l'employeur toutes réclamations du personnel à titre individuel ou collectif, ce, quel que soit l'objet de la revendication. Ils sont considérés comme les auxiliaires des syndicats.

Cependant, les travailleurs peuvent présenter eux-mêmes leurs propres réclamations. Cette règle est renforcée par le Décret n°2009-1413 du 23 décembre 2009[122] fixant les conditions d'application de l'article L. 5 du Code du travail relatives au droit d'expression directe et collective et aux procédures de négociations au sein de l'entreprise (art. 1, 2, 3 et 4 du Décret).

Le contrôle de l'application de la législation sociale. Ils doivent veiller à l'application des prescriptions relatives à l'hygiène, à la sécurité du travail et à la sécurité sociale. Ils peuvent saisir l'Inspecteur du Travail d'une réclamation concernant l'application des prescriptions ci-dessus. Les Inspecteurs du Travail peuvent se faire accompagner par les délégués du personnel lorsqu'ils visitent les lieux de travail.

La participation à la gestion de l'entreprise. Les délégués peuvent faire toutes suggestions utiles tendant à l'amélioration de l'organisation et du rendement de l'entreprise. Ils sont aussi consultés pour donner leur avis lors de l'élaboration du règlement intérieur et des licenciements pour motif économique. Dans ces cas, ils n'ont qu'une fonction consultative.

2). L'exercice des attributions :

Les délégués du personnel bénéficient des heures de délégation, des réunions, de réception par le chef d'entreprise, dont des moyens de communication de leurs informations par affichage.

Heures de délégation : Le chef d'entreprise est tenu de laisser le temps nécessaire à l'exercice des fonctions de délégués du personnel, le temps maximal est de quinze (15) heures par mois. Il peut vérifier si ces heures sont effectivement employées par les délégués à l'exercice de leurs fonctions. Cependant, cela ne peut en aucun cas aboutir à entraver l'exercice régulier des fonctions de délégués du personnel.

Quant aux réunions, le chef d'entreprise est tenu de mettre à la disposition des délégués un local et le mobilier nécessaire pour leur permettre de remplir leurs missions et notamment celle de se réunir.

---

[122] *J.O. n° 6518 du Samedi 27 mars 2010.*

La réception par le chef d'entreprise : Les délégués sont reçus collectivement par le chef d'entreprise au moins une fois par mois. Ils sont également reçus sur leur demande soit individuellement, soit par catégorie. Dans tous les cas, les délégués suppléants peuvent assister avec les délégués titulaires, aux réunions avec l'employeur.

Sauf circonstances exceptionnelles, les délégués doivent remettre au chef d'entreprise deux jours avant la date de réception, une note écrite exposant sommairement l'objet de la demande.

L'affichage : Les délégués peuvent faire afficher des renseignements qu'ils ont pour fonction de porter à la connaissance du personnel dans le cadre de leur mission, à l'exclusion de tout autre document.

L'affichage doit être assuré aux portes d'entrée, des lieux de travail et des emplacements obligatoirement prévus et destinés aux communications. De préférence, il s'agit des lieux de passage du personnel.

D). La protection du mandat des délégués :

La mission des délégués a pour objet la défense des intérêts des travailleurs dans l'entreprise. Cette mission peut les exposer à des représailles. C'est pourquoi, le législateur a fait d'eux une catégorie de personnel protégée aussi bien dans leur propre intérêt que celui de l'ensemble des travailleurs qu'ils représentent. En particulier, ils sont protégés contre le licenciement.

CHAPITRE II :

LES SYNDICATS

Ce sont des groupes de personnes dotés de la personnalité morale ayant exclusivement pour objet la représentation et la défense des intérêts économiques, industriels, commerciaux, agricoles et artisanaux[123].

Il s'agit d'analyser successivement la constitution des syndicats, le fonctionnement des syndicats, les activités des syndicats, la scission et la dissolution des syndicats.

SECTION I :

LA CONSTITUTION DES SYNDICATS

Le Code du travail ne prévoit pas beaucoup de dispositions. Cela se comprend dans la mesure où la Convention de l'O.I.T sur la liberté du travail invite les États à s'abstenir d'intervenir dans la constitution et le fonctionnement des syndicats.

Nous allons examiner tour à tour les conditions de fond, de forme et les sanctions.

PARAGRAPHE I :

LES CONDITIONS DE FOND

À l'origine du syndicat, il y a un contrat qui est l'œuvre de la volonté commune. Sous ce rapport, il est nécessaire que toutes les conditions de validité de droit commun soient respectées.

[123] V. **DIOH (A.)**, *Les syndicats de travailleurs au Sénégal*, Edition l'Harmattan, Paris 2002, 400 pages.

A). Les conditions requises :

Qui peut se syndiquer ?
Il faut être capable et exercer une profession.

1). La Capacité :

Les personnes physiques majeures sont capables. S'agissant des mineurs non émancipés, s'ils ont plus de 16 ans, ils pourront adhérer à un syndicat sauf opposition de leur père et mère ou tuteur. Le mineur travailleur a un droit intimement lié à l'exercice d'une profession.

Quant au mineur qui a moins de 16 ans, a contrario, il ne peut se syndiquer.

Quant aux femmes mariées, elles peuvent exercer une profession ou un métier sans l'autorisation de leur mari et par suite, elles peuvent se syndiquer. Toutefois, le mari peut s'opposer à l'exercice par sa femme d'une profession séparée en s'appuyant sur l'intérêt de la famille. Mais, dans ce cas, une autorisation judiciaire est possible.

Quant aux personnes morales, elles peuvent se syndiquer.

2) L'exercice d'une profession :

En principe, seules les personnes en activité peuvent se syndiquer. L'exercice d'une profession s'entend de l'exercice d'une activité habituelle et répétée dont on tire l'essentiel de ses revenus. C'est la raison pour laquelle ceux qui n'exercent pas une profession et qui veulent se regrouper ne peuvent recourir qu'à une association (ex : les retraités, les locataires etc.). Les syndicats ne peuvent regrouper que les personnes exerçant la même profession ou des professions similaires et connexes.

L'identité, la similitude et la connexité est exigée pour les syndicats primaires. Cependant, si l'on passe à la confédération, la solidarité se situant sur une échelle d'intérêt général, l'identité, la similitude et la connexité s'estompent.

Toutefois, il convient de préciser que les personnes qui ont quitté l'exercice de leur fonction ou de leur profession peuvent continuer à faire partie d'un syndicat professionnel sous réserve d'avoir exercé celle-ci au moins un an (art. L.12 C. trav.).

B). La liberté syndicale :

Il convient d'examiner la reconnaissance du principe, de l'analyser avant d'exposer les règles de protection.

1). La reconnaissance du principe :

Le principe est reconnu au plan international et au plan national[124]. Au plan international, la Convention n°87 de l'O.I.T fait obligation à tout État et membre de prendre les mesures nécessaires et appropriées en vue d'assurer aux travailleurs et aux employeurs un libre exercice du droit syndical.

Au plan national, il y a la Constitution qui proclame le respect et la garantie des libertés.

En outre, le Code du travail prévoit des règles. Ainsi, les personnes qui exercent la même profession, des métiers similaires ou des professions connexes peuvent constituer librement un syndicat professionnel. Tout employeur ou travailleur peut adhérer librement à un syndicat dans le cadre de sa profession (art. L.7 C. trav.).

Enfin, dans la liste des clauses obligatoires de C.C.E, il existe des clauses relatives à la liberté syndicale.

2). L'analyse du principe :

En vertu de la liberté syndicale, il ne peut y avoir un syndicalisme obligatoire. On est libre de constituer ou d'adhérer à un syndicat.

La liberté syndicale implique que si une personne décide de se syndiquer, elle doit avoir la liberté de choisir le syndicat qu'elle veut. Donc, il n'y a pas de syndicalisme obligatoire. En conséquence, il faut un pluralisme syndical. Elle a comme conséquence le droit de se retirer librement d'un syndicat sans avoir à donner de motifs légitimes, ni de préavis, ni sans verser une indemnité, nonobstant toute clause contraire. Toutefois, le syndicat pourra réclamer la cotisation afférente aux six mois qui suivent le retrait d'adhésion (art. L.13 C. trav.)[125].

---

[124] V. **FOMBENO (H.-J.T.)**, " Plaidoyer pour la reconnaissance du droit syndical dans l'entreprise en Afrique noire francophone", *Rev. Edja, n°50, juillet-Août-Sept 2001*, pp. 7 à 16.

[125] V. **FOMBENO (H.-J.T.)**, " Libre propos sur la liberté syndicale en Afrique noire francophone", *Rev. Edja, n°50*, pp. 56 à 72. *Adde* **NDIAYE (I.D.)**, *Être syndicaliste aujourd'hui*, Éditions Xamal saint Louis 2001.

Elle suppose enfin une indépendance complète sur les plans financiers et administratifs vis-à-vis des pouvoirs publics, des employeurs et des travailleurs.

3). La protection de la liberté syndicale :

Il s'agit d'une protection contre, les agissements de l'employeur et les actions des pouvoirs publics.

a). La protection contre les agissements de l'employeur :

Il est interdit à tout employeur de prendre en considération l'exercice ou l'activité syndicale des travailleurs pour décider de leur embauchage, de leur emploi ou de leur rémunération ou pour rompre leur contrat.

En outre, il apparaît que les syndicats veulent être toujours les plus puissants pour agir efficacement. Pour ce faire, ils peuvent se livrer à des pratiques déloyales à caractère unilatéral ou concerté. C'est la raison pour laquelle le législateur déclare nul, tout accord au terme duquel, l'usage de la marque syndicale par un employeur est subordonné à l'obligation pour ledit employeur de ne prendre à son service ou de ne conserver que les adhérents du syndicat propriétaire de la marque.

Rappelons que ce texte est le souvenir d'une époque, en France, où la presse avait une marque syndicale très prisée. En outre, la clause par laquelle l'employeur s'engage à ne recruter que des travailleurs syndiqués (*closed shop*) est nulle. Il en est de même de la clause en vertu de laquelle l'employeur s'engage à ne recruter des travailleurs que si ces derniers s'obligent à adhérer à un syndicat. (*Clause union shop*).

Puis, on interdit les actions unilatérales telles que le boycott, la mise à l'index d'un travailleur ou de certains employeurs motivés par leur appartenance syndicale.

Ex. : l'incitation des travailleurs à une grève au motif que l'employeur refuse de signer une clause de "clause-shop."

Quant à la mise à l'index, c'est le fait, par exemple, de pousser les fournisseurs à ne pas ravitailler un opérateur économique qui refuse de s'affilier à un puissant syndicat.

b). La protection contre les actions des pouvoirs publics :

La Convention de l'O.I.T interdit aux pouvoirs publics de légiférer ou de créer des règles sévères à la constitution ou au fonctionnement des syndicats. Elle pose le principe selon lequel les groupements doivent être constitués librement sans autorisation préalable et ne peuvent être dissouts par voie administrative. À cet effet, deux organes ont été créés : Le comité de la liberté syndicale qui reçoit et instruit les plaintes.

Ensuite, le comité d'investigation et de conciliation qui propose des mesures de règlement pacifique.

c). L'objet syndical :

L'objet d'une personne morale est de défendre des intérêts. Ces intérêts peuvent être à but lucratif. L'objet d'un syndicat est l'étude et la défense des intérêts économiques, industriels, commerciaux, agricoles et artisanaux. (art. L.6 C. trav.). Il s'y ajoute que le syndicat a pour vocation d'assurer la représentation des intérêts professionnels. Donc, l'objet légal exclusif est critiquable. Le syndicat est différent de l'association, de la société et des partis politiques car il ne poursuit pas le même objectif que ces derniers.

PARAGRAPHE II :

LES CONDITIONS DE FORME

Ce sont des règles qui sont un peu identiques à celles de la constitution des associations. (art. L.8 C. trav.). Il existe plusieurs étapes.

Les fondateurs du syndicat doivent déposer à l'inspection du travail les statuts et la liste des personnes chargées de l'administration du syndicat ou de la direction du syndicat. Les statuts doivent contenir des mentions obligatoires telles que le nom, l'objet et le siège du syndicat, les conditions dans lesquelles se réunissent l'A.G et le C.A, l'état civil et les professions des fondateurs.

Dans les trente (30) jours qui suivent le dépôt des statuts, l'Inspecteur du Travail transmet au Ministre de l'intérieur et au Procureur de la République un dossier composé d'un exemplaire des statuts et un rapport d'enquête qu'elle a rédigée sur les conditions de régularité de la constitution.

Le Procureur de la République vérifie la régularité des statuts et la situation des dirigeants du syndicat et fait à son tour un rapport qu'il notifie au Ministre de l'intérieur, à l'Inspecteur du Travail aux dirigeants du syndicat, ce, dans les trente (30) jours qui suivent l'envoi des dossiers.

Le Ministre de l'intérieur dispose de deux rapports (celui de l'Inspecteur du Travail et celui du Procureur), au vu desquels il délivre ou non le récépissé conformément à l'article 812 du C.O.C.C.

C'est la délivrance du récépissé du Ministre de l'Intérieur qui vaut existence du syndicat et la naissance de la personnalité juridique.

PARAGRAPHE III :

LES SANCTIONS DES CONDITIONS DE CONSTITUTION

Il y a des sanctions civiles et pénales.

A). Les sanctions civiles :

Elles seraient communes aux associations : il s'agit du refus d'enregistrement et de la dissolution judiciaire. On pourrait aussi parler de la nullité du contrat.

S'agissant du refus d'enregistrement, le C.O.C.C prévoit que l'autorité compétente ne peut refuser l'enregistrement que pour des motifs de légalité.

Quant à la dissolution judiciaire, le Procureur de la République peut demander la dissolution d'un syndicat au tribunal civil. Donc, il ne peut s'agir nullement d'une dissolution administrative.

Si la demande est fondée sur une irrégularité irrémédiable, les juges ne peuvent que prononcer la dissolution. Par contre, si l'irrégularité est susceptible d'être corrigée rapidement par les dirigeants du syndicat, le juge peut accorder un délai pour permettre cette régularisation.

Ex. : Un exemplaire d'un dossier qui fait défaut.

S'agissant de la nullité, le contrat devant respecter toutes les conditions générales de formation des contrats, il est possible que la nullité du contrat de syndicat soit prononcée.

B). Les sanctions pénales :

D'abord, elles frappent les administrateurs et directeurs des syndicats qui auraient méconnu les règles de constitution des associations ou des syndicats.

Ensuite, il y a des sanctions délictuelles à l'encontre des personnes qui ont fait ou ont tenté de faire fonctionner un syndicat non enregistré ou dissout par l'autorité judiciaire.

SECTION II :

LE FONCTIONNEMENT DES SYNDICATS

Il y a le principe de la liberté de fonctionnement à respecter. Il faut aussi observer les règles légales de fonctionnement.

PARAGRAPHE I :

LE PRINCIPE DE LA LIBERTÉ DE FONCTIONNEMENT

Aux termes de l'article 3 de la convention n°87 de l'O.I.T, les autorités publiques doivent s'abstenir de toute intervention de nature à limiter ou à entraver le droit des syndicats.

Donc, les États s'interdisent d'intervenir dans l'élaboration des statuts, dans l'élection des dirigeants, dans l'organisation de la gestion. Par suite, il y a une liberté totale de fonctionnement des syndicats.

PARAGRAPHE II :

LES RÈGLES LÉGALES DE FONCTIONNEMENT

Elles concernent principalement deux rubriques, à savoir la désignation des dirigeants et le rapport annuel qu'ils doivent établir.

A). La désignation des dirigeants :

Il faut être membre du syndicat, avoir la nationalité sénégalaise (sous réserve de réciprocité de la part des étrangers). Les dirigeants doivent avoir leur domicile au Sénégal et jouir de leurs droits civils et civiques.

Ils doivent être renouvelés au moins une fois tous les trois ans en Assemblée Générale ou congrès et ils sont rééligibles.

B). Le rapport annuel :

Chaque année, les dirigeants doivent communiquer au Ministre chargé du travail et au Procureur de la République du ressort un rapport faisant apparaître notamment les statistiques de ses effectifs, le montant des cotisations annuelles encaissées et la situation financière, en particulier le bilan du syndicat pour l'année précédente. Ces renseignements permettent de reconnaître aux syndicats la représentativité qu'ils réclament.

Quid de la sanction ? Au plan civil, c'est le refus de reconnaître aux syndicats défaillant la représentativité.

SECTION III :

L'ACTIVITÉ DES SYNDICATS

Les syndicats mènent des activités correspondant à leur objet. Ils ont les attributs de la personnalité civile, morale (nom, siège etc.) et ils ont la capacité juridique d'acquérir à titre onéreux ou à titre gratuit des biens meubles et immeubles. Les immeubles et objets mobiliers nécessaires à leurs réunions, à leurs bibliothèques et à leurs cours d'instruction professionnels sont insaisissables (art. L.17 al.2 C. trav.).

Les syndicats peuvent déposer leurs marques ou labels et en revendiquer la propriété exclusive.

Ex. : N.F (norme française) inscrites sur certains produits appartient à des groupements d'employeurs.

PARAGRAPHE I :

LES FONCTIONS DES SYNDICATS

Les syndicats ont pour but la représentation et la défense des intérêts professionnels. Ils peuvent aussi créer, gérer et subventionner des œuvres professionnelles sociales.

A). La représentation des intérêts professionnels :

Les syndicats ont vocation à représenter la profession qu'ils défendent auprès des pouvoirs publics, des employeurs et des autres syndicats.

Pour des raisons pratiques évidentes, certaines fonctions de représentation ne peuvent être assurées par tous les syndicats. Il s'agit notamment de la représentation dans les institutions nationales ou internationales où les sièges réservés aux syndicats sont en nombre limité.

Dès lors, il est nécessaire de faire un tri en choisissant les syndicats les plus représentatifs de la profession[126]. Pour cela, il faut dégager des critères de représentativité.

1). Les critères de représentativité :

Le Code du travail énumère un certain nombre de critères à propos de la commission mixte paritaire qui élabore une CCE.

La Loi n°2003-23 du 20 août 2003 modifiant les articles L.24 et L.25 du Code du travail et ajoutant un article L.85 bis au dit Code a résolu une vieille revendication dans les syndicats qui souhaitaient que des élections générales fussent organisées pour déterminer la représentativité des centrales syndicales. Dès lors, la représentativité des centrales syndicales sera appréciée par rapport au suffrage des électeurs (élections).

2). L'appréciation et le contentieux de la représentativité :

Au plan national, c'est le Ministre du Travail qui apprécie la représentativité lorsqu'il s'agit de l'élaboration d'une CCE.

Lorsque la représentativité est appelée à jouer au plan d'une entreprise ou d'un établissement, il appartient à l'employeur de rechercher le syndicat le plus représentatif de la profession pour conclure un ACE.

Dans ces cas, il appartient au tribunal de grande instance compétent de trancher le contentieux. Mais, lorsque le conflit débouche sur un conflit collectif, c'est une autre procédure utilisable. S'agissant de la représentativité des unions syndicales, les contestations éventuelles devront être tranchées par les commissions électorales dont les décisions sont susceptibles de recours auprès du Ministre chargé du travail. Ce dernier dispose d'un délai de trente (30) jours pour rendre sa décision. A l'expiration du délai imparti au Ministre ou en cas de réponse négative de celui-ci, la centrale syndicale pourra, dans les quinze (15) jours, introduire un recours en annulation devant la Cour d'Appel qui dispose d'un délai d'un mois pour statuer.

---

[126] V. **NDIAYE (I.Y.)**, " La représentativité syndicale", *Revue de l'Association. Sénégalaise de droit pénal, Janv-Déc 1996*, pp. 25 à 40

B). La défense des intérêts professionnels :

Elle se manifeste sur le plan extra-judiciaire et sur le plan judiciaire.

1). Sur le plan extra-judiciaire :

Le rôle du syndicat est multiple. Il s'agit de :
négocier les conditions de travail dans l'entreprise ;
négocier les CC elles-mêmes ;
procéder à des études, des enquêtes etc. ;
organiser des manifestations, des grèves.

2). Sur le plan judiciaire :

Il y a la défense des intérêts individuels des membres du groupement, la défense des intérêts collectifs du groupement et la défense des intérêts de la profession[127].

b). La défense des intérêts individuels des membres du groupement.

Les syndicats peuvent agir en justice pour obtenir justice en faveur de leurs membres de deux façons.

D'abord, ils peuvent les représenter ou les assister en justice auprès des tribunaux du travail sur mandat exprès des membres.

Ensuite, il y a le cas où une CC a été violée et que cette violation lèse un intérêt matériel ou moral d'un membre du syndicat lié par la CC.

Ex. : le refus de payer la prime de transport. Dans ce cas, le syndicat peut agir en justice sans avoir à justifier au préalable d'un mandat du syndiqué lésé. Toutefois, il faut que le syndiqué ait été averti et qu'il ne s'y oppose pas.

Le résultat de cette action va tomber non dans le patrimoine du syndicat mais dans celui du travailleur.

b). La défense des intérêts collectifs du groupement.

La loi permet au syndicat de défendre les intérêts collectifs professionnels du groupement. À cet égard, on peut distinguer l'action à titre principal et l'action en intervention. Ainsi donc, les syndicats liés par une CC peuvent intenter en leur nom propre une action en

---

[127] V. **FOMBENO (H.-J.)**, *L'action des syndicats professionnels en Afrique noire francophone*, Thèse, Dakar, 28 avril 2001.

dommages intérêts contre toute personne liée par la CC et qui violerait les engagements contractés

c). La défense des intérêts collectifs de la profession toute entière.

Au sens de l'article L.15, les syndicats peuvent, devant toutes juridictions répressives, exercer tous les droits réservés à la partie civile relativement aux faits portant un préjudice direct ou indirect à l'intérêt collectif de la profession qu'ils représentent.

Cette action est possible devant les juridictions répressives : il s'agit précisément de l'action civile jointe à l'action publique.

C). La création, la gestion et la subvention d'œuvres professionnelles ou sociales

Ces œuvres peuvent concerner le domaine professionnel, le domaine éducatif et le domaine social.

PARAGRAPHE II :

LES RELATIONS DES SYNDICATS

Elles sont de plusieurs sortes : les relations avec leurs membres, les relations avec les entreprises et les relations des syndicats entre eux.

A). Les relations avec leurs membres :

Pour être membre d'un syndicat, il faut appartenir à la profession. Le membre d'un syndicat a droit à toutes les prestations syndicales moyennant sa soumission à la discipline du syndicat et le versement de la cotisation.

En outre, tout membre d'un syndicat professionnel peut s'en retirer à tout instant, nonobstant toute clause contraire, sans préjudice du droit, pour le syndicat, de réclamer la cotisation afférente aux six mois qui suivent le retrait d'adhésion (art. L.13 C. trav.).

B). Les relations avec les entreprises :

À l'égard des entreprises, la loi prévoit au moins trois séries de rapports.

1). L'exercice du droit syndical dans les entreprises :

Dans les entreprises, les travailleurs et leurs représentants bénéficiaient d'un droit à l'expression directe et collective sur le contenu, les conditions d'exercice et l'organisation du travail (art. L.5 C. trav.).

2). La représentation du personnel et la négociation des A.C.E :

Sur le premier point, on note que les délégués du personnel sont élus par les travailleurs parmi les candidats présentés par les syndicats qui ont le monopole de présentation des listes.

Sur le second point, on peut dire qu'à travers les ACE, les syndicats tissent des relations avec les entreprises dans la mesure où la négociation est le fait des syndicats.

3). Les syndicats d'entreprise :

Il arrive qu'un syndicat se constitue dans le cadre d'une entreprise et qu'il centre son action exclusivement sur cette entreprise. Cette forme de syndicat suppose une entreprise de grande taille et un nombre élevé de salariés.

C). Les relations des syndicats entre eux :

Il s'agit des regroupements de syndicats connus généralement sous forme d'unions que l'on retrouve au plan interne et au plan international.

1). Les unions de syndicats sur le plan interne :

On part du syndicat primaire qui a besoin de s'unir avec d'autres syndicats.

Il y a une union informelle et une union formelle. De façon informelle, les syndicats peuvent créer entre eux des bibliothèques ou bien subventionner des œuvres professionnelles ou sociales.

De manière formelle, il y a plusieurs formes d'unions.

D'abord, les syndicats peuvent se regrouper sur le plan vertical sous forme de fédérations. Il s'agit alors d'un groupement de syndicats ayant en vue la défense des intérêts de la même profession.

Ex. : La fédération des boulangers (fédération régionale ou nationale).

Ce qui caractérise la fédération, c'est l'homogénéité professionnelle.

Ensuite, il y a l'union interprofessionnelle ayant des objectifs distincts. Ainsi donc, on peut regrouper les syndicats de boulangers, des transporteurs, des travaux publics etc. Il s'agit de confédérations.

Au Sénégal, ces confédérations existent généralement au plan national. Ces unions sont constituées et fonctionnent de la même manière que les syndicats primaires (art. L.25 C. trav.).

2). Les unions de syndicats sur le plan international :

Les syndicats du monde entier ont besoin de se retrouver pour se concerter notamment auprès de l'OIT.

Il y a plusieurs fédérations ou confédérations de syndicats mondiaux **Ex. :** Fédération syndicale mondiale (F.S.M), la confédération internationale des syndicats libres (C.I.S.L) etc.

Au plan africain, le panafricanisme a donné naissance à des regroupements au sein de l'O.U.S.A (organisation de l'unité syndicale africaine). L'O.U.S.A est née directement de l'ex O.U.A (actuelle UA) en 1973 et elle accueillait en son sein des mouvements de libération nationale. Elle a un statut consultatif auprès de l'U.A, de l'O.N.U, de l'O.I.T, de l'UNESCO et de la F.A.O.

SECTION IV :

LA DISSOLUTION ET LA SCISSION DES SYNDICATS

Il s'agit de présenter d'une part, les règles de dissolution et, d'autre part, les règles de scission des syndicats.

PARAGRAPHE I :

LA DISSOLUTION DES SYNDICATS

C'est l'acte juridique par lequel il est mis fin à la vie du groupement. Il y a plusieurs modes de dissolution qui produisent des effets.

A). Les modes de dissolution :

Aux termes de l'article L.14 du Code travail, il y a une dissolution volontaire ou statutaire et une dissolution judiciaire.

La dissolution statutaire est acquise par l'arrivée du terme prévu ou par la réalisation de l'objet du syndicat (Ex. : la négociation ou la conclusion d'une CC) ou encore par la décision de l'Assemblée générale dans les conditions définies par les statuts. Quant à la dissolution judiciaire, elle doit être prononcée par le tribunal de grande instance. Elle peut intervenir pour sanctionner des irrégularités dans la constitution ou dans le fonctionnement du syndicat. Cette action est laissée à l'initiative du Procureur de la République.

A). Les conséquences de la dissolution :

En principe, la dissolution est suivie d'une liquidation des biens du syndicat. Il s'agit alors de réaliser l'actif pour apurer le passif. Une fois, ces opérations réalisées, on raye la personne morale des registres.

Au sens de l'article L.14 du Code travail, les biens du syndicat sont dévolus conformément aux statuts ou, à défaut des dispositions statutaires, suivant les règles déterminées par l'assemblée générale, ou en cas de carence de celle-ci, par décision judiciaire. En aucun cas, ils ne peuvent être répartis entre les membres adhérents.

PARAGRAPHE II :

LA SCISSION DES SYNDICATS

La notion de scission doit être cernée avant d'exposer son contentieux.

A). Définition :

La scission résulte d'un conflit interne sur des points fondamentaux, si graves que les fractions qui s'opposent ne peuvent plus coexister au sein du même groupement, au point que chacune d'elles plutôt que de se retirer de l'organisation, entend y demeurer et être seule à la représenter.

B). Le contentieux de la scission :

La source du conflit provient soit d'un changement de fait, soit d'un changement de droit.

Dans les faits, on peut retenir le changement de l'orientation de l'action du syndicat.

Juridiquement, le changement se manifeste par des actes juridiques comme la modification des statuts ou le changement d'affiliation.

Le conflit se traduit par une volonté délibérée de se comporter comme le véritable représentant du syndicat. En pratique, c'est une fraction qui saisit le juge.

TITRE II :

LES INSTITUTIONS ADMINISTRATIVES ET JUDICIAIRES

Dans ce titre deux institutions seront étudiées. Il s'agit de l'inspection du travail (chapitre I) et des juridictions du travail (chapitre II).

CHAPITRE I :

L'INSPECTION DU TRAVAIL

Elle constitue l'administration incontournable du droit du travail. L'inspection du travail est rattachée à l'administration centrale et l'Inspecteur du Travail est un fonctionnaire du Ministère du travail. Il y a une inspection du travail dans chaque région avec vocation de gérer toute la région. Son personnel est composé des Inspecteurs du Travail et des contrôleurs du travail. Quelques fois, il y a des médecins-inspecteurs aux côtés de l'Inspecteur chargé de traiter les questions d'hygiène et de sécurité spécialement.

Deux points à étudier : la mission d'études de conseil et de conciliation, puis la mission de contrôle.

SECTION I :

LA MISSION D'ÉTUDES, DE CONSEIL ET DE CONCILIATION

Les Inspecteurs sont chargés d'étudier toutes les questions sociales qui leur sont soumises de procéder à des enquêtes sur les accidents du travail et les maladies professionnelles afin d'en déterminer les causes.

Ils sont chargés également de conseiller les travailleurs, les syndicats, et l'administration. Cette mission de conseil précède le règlement des litiges le plus souvent. Pour ce faire, ils doivent disposer de tous les textes du droit positif du travail.

Ils ont enfin une mission de conciliation. Cette fonction est générale et elle vise à régler les conflits individuels et collectifs de travail.

SECTION II :

MISSION DE CONTRÔLE DE L'INSPECTION DU TRAVAIL

Il y a le domaine et les modalités du contrôle.

PARAGRAPHE I :

LE DOMAINE DU CONTRÔLE

Le domaine d'intervention de l'inspection du travail est circonscrit à deux niveaux, à savoir les entreprises et les actes.

A). Quant aux entreprises :

Le contrôle s'exerce à l'égard de toutes les entreprises se situant dans le ressort de leurs compétences sans distinguer le caractère privé ou public des entreprises.

À ce principe, il y a cependant deux exceptions.

D'abord, les mines, les minières et les carrières sont soumis à un contrôle technique du service des mines (art. L.200 C. trav.). Ensuite, il y a les établissements militaires même si ceux-ci emploie un personnel civil (art. L.201 C. trav.).

B). Quant aux actes :

L'Inspecteur est chargé de veiller au respect à la bonne application du droit du travail. À ce titre, il est chargé de contrôler les actes accomplis par les employeurs et relevant du droit du travail. Il en résulte que le contrôle ne s'exerce pas en matière fiscale et économique.

PARAGRAPHE II :

LES MODALITÉS DU CONTRÔLE

Les Inspecteurs du travail exercent un droit de visite. S'ils constatent des infractions, ils les poursuivent pénalement.

A). Le droit de visite :

Ce droit n'est accordé qu'aux Inspecteurs du Travail et il peut être éventuellement délégué aux contrôleurs.

Les Inspecteurs peuvent l'exercer librement à toute heure de la journée ouvrable et la nuit mais à la condition qu'il s'agisse d'un travail collectif de nuit.

Les chefs d'entreprise ne peuvent absolument pas s'opposer à ces visites.

Dans leur visite, ils peuvent se faire accompagner par des délégués du personnel de l'entreprise ou quelquefois par des médecins ou techniciens spécialistes des questions d'hygiène et de sécurité.

Enfin, ils peuvent prélever des échantillons ou des substances pour vérifier si leur manipulation ou leur utilisation n'est pas dangereuse pour les salariés.

Ils peuvent, enfin, se faire communiquer tous les documents que les employeurs sont tenus d'avoir.

A). La constatation des infractions et leur poursuite :

Les Inspecteurs ont le pouvoir de dresser procès-verbal (P.V) des infractions qu'ils constatent. À cet égard, ils partagent ce pouvoir avec les officiers de police judiciaire. Ce P.V a une force probante qui est susceptible de preuve contraire.

L'Inspecteur peut saisir directement les autorités judiciaires compétentes c'est-à-dire qu'il adresse la plainte au Ministère public qui donne la suite qui s'impose.

L'auteur de l'infraction doit être avisé ou informé de ce que l'on a dressé un pourvoir et que des poursuites vont être engagées et ce, à peine de nullité (art. L.195 C. trav.).

L'Inspecteur du Travail peut mettre l'employeur en demeure de remédier à un défaut d'entretien en lui donnant un délai. Si dans le délai, l'employeur n'apporte pas de remède, l'Inspecteur peut prononcer la fermeture de l'établissement.

CHAPITRE II :

LES JURIDICTIONS DU TRAVAIL

Il ya plusieurs catégories de juridictions, à savoir les tribunaux du travail, les cours d'appel et la Cour Suprême (chambre sociale et chambre administrative).

Cependant, l'accent sera surtout mis sur la juridiction de base à savoir les tribunaux du travail (règles d'organisation et de compétences).

SECTION I :

L'ORGANISATION DES TRIBUNAUX DU TRAVAIL

Les tribunaux du travail sont une création du code de 1952 repris par ceux de 1961 et de 1997. Ils se présentent comme des juridictions spécialisées. Il y a un tribunal du travail par région administrative.

L'organisation des tribunaux du travail sera examinée en deux points, à savoir le personnel et les sections.

PARAGRAPHE I :

LE PERSONNEL

Il est composé du Président, des assesseurs et du secrétaire. Le tribunal du travail est placé sous l'autorité du président qui est le chef de la juridiction. Il préside des audiences. En réalité, il y a le président et d'autres juges délégués placés sous ses ordres. Le président administre le tribunal du travail, il désigne les assesseurs et veille à la procédure, il cite les parties à comparaître ainsi que les témoins, il surveille le bon fonctionnement du secrétariat. À côté du président, il y a les assesseurs qui sont au nombre de deux[128]. Ils siègent lors des audiences : Un

[128] Sur cette question la Cour d'appel de Dakar en application de l'article L 233 du Code de travail a décidé « la formation du tribunal du travail qui n'est composée que du président et

provient du monde des travailleurs et un autre du monde des employeurs. Ils doivent toujours appartenir en principe au secteur professionnel de l'affaire à juger.

Par cette formation, le tribunal a une composition tripartite que l'on retrouve dans les institutions administratives du travail.

Les assesseurs sont désignés par le Garde des sceaux et ils sont soumis à l'obligation de discrétion et au secret professionnel.

Cependant, ils peuvent être récusés par les parties et le président. Leurs fonctions sont exercées gratuitement.

Enfin, le secrétaire (greffier du tribunal) a les mêmes fonctions qu'un greffier. Il tient tous les documents du tribunal du travail : registre des requêtes, registre d'appel, de voie d'opposition, les plumitifs d'audience, rédige et conserve les jugements, les conventions collectives qu'on lui dépose.

PARAGRAPHE II :

LES SECTIONS

Elles peuvent être considérées comme "des chambres spécialisées" entre lesquelles se répartissent les affaires selon leur nature professionnelle.

Le tribunal est subdivisé en sections qui tiennent compte des structures du marché du travail (professions libérales, gens de maison, commerce, industrie, transport etc.) et cette division se fait en fonction de la fréquence et de la nature des affaires.

En fait, chaque section est composée d'un magistrat et de deux assesseurs provenant du monde du travail. Il y a donc une adéquation entre la nature des affaires à juger et la compétence professionnelle des assesseurs.

Les sections ne sont pas conçues comme des juridictions spécialisées en soi, car c'est le tribunal du travail qui reste la juridiction. Dès lors, si on saisit une section incompétente, elle peut se déclarer compétente ou incompétente.

En outre, la section incompétente peut parfaitement renvoyer l'affaire à la section compétente.

---

d'un seul assesseur est irrégulière ». V. *C.A arrêt n° 439 du 13 octobre 2010*, Marianne SAMBOU et Henriette DIAGNE c/ OCEAN FISH, *Bull. 2013 vol. n°1*, p.7.

SECTION II :

LES COMPÉTENCES DU TRIBUNAL DU TRAVAIL

Il y a plusieurs chefs de compétence. D'où trois points seront analysés, à savoir la compétence d'attribution, la compétence territoriale. Enfin, des règles de procédures.

PARAGRAPHE I :

LA COMPÉTENCE D'ATTRIBUTION

Le tribunal du travail est une juridiction spécialisée, d'exception. Au sens de l'article L.229 du Code du travail, il y a quatre chefs de compétences, à savoir les différends individuels, entre travailleurs et employeurs, entre les travailleurs, entre employeurs et les institutions de sécurité sociale, leurs bénéficiaires et les assujettis.

A). Les litiges individuels entre employeurs et travailleurs :

Par litige individuel, il faut comprendre la lésion d'un intérêt individuel c'est-à-dire ressenti dans le patrimoine même du demandeur à l'action.

Exemple : une demande de rappel de salaire.

Il en est de même lorsque la requête d'un travailleur agissant individuellement pour son propre compte et visant à réclamer un droit acquis né d'un accord d'entreprise[129].

Lorsqu'il y a plusieurs personnes qui réclament la satisfaction du même droit, le litige reste individuel. C'est le cas lorsque plusieurs travailleurs sont licenciés individuellement. Il convient de préciser que l'objet du litige doit être la satisfaction d'un droit consacré par la législation du travail. Autrement dit, il faut l'existence d'une relation de travail entre les parties et l'application du droit du travail[130].

À l'inverse le tribunal du travail est incompétent pour connaître de la demande en restitution d'objets et de valeurs saisis dans le bureau du

---

[129] V. *C.A. de Dakar arrêt n°02 du 5 janvier 2010* Taibou NDOYE c/ SODEFITEX, *Bull. 2013, vol. n°1*, p.22.

[130] Voir dans ce sens *C.A. de Dakar, Arrêt n°278 du 6 avril 2011*, alioune Badara KA c/ Performances Edition, *Bull. 2013, vol. n°1*, p.255.

travailleur dès lors qu'ils n'ont aucun lien avec l'activité de l'entreprise[131].

B). Les litiges entre les employeurs eux-mêmes :

Ce chef de compétence est étonnant dans la mesure où les employeurs ne sont, en principe, liés par aucun contrat de travail.

Cependant, il y a des situations où les litiges entre employeurs existent.

Ex. : Le débauchage d'un salarié.

Le transfert de salarié d'une entreprise à une autre.

C). Les litiges entre les travailleurs :

Il n'ya pas beaucoup de cas. Cependant, on peut citer des exemples en matière d'accident de travail dont les responsables sont des salariés d'une même entreprise ayant commis une faute d'une exceptionnelle gravité ayant entraîné un dommage.

En règle générale, en matière d'accident du travail, la victime voit son dommage réparé sans que l'on ait besoin de rechercher s'il y a une faute de la victime ou de l'employeur ou des salariés. C'est la théorie du risque.

Toutefois, cette législation ne doit pas aboutir à l'impunité des personnes ayant commis la faute intentionnelle ou inexcusable. De même, il est possible d'exercer l'action récursoire contre le fautif.

D). Les litiges entre les Institutions de sécurité sociale, leurs bénéficiaires et leurs assujettis

Les tribunaux du travail sont donc compétents pour les litiges du travail et de la sécurité sociale.

Les institutions de sécurité sociale sont toutes les institutions créées par la loi ou les CC : caisses et institutions de prévoyance sociale. Ces dernières peuvent avoir des conflits avec les bénéficiaires et les assujettis.

---

[131] Voir dans ce sens *C.A. de Dakar, Arrêt n°166 du 4 mai 2010*, AMIE Joof COLE et Esperancie KARVERA c/ centre africain des femmes dans les médias, *Bull. 2013, vol. n°1*, P.77.

Les bénéficiaires, ce sont tous ceux qui reçoivent des allocations de sécurité sociale ou une couverture sociale. Il s'agit du travailleur ou un membre de la famille dont il a la charge (épouses, époux ou enfants).

Les assujettis sont tous les employeurs et les travailleurs qui doivent obligatoirement cotiser au niveau de ces institutions de sécurité sociale.

PARAGRAPHE II :

LA COMPÉTENCE TERRITORIALE

Chaque tribunal du travail étend sa compétence dans toute la région du chef-lieu où il a son siège.

En droit du travail, le principe est la compétence du tribunal du lieu du travail qui subit des tempéraments (art. L.231 C. trav.).

B). Le principe : La compétence du lieu de travail :

Il s'agit du lieu où s'exécute le contrat de travail. Bien souvent, ce lieu de travail coïncide avec le lieu de résidence du travailleur. En outre, c'est au lieu du travail que sont réunis les documents sociaux concernant la situation du travailleur. Quel que soit le demandeur ou le défendeur, cette règle s'applique. Toutefois, elle n'est pas une règle d'ordre public et doit être soulevée *in limine litis* car c'est une règle d'ordre privé.

B). L'exception : l'option du travailleur :

Pour les litiges nés de la résiliation du contrat de travail, le travailleur a le choix : soit, il saisit le tribunal du lieu de travail, soit il saisit le tribunal du lieu de sa résidence habituelle (art. L.231 al.2 C. trav.).

Qu'est ce qui justifie ce choix ?

Si le travailleur est retourné chez lui, il y aura coïncidence entre le lieu de travail et le lieu de résidence, il n'y aura donc pas de problème. Toutefois, il se peut qu'il n'y ait pas coïncidence. Dans ce cas, le travailleur aura le choix entre le tribunal du lieu de résidence habituelle et le lieu d'exécution du contrat de travail. Ce choix se fait si la résidence habituelle du travail se trouve au Sénégal.

Enfin, si l'option n'est ouverte qu'au profit du travailleur, par contre, l'employeur subit cette option.

PARAGRAPHE III :

LA PROCÉDURE DEVANT LES TRIBUNAUX DU TRAVAIL

On fera l'économie de la procédure d'appel et du pourvoi en cassation. Il s'agira d'évoquer surtout des questions relatives à la saisine, à la représentation des parties, à la phase de tentative de conciliation et à la phase contentieuse.

A). La saisine du tribunal :

L'action est introduite par déclaration écrite faite au greffier du tribunal du travail (secrétaire). Inscription en est faite sur un registre tenu spécialement à cet effet.

Afin d'éviter la répétition de procès entre les mêmes parties et pour favoriser l'épuisement de tout le contentieux entre les mêmes parties en une seule instance, toutes les demandes dérivant du même contrat de travail entre les mêmes parties doivent faire l'objet d'une seule et même instance (art. L.230 C. trav.)[132].

Sinon, si l'on ne réunit pas toutes les demandes en une seule instance, toutes les autres demandes seront déclarés irrecevables.

Cependant, la règle est assouplie dans deux situations.

D'abord, des nouveaux chefs de demandes sont recevables tant que le tribunal ne s'est pas prononcé, en premier ou en dernier ressort, sur les chefs de la demande primitive. Dans ce cas, il ordonnera la jonction des instances et statuera sur elles par un seul et même jugement.

Ensuite, il se peut que le tribunal se soit déjà prononcé sur le chef de la demande primitive. Dans ce cas, les nouvelles demandes ne sont recevables que si le demandeur justifie que les causes des nouveaux chefs de demande ne sont nées à son profit, ou n'ont été connues de lui, que postérieurement à l'introduction de la demande primitive.

Pour finir, avec la saisine, il faut signaler utilement l'existence d'une procédure de référé. En effet, chaque tribunal du travail comporte une formation de référé, commune à toutes les éventuelles sections. La formation de référé est composée du Président du tribunal et d'un greffier (art. L.234 C. trav.).

---

[132] Pour une application, voir *C.A. de Dakar, Arrêt n° 512 du 6 septembre 2011*, imprimerie Excaf Éditions c/ Ibra DIOUF, *Bull. 2013, vol. n° 1*, p. 197.

À cet effet, la jurisprudence décide que le juge des référés, est en application de l'article L. 275 du Code du travail, incompétent pour déterminer le montant exact des condamnations prononcées par le juge du fond, lorsque cette détermination soulève des contestations sérieuses[133].

B). La représentation des parties :

Les parties peuvent comparaître elles-mêmes ou se faire représenter.

Elles doivent comparaître au jour et à l'heure fixée par la citation de justice. Si à ce jour, le demandeur fait défaut et ne justifie d'aucun cas de force majeure, l'affaire sera rayée du rôle et ne peut être reprise qu'une seule fois et selon les formes imparties pour la demande primitive à peine de déchéance (art. L.247 C. trav.).

Si c'est le défendeur qui ne comparaît pas et personne pour lui, et que le demandeur maintienne sa demande, il sera procédé à la clôture de la phase gracieuse de tentative de conciliation et on ouvre la phase contentieuse.

Les parties peuvent se faire représenter par un travailleur ou un employeur appartenant à la même branche d'activité. Elles peuvent aussi se faire représenter par un avocat, soit encore par un syndicaliste c'est-à-dire un représentant des centrales syndicales auxquelles sont affiliés les syndicats professionnels dont sont membres lesdites parties.

À l'exception de l'avocat, tous les autres mandataires doivent, pour chaque affaire, recevoir un mandat par écrit et agréé par le Président du tribunal.

Le mandat est supposé donné pour exercer les voies ordinaires devant la cour d'appel ainsi que pour l'exécution des décisions à l'exclusion de la perception du montant des condamnations.

C). La phase de tentative de conciliation :

Cette tentative est réalisée devant le président du tribunal du travail. C'est une formalité substantielle et son omission est sanctionnée par la nullité du jugement statuant au fond. En réalité, la tentative se fait devant le tribunal tout entier.

---

133 Voir dans ce sens C.A. de Dakar, Arrêt n° 658 du 7 décembre 2011, Mbaye SAMB et autres c/ Société Sénégal protéines, bull. 2013, vol. n° 1, p. 95.

L'objet de cette conciliation qui se fait en audience privée ne peut porter que sur les points où les parties ne se sont pas conciliées devant l'Inspecteur du Travail.

D). La phase contentieuse :

En cas de non-conciliation, le président déclare ouverte la phase contentieuse de la procédure et avertit les parties de la date de l'audience, s'il estime que l'affaire peut être jugée en l'état.

1). La mise en état de l'affaire et les débats :

Le Président du tribunal renvoie l'affaire à une audience publique pour juger l'affaire en état ou bien à l'effet de l'instruire en ordonnant toutes mesures d'instruction ou d'informations utiles. Il dirige les débats et il a un rôle actif dans l'instruction de l'affaire.

2). Le jugement :

Dès la clôture des débats, le tribunal délibère immédiatement en secret ou bien il pourra renvoyer le jugement. Dans ce cas, le délai ne doit pas excéder quinze (15) jours.

Les décisions sont prises à la majorité de membres présents et elles doivent être motivées et lues en audience publique. En cas de radiation d'un de ses assesseurs, la voix du Président est prépondérante.

Le jugement peut être rendu par défaut. Dans ce cas, il doit être signifié à la personne ou au domicile du défaillant. De même, sont signifiées les décisions rendues en dernier ressort par le tribunal du travail.

Seules les décisions rendues en dernier ressort et contradictoirement doivent être signifiées ne serait-ce que pour faire courir le délai du pourvoi en cassation.

Les jugements du tribunal ne sont en principe exécutoires que s'ils sont rendus contradictoirement et en dernier ressort. Toutefois, l'exécution immédiate peut être ordonnée avec ou sans dispense de caution.

Elle intervient avec dispense caution, jusqu'à une somme qui ne peut excéder vingt (20) fois le montant mensuel du SMIG. Pour le surplus, l'exécution provisoire pourra être ordonnée à charge de fournir caution. En outre, le juge est dispensé de l'obligation de motiver lorsqu'il ordonne l'exécution provisoire, jusqu'à concurrence de la somme de 720 000 Fcfa (art. L. 260 du C.trav.)[134].

L'exécution provisoire pourra jouer sans limite, nonobstant toute voie de recours, et sans versement de caution, lorsqu'il s'agira de salaires non contestés et reconnus comme étant dus.

Il faut préciser que le travailleur bénéficie d'office de l'assistance judiciaire pour l'exécution des jugements rendus à son profit c'est-à-dire l'exécution gratuite car les frais seront à la charge exclusive de l'employeur.

Enfin, il convient d'ajouter la procédure spéciale du référé. En effet, dans tous les cas d'urgence, la formation de référé peut, dans la limite de la compétence des tribunaux du travail, ordonner toutes les mesures qui ne se heurtent à aucune contestation sérieuse ou que justifie l'existence d'un différend.

La formation de référé peut toujours, même en présence d'une contestation sérieuse, prescrire les mesures conservatoires ou de remise en état qui s'imposent, soit pour prévenir un dommage imminent, soit pour faire cesser un trouble manifestement illicite (art. L.257 C. trav.).

---

[134] Pour une application de cette règle, voir Cour d'appel de Dakar, *Arrêt n° 432 du 27 juillet 2011*, La société UNIPARCO C/ Iba DIOP- Cheikh DIOUF- Justin VIERA, *Bull. 2013, vol. n°1*, p. 161.

PARTIE IV :

LES RAPPORTS SOCIAUX : LA PROTECTION CONTRE LES RISQUES PROFESSIONNELS ET EXTRAPROFESSIONNELS

Cette partie comporte deux titres :

titre I : la protection contre les risques sociaux d'une catégorie socio professionnelle ;

titre II : la protection contre les risques sociaux des catégories sociales vulnérables.

TITRE I :

LA PROTECTION CONTRE LES RISQUES SOCIAUX D'UNE CATÉGORIE SOCIO PROFESSIONNELLE

Il s'agit d'une part, des travailleurs (Sous-titre I) et, d'autre part, des fonctionnaires (Sous-titre II).

SOUS TITRE I :

LA PROTECTION SOCIALE DES TRAVAILLEURS

La couverture des risques sociaux des travailleurs est assurée par les institutions de prévoyance sociale (I.P.S). Les I.P.S se présentent comme des groupements dotés de la personnalité morale, chargés de gérer des régimes de prévoyance sociale. Concrètement, elles sont constituées par des membres participants et des membres adhérents (employeurs et travailleurs), pour servir aux travailleurs et à leurs familles des avantages destinés à compenser des risques sociaux de toute nature.

Elles peuvent avoir pour source : le règlement, une convention collective, un ACE ou des contrats individuels.

Il existe une Loi- cadre du 03 avril 1975 qui a pour objet de donner un statut juridique précis aux I.P.S.

La couverture sociale des travailleurs est assurée par la Caisse de Sécurité sociale (chapitre I), les Institutions de prévoyance maladie (.I.P.M) (chapitre II), les Institutions de prévoyance retraite du Sénégal (I.P.R.E.S) (chapitre III).Enfin, il y a le cas particulier du service médical du travail (chapitre. IV).

CHAPITRE I :

LA COUVERTURE DES RISQUES SOCIAUX PAR LA CAISSE DE SÉCURITÉ SOCIALE

Elle monopolise la gestion de deux branches : il s'agit, d'une part, des prestations familiales et, d'autre part, des accidents du travail et des maladies professionnelles.

SECTION I :

L'ORGANISATION DE LA CAISSE DE SÉCURITÉ SOCIALE

Il s'agit de l'organisation administrative et financière de la Caisse de Sécurité sociale, du contrôle et du contentieux.

PARAGRAPHE I :

L'ORGANISATION ADMINISTRATIVE

En tant qu'entreprise publique, la Caisse de Sécurité sociale était régie par la loi sur le secteur parapublic.

Son statut actuel est organisé par la Loi n° 91-33 du 26 Juin 1991 relative à la transformation de la Caisse de Sécurité sociale et modifiant la Loi n° 73-31 du 31 juillet 1973 portant Code de Sécurité sociale en son article 2, alinéa 1er. En effet, cette loi remplace le statut d'établissement public de la Caisse de Sécurité sociale par celui d'institution de prévoyance sociale. Dès lors, il faudra se référer désormais à la Loi n° 75-50 du 3 Avril 1975 relative aux institutions de prévoyance sociale pour traiter du statut de la Caisse de Sécurité sociale[135].

La Caisse de Sécurité sociale devient une institution de prévoyance sociale, à savoir un groupement de droit privé, doté de la personnalité

---

[135] cf. infra section 2.

morale chargé de servir aux travailleurs et à leurs familles des avantages destinés à compenser des risques sociaux de toute nature.

L'administration de la Caisse est confiée à des organes : un Conseil d'administration, un Comité de direction, une Direction générale et les différentes directions.

PARAGRAPHE II :

L'ORGANISATION FINANCIÈRE

Elle concerne les ressources et les dépenses de la Caisse de Sécurité sociale. Les dépenses étant constituées principalement par les prestations du régime[136], l'accent sera mis ici sur les ressources. Il convient d'étudier tour à tour la classification des ressources, la protection des ressources et les cotisations.

A). La Classification des ressources :

Les ressources constituées essentiellement par les cotisations sont destinées à assurer le financement et la pérennité du régime, les frais de gestion de la Caisse, le financement du Fonds d'Action sanitaire et sociale et le Fonds de la Prévention des (risques professionnels).

En outre, il y a les subventions, les dons et les legs.

B). La protection des ressources :

Il existe deux garanties essentielles à savoir l'insaisissabilité des fonds et le privilège général des créances.

1). L'insaisissabilité des fonds :

Il en résulte plusieurs conséquences :

- aucune opposition ne peut être pratiquée sur les sommes dues à la Caisse de Sécurité sociale ;
- les créanciers de la Caisse porteurs de titres exécutoires, ne peuvent pratiquer de saisie sur les biens de leur débitrice.

[136] cf. Infra les prestations du régime

2). Le privilège général des créances :

Le paiement des cotisations est garanti pendant 5 ans à dater de leur exigibilité par un privilège sur les biens meubles du débiteur, en quelque lieu qu'ils se trouvent. Il est aussi garanti par une hypothèque légale sur les biens immeubles du débiteur[137].

Le privilège prend rang immédiatement après celui du Trésor au titre de l'impôt direct, des textes indirects et des droits de porte.

Il s'exerce au profit de la Caisse de Sécurité sociale et de l'IPRES par tout moyen de droit, notamment par l'opposition, la saisie-attribution sur les sommes, objets et effets appartenant au débiteur. Il s'exerce sur les deniers du débiteur sous forme d'un avis à tiers détenteur (A.T.D.). Ce dernier est délivré par le Directeur général de la Caisse de Sécurité sociale ou le Directeur général de l'IPRES par lettre recommandée avec accusé de réception ou selon les modalités d'une notification administrative.

En cas d'inexécution de l'A.T.D, le tiers saisi devient personnellement débiteur vis-à-vis du créancier en lieu et place du débiteur principal.

S'agissant de l'hypothèque, elle prend rang à compter de son inscription à la conservation foncière et des hypothèques. Elle peut être inscrite à compter de la date où le débiteur encourt une pénalité pour défaut de paiement.

C). Les cotisations :

Elles concernent le montant, les règles de recouvrement et de sanction.

1). Le montant :

Les taux des cotisations sont fixés à 7 % des rémunérations pour la branche des prestations familiales. Ils varient de 1 %, 3% et 5% pour la branche des accidents du travail et maladies professionnelles.

En outre, ces différents taux vont varier en fonction du caractère plus ou moins dangereux de l'activité principale de l'établissement.

---

[137] *Art. 155* nouveau issus de *la Loi n° 97-05 du 10 mars 1997.*

Les cotisations sont fixées par le Conseil d'administration. La limite du plafond est fixée à 756.000 F CFA par an.

Le plafond mensuel est fixé à 63.000 F par mois et par salarié. Le plancher est égal au SMIG, à savoir 36.245 F CFA.

2). Le recouvrement :

Les cotisations sont dues exclusivement par les employeurs. Elles constituent des dettes portables et non quérables. Elles doivent être payées dans le délai de quinze (15) jours suivant chaque mois si l'employeur occupe vingt (20) salariés ou plus, et suivant chaque trimestre s'il en occupe moins de vingt (20). L'action en recouvrement des cotisations sociales des travailleurs, doit être exercée par le Directeur de l'IPRES et de la C.S.S exclusivement. Dès lors, l'action intentée par des travailleurs en lieu et place de ces institutions doit être déclarée irrecevable, pour défaut de qualité[138].

3). Les sanctions :

Il existe des sanctions civiles et pénales. Le non-paiement des cotisations dans les délais légaux entraine une majoration de 10 % par mois de retard.

Toutefois, l'employeur peut obtenir des remises partielles ou totales des majorations lorsqu'il est de bonne foi.

À côté de sanctions civiles, il existe des sanctions pénales. Les sanctions pénales sont prévues à l'encontre de tout employeur qui aura opéré sur le salaire de son personnel des retenues au titre des cotisations de prestations familiales ou des accidents du travail et de maladies professionnelles (amende de 75.000 à 200.000 F CFA).

Enfin, l'employeur qui n'effectue pas les versements de cotisation ou qui ne les effectue que partiellement encourt autant d'amendes qu'il y a de travailleurs concernés par ces infractions.

---

[138] *Art. 149 et s.* du Code de sécurité sociale. Pour une application, voir *C.A. de Dakar, arrêt n°274 du 5 avril 2011*, Massaer BA et autres c/ Soca, *Bull. 2013, vol. n°*1, p.268.

PARAGRAPHE III :

L'ORGANISATION DU CONTRÔLE ET DU CONTENTIEUX

Le contrôle de l'application du Code de la Sécurité sociale relève de la mission des Inspecteurs du Travail et de la sécurité sociale, conformément au Code du travail.

Il peut également être assuré par des agents désignés par le Directeur général de la Caisse après l'agrément du Directeur général du travail et de la Sécurité sociale.

Les employeurs sont tenus de les recevoir, à toute époque, pendant les heures ouvrables et de se soumettre à leurs demandes de renseignement et enquêtes relatives à leurs obligations envers la Caisse.

S'agissant du contentieux, il faut distinguer le contentieux civil du contentieux pénal.

Pour le contentieux civil, en principe les tribunaux du travail sont compétents pour connaître les litiges nés entre les travailleurs, les employeurs et la Caisse de Sécurité sociale à l'occasion de l'application des régimes de sécurité sociale gérés par cette institution. Le tribunal compétent est celui du lieu où le travailleur est employé. Toutefois, il est permis aux parties de soumettre leurs litiges au Conseil d'administration de la Caisse même si le Conseil ne dispose d'aucun pouvoir pour trancher le litige.

Pour le contentieux pénal, il faut dire que les infractions aux dispositions de la sécurité sociale sont constatées par les Officiers de Police Judiciaire (O.P.J) ou par les Inspecteurs du Travail par procès-verbal (P.V) faisant foi jusqu'à preuve du contraire.

SECTION II :

LES RISQUES COUVERTS PAR LA CAISSE DE SÉCURITÉ SOCIALE

Il s'agit d'une part, des prestations familiales et, d'autre part, des accidents du travail et des maladies professionnelles.

PARAGRAPHE I :

LES PRESTATIONS FAMILIALES

Il existe des conditions d'attribution et des variantes de prestation familiale.

A). Conditions d'attribution :

Trois conditions doivent être réunies pour prétendre au bénéfice des prestations familiales : la qualité de travailleur, les enfants à charge et la résidence au Sénégal.

1). La qualité de travailleur :

Les bénéficiaires des prestations familiales doivent avoir la qualité de travailleur au sens des Codes du travail et de la marine marchande.

La qualité de travailleur implique une activité professionnelle de trois (3) mois consécutifs chez un ou plusieurs employeurs, et d'un temps minimal de travail de dix-huit (18) jours ou de cent vingt (120) heures dans le mois.

2). Les enfants à charge :

Est considérée comme ayant un enfant à charge la personne qui assure, de manière générale et permanente, le logement, la nourriture, l'habillement et l'éducation de l'enfant.

Toutefois, la femme salariée ne peut être considérée comme ayant les enfants issus de son mariage à sa charge que lorsque son conjoint n'exerce aucune activité professionnelle rémunérée, soit en qualité de fonctionnaire, soit en qualité de travailleur.

Les enfants pris en charge sont les enfants légitimes du travailleur lorsqu'ils sont inscrits sur les registres de l'état civil et si le mariage dont ils sont issus a été célébré ou constaté par l'officier d'état civil.

De même, les enfants adoptés conformément à la loi sont pris en compte. À propos des enfants naturels, il existe une discrimination selon qu'il s'agit d'enfants naturels de la mère ou du père.

Les enfants naturels reconnus volontairement par leur mère salariée ou dont la filiation à l'égard de celle-ci est établie par la loi peuvent bénéficier des prestations familiales. Il en est autrement des enfants naturels dont la filiation est établie dans les mêmes conditions vis-à-vis de leur père. Il y a là une correction à apporter à cette situation défavorable des enfants naturels à l'égard de leur père.

Enfin, les enfants légitimés par le mariage subséquent de leurs parents sont également bénéficiaires.

3.) La résidence au Sénégal :

Les travailleurs ne peuvent prétendre aux prestations familiales que si eux-mêmes et leurs enfants à charge résident au Sénégal. Toutefois, ceux qui accomplissent, dans un autre État, pour l'exécution de leur contrat, un séjour temporaire de six (6) mois maximum, renouvelable une fois, continuent à bénéficier des prestations. Il en est de même de ceux qui accomplissent à l'étranger un stage de formation ou de perfectionnement, quelle que soit la durée du stage.

A l'inverse, ne peuvent prétendre aux prestations familiales de la Caisse sénégalaise de Sécurité sociale, les travailleurs ayant leur résidence habituelle à l'étranger et qui effectuent au Sénégal, pour l'exécution de leur contrat, un séjour temporaire de six (6) mois, renouvelable une fois.

N.B. : Les enfants bénéficiaires des prestations doivent également résider au Sénégal.

B). Les différentes sortes de prestations familiales :

IL s'agit des prestations en espèce et en nature.

1). Les prestations en espèces :

Le Code de Sécurité sociale distingue différentes sortes de prestations familiales servies en espèces. Cependant, on peut les regrouper selon qu'elles sont servies pendant la grossesse ou après l'accouchement[139].

a). Les prestations familiales en espèces pendant la grossesse :

Pendant la grossesse, peuvent être servies à la femme salariée ou non des allocations prénatales et des indemnités journalières de maternité.

---

139 **COLY (P.M.)**, *Tout ce qu'il faut savoir sur la maladie du travailleur, la femme salariée en état de grossesse ou en couches*, Éditions Clairafrique, Dakar, 1988.

Le but des allocations prénatales est d'encourager la natalité en luttant contre l'avortement et en assurant la protection maternelle et infantile.

Le droit aux allocations prénatales est ouvert à toute femme conjointe d'un travailleur salarié, à toute femme salariée non mariée et à toute femme salariée dont le mari n'exerce aucune activité professionnelle, rémunérée à compter du jour où l'état de grossesse est déclaré et jusqu'à l'accouchement.

Pour bénéficier des allocations prénatales, la femme en état de grossesse doit subir des visites médicales avant le 3e mois, vers le 6e mois et le 8e mois de grossesse, car toute visite non subie fait perdre le bénéfice de la fraction correspondante des allocations prénatales.

Le montant des allocations prénatales est fixé comme suit [140]:

4 500 F CFA avant le 3e mois de grossesse ;

9 000 F CFA vers le 6e mois de grossesse ;

6 750 F CFA vers le 8e mois de grossesse.

Les indemnités journalières de maternité quant à elles, sont destinées à assurer la subsistance de la femme salariée et non les soins nécessités par son état (art. L.143 du C. trav.)

N.B. : Seule la femme salariée enceinte peut prétendre aux indemnités, à l'exclusion des femmes non salariées y comprises celles qui sont mariées à un travailleur.

Son montant est égal au salaire journalier effectivement perçu lors de la paye, y compris toutes les indemnités inhérentes à la nature du travail.

L'indemnité est due pendant toute la durée effective de la suspension du contrat, avec un maximum de dix-sept (17) semaines.

Elle est payée soit par période de trente (30) jours, soit à l'expiration des six (6) semaines avant et des huit (8) semaines après l'accouchement. Enfin, elle est à la charge de la Caisse de Sécurité sociale.

b). Les prestations familiales en espèces après l'accouchement :

Après l'accouchement, les prestations familiales visent uniquement à pourvoir à l'entretien de l'enfant.

Les allocations de maternité sont destinées à aider la mère à soigner son enfant durant les deux premières années de la vie du nourrisson. En

---

140 Source V. *Guide de l'assuré social CSS*, p.8.

cas de naissances multiples, chaque naissance est considérée comme une maternité distincte. Le droit à ces allocations est ouvert à toute femme conjointe d'un travailleur salarié, à toute femme salariée non mariée et à toute femme salariée dont le mari n'exerce pas une activité professionnelle rémunérée. Il est ouvert dès que l'intéressée donne naissance, sous contrôle médical, à un enfant né viable et inscrit sur les registres de l'état civil.

Leur Montant est fixé ainsi qu'il suit[141] :

13 500 F CFA à la naissance,

13 500 F CFA lorsque l'enfant atteint l'âge de 6 mois ;

13 500 F CFA lorsqu'il atteint l'âge de 12 mois ;

6 750 F CFA lorsqu'il atteint l'âge de 18 mois ;

6 750 F CFA lorsqu'il atteint l'âge de 24 mois.

Le droit naît à la naissance jusqu'à la deuxième année de l'enfant.

Les allocations sont payées à la mère et leurs paiements s'effectuent par tranches.

Les allocations familiales permettent d'aider le travailleur à entretenir et éduquer ses enfants.

Elles sont attribuées au travailleur pour chacun des enfants à sa charge âgé de plus de 2 ans et de moins de 15 ans.

L'âge limite est porté à 18 ans pour l'enfant placé en apprentissage et à 21 ans si l'enfant poursuit des études ou si, par suite d'infirmité ou de maladie incurable, il est dans l'impossibilité de se livrer à un travail salarié.

Leur montant est égal à 2 600 F CFA par mois et par enfant dans la limite de six (6) enfants, avec possibilité de glissement (un enfant qui sort est remplacé par un autre enfant). Elles sont payées par trimestre et à intervalles réguliers. Ainsi donc, les allocations familiales pour six (6) enfants= 2 600 x6x3=46 800 F CFA par trimestre, soit 187 200 F CFA par an[142].

Dans tous les cas, l'enfant doit être à la charge effective et permanente de l'allocataire. Pour cette raison, sont exclus du bénéfice de l'allocation familiale les enfants à charge bénéficiant d'une bourse entière d'études.

Les allocations familiales sont payées à l'allocataire (le travailleur) à terme échu et à intervalles réguliers ne dépassant pas trois (3) mois.

[141] Source V *Guide de l'Assuré social CSS* p.9

[142] Source V. *Guide de l'Assuré Social de la CSS*, p 10.

Elles sont dues à partir du premier jour du mois suivant la deuxième année de l'enfant.

2). Les prestations en nature :

Un fond spécial appelé « Fonds d'Action sanitaire sociale et familiale », financé par la Caisse de Sécurité Sociale permet de servir en plus des prestations en espèce, des prestations en nature à la famille du travailleur (épouses et enfants) ou à toute personne qualifiée qui aura la charge de les affecter aux soins exclusifs de l'enfant.

Outre le service des prestations en nature, l'action sanitaire, sociale et familiale de la Caisse a pour objet l'institution et la gestion de services médico-sociaux et de services sociaux.

L'action sanitaire, sociale, et familiale existe depuis 1956 en faveur de la protection de la mère et de l'enfant. Elle offre de multiples prestations[143] :

- les consultations des enfants malades,
- les consultations prénatales pour les femmes enceintes ;
- les consultations gynécologiques ;
- les vaccinations des femmes enceintes ;
- la récupération nutritionnelle des enfants ;
- les consultations des enfants saints pour le suivi de leur développement staturo pondéral ;
- les examens de laboratoire ;
- les planifications familiales.

En outre, ce service met à la disposition des assurés des produits médicopharmaceutiques à des prix modiques

PARAGRAPHE II :

LES ACCIDENTS DU TRAVAIL ET LES MALADIES PROFESSIONNELLES

La branche des accidents du travail et des maladies professionnelles (risques professionnels) est divisée en deux rameaux : il s'agit d'une part, de la prévention et d'autre part, de la réparation.

---

[143] Source V. *Guide de l'Assuré Social de la CSS,* p. 14.

A). La prévention des risques professionnels :

Il existe deux régimes de prévention : celui organisé dans le cadre d'une politique générale de prévention par le Code du travail qui prévoit des mesures d'hygiène et de sécurité et celui organisé par le Code de sécurité sociale qui prévoit des mesures spécifiques.

Les objectifs de la prévention des risques professionnels sont les suivants :

sur le plan social : préserver l'intégrité physique et morale des travailleurs en réduisant les taux de fréquence et de gravité des accidents du travail et maladies professionnelles ;

sur le plan économique : réduire les coûts directs et indirects des accidents du travail et maladies professionnelles.

La Caisse de sécurité sociale prévoit une prévention dans le cadre de l'entreprise et au plan national.

1). La prévention dans l'entreprise :

La prévention dans l'entreprise est organisée de sorte que tout employeur doit déclarer dans un délai d'un mois à l'Inspecteur du Travail, les procédés de travail qu'il utilise et qui peuvent provoquer de maladies professionnelles définies par la réglementation. La sanction au non-respect de cette norme est une amende de 3000 à 20000 F CFA et en cas de récidive 20 000 à 75 000 F CFA et d'un emprisonnement de six (6) jours à trois (3) mois ou de l'une de ces peines .

Il est prévu, en outre, une majoration de cotisations de 10 % à 100% à tout employeur qui ne respecte pas les mesures de prévention ou qui aura enregistré dans le trimestre considéré, un nombre d'accident du travail égal ou supérieur à 100 % de l'effectif de son établissement.

De plus, dans chaque atelier de chantier, il devra être présenté, par le chef d'entreprise de façon apparente une affiche destinée à attirer l'attention des travailleurs sur les conditions de la prévention.

Notons, enfin, que la prévention dans l'entreprise est également assurée par le service médical du travail.

2). La prévention au plan national :

Il est prévu l'élaboration d'un programme annuel de prévention comprenant notamment :

- un calendrier de contrôle technique des entreprises,
- des visites inopinées ;

- des contrôles de chantiers de construction de bâtiments et travaux publics ;
- des séances de sensibilisation dans les entreprises.

Ainsi, la Direction de la prévention des Risques professionnels est investie, au niveau des entreprises, des missions suivantes :

Conseiller et Assister les entreprises :

À ce titre, la C.S.S aide les entreprises et autres partenaires à :

- identifier et analyser les risques inhérents à leur exploitation et à rechercher des solutions ;
- utiliser avec efficience les outils et moyens pour intégrer la prévention des risques professionnels dans le management de l'entreprise ;
- s'orienter vers une démarche de progrès ;

Contrôler les conditions de travail en entreprise :

À ce titre, des visites de contrôle sont organisées régulièrement auprès des entreprises avec pour objectif d'amener les employeurs à percevoir la prévention des risques professionnels comme une composante nécessaire de la prévention de leur entreprise.

Elle vise concrètement à :

- améliorer les conditions et le milieu du travail ;
- faire procéder à toute enquête jugée utile en ce qui concerne l'état sanitaire et social, les conditions d'hygiène et de sécurité des travaux ;
- vérifier si les employeurs observent les mesures d'hygiène et de prévention prévues par la loi ;
- recueillir pour les différentes catégories d'établissement tous les renseignements permettant d'établir les statistiques des accidents du travail et des maladies professionnelles, en tenant compte des causes et des circonstances dans lesquelles ils sont survenus, de leur fréquence, et de leurs effets, notamment l'importance des incapacités qui en résultent,

Former, informer et sensibiliser :

À ce titre, la CSS participe à la formation des Comités d'Hygiène et de Sécurité du Travail afin qu'ils soient aptes à :

- évaluer les risques propres à l'entreprise et à remettre sur pied les politiques de prévention ;
- piloter des programmes en sécurité et santé au travail ;

- assurer la promotion de la culture de prévention dans l'entreprise :

À cette fin, elle mène diverses activités de formation interne des différents acteurs sociaux .Au plan externe, elle collabore avec de hautes structures de formation, comme l'Université Cheikh Anta Diop et l'École Nationale d' Administration.

B). La réparation des accidents du travail et des maladies professionnelles :

Il convient de dégager le champ d'application et les règles de réparation des accidents du travail et des maladies professionnelles.

1). Champ d'application :

Il vise à préciser les contours des notions d'accident du travail et de maladies professionnelles.

a). Notions d'accidents du travail et de maladies professionnelles :

Il convient de définir d'abord l'accident de travail et ensuite la maladie professionnelle.

a. 1) L'accident du travail :

L'accident du travail est celui qui, quelle qu'en soit la cause, survient à un travailleur. L'événement qui cause le préjudice corporel doit avoir un caractère accidentel. L'accident est caractérisé par la soudaineté et la violence d'une cause extérieure provoquant une lésion corporelle sur la victime.

Le préjudice ne doit pas être progressif, sinon c'est une maladie. Il n'est pas nécessaire que l'accident soit dû à un événement de force majeure ou à un cas fortuit. Il peut même être dû au fait fautif de la victime. L'essentiel étant que la faute ne soit pas intentionnelle ou inexcusable. De plus, l'accident doit revêtir un caractère professionnel.

Ce dernier se déduit des cas suivants :

- l'accident par le fait ou à l'occasion du travail ;
- l'accident pendant le trajet de la résidence du travail au lieu de travail et vice-versa, dans la mesure où le parcours n'a pas été interrompu ou détourné par un motif dicté par l'intérêt personnel indépendamment de l'emploi ;

- l'accident pendant les voyages et déplacements dont les frais sont à la charge del'employeur. Il s'agit, en l'occurrence, du déplacement occasionnel et temporaire hors du lieu habituel d'emploi du travailleur en service au Sénégal et qui est astreint à un tel déplacement par obligation professionnelle, soit sur ordre exprès de son employeur, soit par nécessité de service. Il en est de même du travailleur de nationalité sénégalaise, ou ayant sa résidence habituelle au Sénégal, victime d'un accident lors d'un déplacement du fait de son employeur pour exécuter son contrat de travail hors de sa résidence habituelle.

Il en est ainsi que le lieu d'exécution du travail soit au Sénégal ou à l'étranger.

Enfin, bénéficie de la protection, le travailleur expatrié qui va rejoindre le lieu d'exécution du contrat de travail au Sénégal en début de contrat ou au retour de congé, ou s'il le quitte définitivement ou pour ses congés.

a. 2) Les maladies professionnelles :

Les maladies professionnelles, ce sont des maladies contractées dans l'exercice de certains travaux et dans des conditions déterminées. Ces maladies sont énumérées dans des tableaux établis par arrêté conjoint des ministres du travail et de la santé.

Sont réputées maladies professionnelles :

1° les manifestations morbides d'intoxication aigüe ou chronique présentés par les travailleurs exposés de façon habituelle à l'action de certains agents nocifs ; les tableaux donnent, à titre indicatif la liste des principaux travaux comportant la manipulation ou l'emploi de ces agents (ex. : l'usage du plomb, le saturnisme c'est-à-dire l'intoxication au plomb) ;

2° les infections microbiennes lorsque les victimes ont été occupées d'une façon habituelle à certain travaux (exemple : charbon, tétanos etc.) ;

3° les infections présumées résulter d'une ambiance ou d'attitudes particulières nécessités par l'exécution de travaux limitativement énumérés (exemple : la scoliose, à savoir la déviation de la colonne vertébrale);

4° les affections parasitaires susceptibles d'être contractées à l'occasion du travail dans les zones qui seraient reconnues particulièrement infectées.

Dans le but de permettre la mise à jour des tableaux de maladies professionnelles, la Caisse de Sécurité Sociale fait obligation aux médecins de déclarer à la Caisse et aux inspecteurs du travail toute maladie ayant un caractère personnel qu'elle soit ou non mentionnée aux dits tableaux.

b). Les personnes protégées contre les accidents du travail et les maladies professionnelles :

Sont protégés contre les accidents du travail et les maladies professionnelles :

- les travailleurs du secteur privé, les agents non fonctionnaires du secteur parapublic et les marins ;
- les membres des sociétés coopératives ouvrières et de production ainsi que les gérants non-salariés des coopératives et leurs préposés ;
- les gérants d'une SARL ;
- les P.D.G des S.A ;
- les élèves de l'enseignement technique et professionnel ;
- les personnes placées en centres de formation de réadaptation professionnelle ou de rééducation fonctionnelle, les mineurs dans les centres de rééducation de l'éducation surveillée ;
- les titulaires de bourses et allocations d'études et de stage attribuées par les établissementsdu secteur parapublic et privé sous réserve qu'ils ne bénéficient pas d'un autre régime de protection plus favorable ;
- les détenus exécutant un travail pénal ;
- les assurés volontaires.

2). Les règles de réparation des accidents du travail et des maladies professionnelles :

Il existe des règles de procédure et des règles de fond.

a). Les règles de procédure :

La procédure de réparation obéit à un certain nombre de règles qui tiennent compte des étapes suivantes : la déclaration de l'accident ou la maladie professionnelle, la constatation médicale, l'enquête, le contrôle de la Caisse, l'expertise et le contentieux.

S'agissant plus particulièrement du contentieux, il peut être civil ou pénal.

Au plan civil, les tribunaux du travail sont compétents pour connaître des contestations entre la Caisse et la victime ou ses ayants-droits.

Ils sont aussi compétents pour connaître des actions récursoires de la Caisse contre l'employeur, auteur d'une faute intentionnelle ou contre le tiers auteur de l'accident.

Au plan pénal, lorsque l'accident ou la maladie a pour origine une faute pénale (ex. : non-respect des règles d'hygiène et de sécurité), les juridictions répressives auront compétence pour connaître desdites actions.

b.) Les règles de fond :

Les mesures de réparation consistent en des prestations en espèces (réparation des dommages financiers) et des prestations en nature (réparation des dommages corporels).

b. 1) La réparation des dommages financiers :

Les prestations en espèces consistent en des revenus de remplacement versés à la victime (ou à ses ayants droit en cas de décès) pour compenser la perte de son salaire pendant la période d'incapacité temporaire de travail ou d'incapacité permanente de travail.

En premier lieu, la réparation pécuniaire accordée à la victime d'un accident du travail dépend de la gravité de l'incapacité.

En cas d'incapacité temporaire, une indemnité journalière est versée au travailleur. L'indemnité est égale à la moitié du salaire journalier moyen pendant les vingt-huit (28) premiers jours de l'arrêt de travail. Elle passe à 2/3 de celui-ci à partir des vingt neuvième jours.

En cas d'incapacité permanente, c'est une rente qui sera servie au travailleur. Si le travailleur décède à la suite d'un accident, la rente sera reversée à ses ayants droit.

S'agissant de l'indemnité journalière, elle n'est pas due lorsque l'accident résulte d'une faute intentionnelle ou inexcusable de la victime. Toutefois, une partie des prestations en espèces qui aurait été normalement allouée à la victime sera servie aux personnes à la charge de l'intéressé.

À l'inverse, lorsque l'accident est dû à une faute inexcusable de l'employeur ou de l'un de ses préposés, les indemnités dues à la victime ou à ses ayants droit seront majorées. En outre, il est interdit à l'employeur de se garantir par une assurance contre les conséquences de leur faute inexcusable. L'auteur de la faute devra être déclaré responsable sur son patrimoine personnel.

Quant à la rente, son montant annuel est égal au salaire annuel utile multiplié par le taux d'incapacité utile. Il s'agit, par conséquent de déterminer tour à tour le salaire utile et le taux utile.

S'agissant du salaire utile, il y a un salaire minimum ou plancher qui est égal à 897 570 F CFA et un salaire maximum ou plafond égal à 3 590 280 F CFA, depuis le 01 Janvier 2005[144].

-Pour les incapacités supérieures à 10%, le salaire annuel est, selon le cas : soit le salaire effectif, soit le salaire minimum, soit le salaire réduit.

Exemple : le salaire effectif est inférieur au salaire minimum et le taux est supérieur à10% (500 000 F CFA et 40% d'ipp).

La rente annuelle =500 000 F CFA porté à 897 570 x 20%=179 514 F CFA

-Pour les incapacités inférieures ou égales à10%.

Exemple : le salaire effectif est inférieur au salaire minimum et le taux d'I.P.P est égal ou inférieur à 10% (500 000 F CFA et 10% et 6% d'ipp).

La rente annuelle=500 000 F CFA x 5%=25 000 FCFA

La rente annuelle=500 000 F CFA x 3%=15 000 FCFA

Le taux d'incapacité utile est le taux d'incapacité fixé par le Médecin Conseil de la C.S.S, réduit de moitié pour la partie de ce taux qui ne dépasse pas 50 % et augmenté de moitié pour la partie qui excède 50%.

Exemple : Taux de 70%

Taux utile= (50-25) + (20+10)

25+30=55%

Ex. : Taux de 30%

Taux utile=30 : 2=15%

Par ailleurs, la rente peut faire l'objet d'une révision, d'une revalorisation, d'un rachat et d'un cumul.

La révision tient compte de l'aggravation ou de l'atténuation de l'incapacité ;

La revalorisation tient compte du coût de la vie ;

Le rachat de la rente consiste, pour la Caisse, à verser un capital à la place de la rente. Il est obligatoire si la victime est atteinte d'une incapacité permanente inférieure à 10 %. Il est aussi imposé aux travailleurs étrangers qui cessent de résider au Sénégal.

---

144 Source V. *Guide de l'Assuré Social de la CSS* p17

Le rachat de la rente, rachat partiel ou rachat au quart, doit se faire à la demande du titulaire de la rente dans les deux (2) ans qui suivent le délai minimum de cinq (5) ans.

Le montant du rachat s'effectue ainsi qu'il suit :

Si le taux d'incapacité est de 50% au plus, le rachat partiel se fait dans la limite du quart au plus du capital correspondant à la valeur de la rente.

Si le taux d'incapacité est supérieur à 50%, le rachat peut se faire dans la limite maximum du quart du capital correspondant à la fraction de la rente allouée jusqu'à 50% du taux d'incapacité[145].

Les rentes allouées en réparation d'un accident ou d'une maladie professionnelle peuvent également se cumuler avec d'autres pensions comme celle d'invalidité ou de retraite.

En outre, il convient de préciser qu'en matière de réparation du préjudice des ayants droit par suite du décès de la victime, ceux-ci peuvent prétendre à une rente (rente viagère ou rente temporaire – limite globale maximale = 85 %).

L'ensemble des rentes allouées aux ayants droit de la victime ne peut dépasser 85 % de son salaire annuel, sinon les rentes revenant à chaque catégorie d'ayants droit sont réduites proportionnellement.

Les ayants droit étrangers d'un travailleur ne peuvent prétendre à une rente ou à une indemnité de conversion en capital que s'ils résident au Sénégal.

S'ils cessent de résider au Sénégal, ils reçoivent pour indemnité un capital égal à trois fois la rente annuelle qui leur est allouée, sauf accord de sécurité sociale de leur pays avec le Sénégal ou une loi particulière de ce pays assurant aux nationaux sénégalais les mêmes droits.

La rente des ayants droit est due à partir du lendemain du décès de la victime. Elle est due au conjoint survivant, aux enfants et descendants ainsi qu'aux ascendants de la victime.

Le conjoint survivant :

Il a droit à un rente viagère égale à 30 % du salaire annuel, à condition que son mariage ait été constaté antérieurement à l'accident et qu'il ne soit ni divorcé, ni séparé de corps.

Si le conjoint survivant divorcé ou séparé de corps, a obtenu une pension alimentaire, la rente viagère est ramenée au montant de cette pension, sans pouvoir dépasser 20 % du salaire annuel de la victime et

---

145 Source *Guide de l'Assuré social CSS* pp. 21 et 22.

sans que, s'il existe un nouveau conjoint, celui-ci puisse garder moins de la moitié de la rente viagère.

En cas de pluralité d'épouses, la rente viagère est partagée entre elles. Une fois fait, ce partage ne peut être révisé même en cas de décès de l'une des épouses.

Le conjoint condamné pour abandon de famille ou déchu de la puissance paternelle est déchu de tous droits au regard du Code de la Sécurité Sociale. Ses droits sont transférés sur la tête des enfants considérés comme ayant droit.

Le conjoint survivant qui se remarie et qui n'a pas d'enfant considéré comme ayant droit, cesse de bénéficier de la rente. Il lui est alloué une somme qui ne peut dépasser trois (3) fois le montant de la rente annuelle. S'il y a des enfants, le rachat sera différé aussi longtemps que l'un des enfants aura droit lui-même à une rente.

Les enfants et descendants : rentes temporaires :

Les enfants à charge et les descendants (les petits enfants) de la victime perçoivent une rente qui est égale à :

- 15 % du salaire annuel de la victime s'il y a qu'un enfant à charge ; 30 % s'il y en a deux ;
- 40 % s'il y en a trois ;
- chaque enfant supplémentaire donne droit à 10% supplémentaire du salaire annuel.

Les ascendants de la victime :

Une rente viagère est versée aux ascendants dans les conditions suivantes :

10 % du salaire annuel de la victime à chacun des ascendants qui, au moment de l'accident, était à la charge de la victime.

La rente est également due si, au moment de l'accident ou postérieurement à ce dernier, les ascendants ne disposent pas ou ne disposent plus de ressources suffisantes.

L'ascendant reconnu coupable d'abandon de famille ou déchu de la puissance paternelle ne peut prétendre à une rente.

Le total des rentes allouées ne peut dépasser 30 % du salaire annuel de la victime, sinon la rente de chacun des ascendants sera réduite proportionnellement.

b. 2) La réparation des dommages corporels :

Les prestations en nature se subdivisent en plusieurs catégories :

- les soins de première urgence qui sont à la charge de l'employeur les soins complémentaires restent à la charge de la Caisse ;
- les frais funéraires et de transport qui sont à la charge de la Caisse ;
- les frais de déplacement qui sont également à la charge de la Caisse : ce sont les frais de transport, les frais de séjour et l'indemnité compensatrice de perte de salaire ;
- la fourniture, la réparation et le renouvellement des appareils de prothèse dont l'obtention nécessite l'accord préalable de la Caisse qui est propriétaire de ces appareils ;
- la réadaptation fonctionnelle et la rééducation professionnelle ;
- les mesures de reclassement destinées à préserver l'emploi de la victime.

CHAPITRE II :

LA COUVERTURE DES RISQUES SOCIAUX PAR LES INSTITUTIONS DE PRÉVOYANCE MALADIE

Les I.P.M ont pour objet la prise en charge des frais occasionnés par la maladie des membres bénéficiaires. Dans les développements qui suivront, nous analyserons les règles de création et de gestion des I.P.M avant de mettre l'accent sur le régime de prévoyance maladie à proprement parlé.

SECTION I :

LES RÈGLES DE CRÉATION ET DE GESTION DES INSTITUTIONS DE PRÉVOYANCE MALADIE

Il s'agit donc d'exposer d'une part, les règles de création et, d'autre part, les règles de gestion des I.P.M.

PARAGRAPHE I :

LES RÈGLES DE CRÉATION DES INSTITUTIONS DE PRÉVOYANCE MALADIE

Les I.P.M sont régies par la Loi-cadre du 03 avril 1975, le Décret 75 – 895 du 14 Août 1975 et par deux arrêtés du 31 juillet 1976. Le Décret de 1975 a été abrogé et remplacé par le Décret n° 2012 -832 du 7 Août 2012 portant organisation et fonctionnement des I.P.M[146].

La création d'une I.P.M est une obligation pour toute entreprise comptant un effectif d'au moins trois cent (300) travailleurs. Toutefois, cette règle ne s'applique pas aux I.P.M déjà existantes, mais à toute I.P.M qui viendrait à se constituer après les six (6) mois suivant la publication du Décret.

---

[146] *JORS du 22 Septembre 2012* pp. 1178 -1184.

Les entreprises dont l'effectif est inférieur à trois cent (300) travailleurs devront soit regrouper leurs effectifs pour atteindre au moins ce chiffre au sein d'une I.P.M interentreprises, soit adhérer à une I.P.M déjà autorisée (art.4 du Décret de 2012 précité).

Ce regroupement peut s'effectuer par aire géographique ou par branche d'activité ou selon tout autre critère.

Seront pris en compte dans les effectifs de l'entreprise les catégories de travailleurs suivantes :

les travailleurs titulaires d'un CDI ;

les travailleurs titulaires d'un CDD ;

les apprentis ;

les travailleurs engagés à l'essai ;

les travailleurs engagés ou rémunérés à l'heure ou à la journée mais de façon assez régulière pour totaliser au cours d'une année, l'équivalent de trois (3) mois de travail au service de l'entreprise ;

les travailleurs saisonniers revenant régulièrement dans l'entreprise et y effectuant des périodes de travail régulières atteignant trois (3) mois ;

les gérants ou représentants liés par contrat de travail ou de fait.

Avec l'adoption de la réforme de l'assurance maladie obligatoire, tous les travailleurs, quel que soit leur statut, vont pouvoir bénéficier d'une couverture maladie ; ce qui constitue un important pas dans la réalisation des objectifs de la politique de Couverture Maladie Universelle (C.M.U).

En outre, la constitution d'une I.P.M nécessite un agrément. Ce dernier résulte d'un arrêté conjoint signé par le Ministre chargé de la Sécurité sociale, le Ministre de chargé de la Santé publique et le Ministre chargé des finances (art. 11 et 12 du Décret précité). Cet arrêté fixe les éléments suivants :

les modèles types de statuts et règlement intérieur des I.P.M (art. 12 al 1 du Décret précité) ;

la liste des rubriques de prestations partiellement prises en charge par les I.P.M, ainsi que la fourchette dans laquelle doivent s'insérer les taux de prise en charge desdites prestations par ces institutions (art. 12 al 2 du Décret précité) ;

le taux maximal de la cotisation globale aux I.P.M et le plafond de salaire au-delà duquel les cotisations ne sont pas dues ;

Enfin, les statuts et règlements intérieurs de toute I.P.M doivent être soumis à l'approbation préalable du Ministre chargé de la Sécurité sociale (art.13 du Décret précité).

PARAGRAPHE II :

LES RÈGLES DE GESTION DES INSTITUTIONS DE PRÉVOYANCE MALADIE

Elles reposent sur l'existence d'un certain nombre d'organes essentiels parmi lesquels, on peut surtout retenir le collège des représentants et le Conseil d'administration.

En premier lieu, le Collège des représentants.

Il est investi des pouvoirs de l'assemblée générale et est composé des représentants des membres participants et des représentants des membres adhérents (art. 26 du Décret précité).Il a notamment compétence pour statuer sur le rapport annuel et le compte rendu de la gestion financière établis par le Conseil d'administration et sur le vote du budget de l'année. La durée de leur mandat est de six (6) ans renouvelables.

En second lieu, le Conseil d'administration

Le conseil d'administration est composé de huit (8) au moins et de vingt-huit (28) membres participants au plus, appartenant à l'institution et nommés pour trois (3) ans renouvelables. En plus des sièges des membres participants, il est attribué au membre adhérent deux sièges lorsque l'Institution ne couvre qu'une seule entreprise, et un siège par membre adhérent lorsque l'Institution regroupe deux ou plusieurs entreprises (Art. 29 du Décret précité). Le CA élit en son sein, au scrutin secret et à la majorité simple, le président et le vice–président de l'Institution. Le président est choisi obligatoirement parmi les membres participants. Le CA élit, parmi ses membres, en dehors du président et du vice–président, au scrutin secret et à la majorité des deux tiers, un bureau exécutif composé d'un Gérant, d'un Secrétaire général et d'un Trésorier.

Le président du CA convoque les assemblées générales du collège des représentants et les réunions du CA.

Le CA dispose d'importantes prérogatives parmi lesquelles, on peut notamment citer les éléments suivants : il représente l'institution dans tous les actes de la vie civile, et est investi de tous les pouvoirs à cet effet ; il a notamment qualité pour ester en justice au nom de l'institution comme défendeur et comme demandeur.

Le CA se réunit chaque fois qu'il est convoqué par son président, ou sur la demande du quart de ses membres, et au moins une fois chaque trimestre.

Il assure l'exécution des décisions du Collège des représentants et est investi des pouvoirs les plus étendus pour faire ou autoriser tout acte qui n'est pas réservé au Collège des représentants.

Il est le seul habilité à décider des modifications à apporter au règlement intérieur.

Le CA fixe aussi le taux de remboursement des prestations en fonction des résultats enregistrés et dans la limite des plafonds réglementaires.

SECTION II :

LE RÉGIME DE PRÉVOYANCE MALADIE

Les I.P.M ont pour objet la prise en charge partielle des frais médicaux, pharmaceutiques et d'hospitalisation engagés au Sénégal, par les membres bénéficiaires, suivant des pourcentages fixés par le règlement intérieur soumis à l'approbation préalable du Ministre chargé de la Sécurité sociale (art. 7 du Décret précité). Trois points nous préoccuperont ici. Il s'agit des membres bénéficiaires de la prise en charge, des ressources et des dépenses et prestations de l'I.P.M.

PARAGRAPHE I :

LES BÉNÉFICIAIRES

Ce sont les membres participants, à savoir les travailleurs de l'entreprise ou des entreprises regroupées, ainsi que les membres de leur famille (conjoints et enfants) à leur charge, à condition qu'ils ne bénéficient pas des avantages d'un autre régime ayant le même objet. En effet, le bénéficiaire ne peut jouir que de la prise en charge d'une seule I.P.M[147].

---

[147] Art.10 du Décret de 2012 précité.

PARAGRAPHE II :

LES RESSOURCES

Elles comprennent : les cotisations versées par les membres participants et par les membres adhérents (qui sont les employeurs dont les travailleurs bénéficient des prestations de l'I.P.M), les contributions et subventions qui lui sont accordées par les membres d'honneur ; les dons et legs.

Le taux et le plafond du salaire global sur lequel est calculée la cotisation due à l'I.P.M, sont déterminés par le règlement intérieur.

Avec la réforme intervenue en 2012, on assiste à d'importantes modifications au sujet de la cotisation. Il s'agit de :

l'augmentation de la cotisation qui passe de 4-6% à une fourchette de 4-15% ;

l'augmentation de la fourchette de prise en charge qui passe de 40-80% ;

l'augmentation du plafond de l'assiette de calcul des cotisations de 60 000 à 250 000 F CFA.

En d'autres termes, quel que soit le montant du salaire, le taux de la cotisation ne s'appliquera que dans la limite de 250 000 F CFA.

PARAGRAPHE III :

LES DÉPENSES ET LES PRESTATIONS

Nous analyserons les dépenses avant de mettre l'accent sur les diverses prestations servies par les I.P.M.

A). Les dépenses des IPM :

Ce sont des frais de gestion de l'institution (loyers, frais de personnel, charges sociales, frais de fonctionnement et d'entretien) dont les modalités de prise en charge sont fixées par un règlement intérieur.

B). Les diverses prestations :

Les risques et les prestations offertes par les I.P.M seront identifiés avant l'analyse du règlement de ces prestations.

1). Les risques et prestations pris en charge :

L'I.P.M a pour mission la prise en charge partielle des frais de maladie (médicaux, pharmaceutiques, hospitaliers…) engagés au Sénégal par les membres bénéficiaires.

La liste des rubriques des prestations prises en charge est fixée par arrêté[148].

Sont exclus les frais dus à la réalisation des évènements ou des risques suivants :

- les accidents du travail ou les maladies professionnelles tels que définis par la C.S.S et pris en charge par la Caisse de Sécurité Sociale ;
- le suicide ou la tentative de suicide ;
- la mutilation volontaire ;
- la rixe ou l'émeute ;
- le dommage corporel résultant d'une activité sportive.

Sont également exclus des prestations :

- les produits alimentaires et de régime ;
- les produits de parfumerie et de beauté ;
- la pharmacie de maison ;
- les alcools ;
- les opérations à but esthétique ou de rajeunissement ;
- les soins rééducatifs ;
- la gymnastique corrective.

2). Le règlement des prestations :

Le taux de prise en charge partielle des frais de maladie sont déterminés par le règlement intérieur et sont les mêmes pour tous les membres bénéficiaires.

Ces taux peuvent varier en hausse ou en baisse en fonction des résultats enregistrés, à la condition que la hausse ou la baisse soit appliquée uniformément et à la même date à tous les membres bénéficiaires et dans la limite des plafonds et des planchers règlementaires.

---

148 *Arrêté interministériel n° 9176/MFPTE/DTESS du 31 juillet 1976 fixant les modèles de statut et de règlement des Institutions de prévoyance maladie.*

PARAGRAPHE IV :

LE FONDS DE GARANTIE

C'est un fonds qui est institué au profit des I.P.M qui se trouveraient temporairement dans l'impossibilité d'honorer leurs obligations vis-à-vis des travailleurs.

Le fonds a pour objet d'apporter un appui financier aux I.P.M qui rencontrent des difficultés temporaires de trésorerie , notamment par suite d'une diminution conjoncturelle de leurs ressources propres ou par suite d'une augmentation importante et imprévue des dépenses de soins qu'elles doivent prendre obligatoirement en charge(art.46 du Décret de 2012 précité).

Les modalités d'organisation, de fonctionnement et d'intervention de ce fonds doivent être fixées par décret et, un arrêté interministériel doit fixer le pourcentage des cotisations encaissées par les I.P.M destiné à alimenter ce fonds de garantie.

Ainsi, chaque I.P.M est tenue de verser à un compte bancaire spécial ouvert à cet effet, 0,20 % de l'ensemble des cotisations encaissées depuis la date de son fonctionnement. Ce versement se fait mensuellement auprès d'une banque librement choisie.

CHAPITRE III :

LA COUVERTURE DES RISQUES SOCIAUX PAR LES INSTITUTIONS DE PRÉVOYANCE RETRAITE

Les institutions de prévoyance retraite au Sénégal sont régies par la Loi-cadre du 03 avril1975 qui concerne les institutions de prévoyance sociale de façon générale. Cette loi est complétée par le Décret 75-455 du 24 avril 1975 qui rend obligatoire pour tous les travailleurs et employeurs l'affiliation à un régime de retraite.

L'IPRES a pris la succession de l'IPRAO qui était d'ordre interétatique.

Les institutions de prévoyance retraite seront étudiées à travers l'organisation de l'IPRES et le régime de retraite géré par l'IPRES.

SECTION I :

L'ORGANISATION DE L'INSTITUTION DE PRÉVOYANCE RETRAITE DU SÉNÉGAL

Il convient d'identifier les personnes assujetties et leurs protégés avant d'exposer l'organisation administrative et financière de l'IPRES.

PARAGRAPHE I :

LES PERSONNES ASSUJETTIES ET LEURS PROTÈGES

Trois catégories de personnes sont visées ici. Il s'agit des membres adhérents, des membres participants et des bénéficiaires.

A). Les membres adhérents :

Tous les établissements au sens du Code du travail sont tenus d'adhérer à une institution de prévoyance retraite et d'y affilier leur personnel. En la matière, l'IPRES a le monopole. Les marins sénégalais sont également tenus de la même obligation.

Tout employeur qui n'aura pas adhéré ou fait adhéré les travailleurs sera sanctionné pénalement. Il en est de même de tout employeur qui se soustrait aux charges sociales imposées au titre du régime de retraite obligatoire.

La qualité d'adhérent se perd lorsque l'employeur cessera d'employer du personnel salarié.

B). Les membres participants :

Ce sont :

- tous les salariés âgés de 18 ans au moins, à condition qu'ils aient accompli au moins trente (30) jours de service dans l'établissement de façon continue ou discontinue ;
- les personnes ayant perdu la qualité de salarié et qui n'ont atteint l'âge de la retraite et quidemandent volontairement le maintien de leur affiliation, à condition de payer la totalité des cotisations[149].

La qualité de membre participant prend effet à compter de l'embauchage. Les anciens salariés bénéficient d'une allocation de retraite.

La qualité de membre participant se perd lorsque le travailleur décède soit avant, soit après avoir atteint l'âge de la retraite. Dans ce cas, ses droits seront dévolus à ses ayants droit.

Sont exclus des membres participants les travailleurs étrangers affiliés à un régime de retraite institué par une autre législation.

C). Les bénéficiaires :

Il s'agit des travailleurs eux-mêmes ainsi que les membres de leur famille (conjoint survivant et enfants à charge). En cas de décès du travailleur, ces personnes perçoivent une allocation de réversion.

---

[149] Toutefois, le salarié doit être âgé de 40 ans, avoir perdu définitivement son emploi et cotisé au régime général de l'IPRES pendant cinq ans. Source V. les *Guides de l'IPRES, Memo du salarié*, p. 7.

PARAGRAPHE II :

L'ORGANISATION ADMINISTRATIVE ET FINANCIÈRE

L'IPRES a pour objet d'organiser et de gérer :

- d'une part, le régime général de retraite unique pour l'ensemble des travailleurs régis par le Code du travail organisé par le règlement intérieur n°1 ;
- d'autre part, le régime complémentaire des cadres qui fait l'objet du règlement intérieur n°2[150].

Son organisation administrative repose sur six organes :

Le Collège des représentants ; le Conseil d'administration ; le président du Conseil d'administration ; le Bureau ; le Directeur ; l'agent comptable.

Les ressources financières de l'IPRES sont constituées par les cotisations des adhérents et participants, les majorations de retard, les dons et legs etc.

Les frais de versement des cotisations et des majorations de retard sont à la charge des employeurs.

***N.B.* : Dans le souci de garantir la stabilité financière du régime, il est institué un Fonds de réserve globale équivalent à deux (2) années d'allocations.**

S'agissant des dépenses de l'IPRES, elles comprennent :

- les frais nécessaires à la gestion de l'Institution dans la limite de 10% par an, de l'ensemble des ressources ;
- les diverses catégories de prestations qui sont versées aux participants et aux bénéficiaires ;
- les dépenses d'investissement qui nécessitent une triple signature du président, du premier vice-président et du Directeur général.

---

150 *JORS n° 4313 du 1er septembre 1973.*

SECTION II :

LE RÉGIME DE RETRAITE GERE PAR L'INSTITUTION DE PRÉVOYANCE RETRAITE DU SÉNÉGAL

Il s'agit d'un régime unique de retraite de base. C'est un régime légal obligatoire et unique pour tous les employeurs et tous les travailleurs. Par extension, il y a également le régime des employés de maison[151].

Ce régime de base est susceptible d'être complété par d'autres régimes comme celui des cadres qui est un régime conventionnel.

PARAGRAPHE I :

LE RÉGIME UNIQUE DE RETRAITE DE BASE

Les ayants droit du régime sont : les anciens travailleurs admis au bénéfice de l'allocation de solidarité, les conjoints survivants et les orphelins des participants décédés, admis au bénéfice de l'allocation de réversion et le travailleur retraité lui-même, admis au bénéfice de l'allocation de retraite.

Ainsi, ce sont les trois prestations offertes par l'IPRES qui seront analysées dans les développements qui suivront, à savoir : l'allocation de retraite, l'allocation de réversion et l'allocation de solidarité.

A). L'allocation de retraite :

C'est la prestation principale du régime de base. Elle est versée au travailleur parti à la retraite. L'âge de la retraite est égal à 60 ans sauf dérogation. Également la retraite anticipée est possible[152].

---

151 Est considéré comme employé de maison, tout salarié embauché au service d'un foyer, et occupé d'une façon continue au domicile privé de l'employeur, conformément à la législation en vigueur. La déclaration d'un employé de maison lui donne droit à une pension de retraite ou une pension de réversion. (Source : V. *Les guides de l'IPRES, Memo du salarié*, p. 6.

152 À partir de l'âge de la retraite le contrat de travail peut être rompu à tout moment par l'une ou l'autre des parties sans que cela puisse être considéré comme une démission ou un licenciement. Ce principe vient d'être rappelé par la Cour suprême qui a approuvé la Cour d'appel d'avoir fait une exacte application de la loi en relevant qu'un travailleur a été mis à la retraite à l'âge de 55 ans (limite d'âge de l'époque) et retenu que la rupture des relations de travail ne constitue pas un licenciement. *C.S Sénégal, Arrêt n°15 du 25 février 2015*, Ndiack NDAO c./ SODEFITEX, *Bull. 2015, C.S. n° 9-10*, p. 179.

L'allocation est subordonnée à l'attribution de points de retraite qui sont déterminés à partir du taux contractuel. Ce dernier encore appelé taux interne est égal à 9 % dans le régime général.

Le point de retraite c'est l'unité de compte que reçoit un participant en contrepartie des cotisations versées par son employeur.

Le taux de cotisation est égal à 14 % des rémunérations et gains perçus par les travailleurs. Les 8,4% sont à la charge de l'employeur et les 5,6% à la charge du salarié[153].

Les points de retraite s'accumulent à l'IPRES jusqu'à la date de la retraite.

Nombre de points = montant des cotisations / salaire de référence.

A ces points-cotisations, peuvent s'ajouter des points pour les périodes antérieures, à la mise en application du régime considéré, mais cette attribution complémentaire n'est accordée que si le salarié compte dix (10) ans de travail et s'il a cotisé pendant au moins un an (points gratuits).

En cas, d'accident du travail ou d'invalidité grave, le salarié pourrait bénéficier de points gratuits pour le temps de son arrêt de travail.

Enfin, le salarié a droit à une majoration de points de 5% par enfant à charge, dans la limite de trois (3) enfants, soit 15%.

Au cas où le nombre total de points de retraite attribués à un participant est inférieur à 200, l'IPRES procède au rachat de l'allocation minime par un versement unique effectué à l'âge normal de la liquidation de la retraite.

La valeur du point de retraite est fixée chaque année par le Conseil d'administration. Ce dernier, réuni le 30 Mars 2010, vient de décider de l'augmentation de 10 % des pensions du régime général et du régime des cadres.

Dès l'âge de la retraite, le participant peut demander la liquidation de son allocation de retraite. Mais, il peut, à partir de 50 ans en demander la liquidation anticipé, auquel cas le taux d'allocation est affecté d'un abattement de 5% par année d'anticipation. Si le participant est reconnu invalide ou inapte au travail, avant l'âge de la retraite, il peut percevoir son allocation sans abattement, à tout âge, à partir de 50 ans.

---

[153] Depuis le 1er janvier 2008, le plafond mensuel de salaire soumis à cotisation est passé de 246 000 F à 256 000 F CFA. Quant au plafond annuel, il est passé de 2 952 000 à 3 072 000 F CFA. Source *Les Guides de l'IPRES, Memo de l'employeur*, p. 6.

B). L'allocation de réversion :

Elle est versée au conjoint survivant et aux enfants du travailleur décédé en activité ou après la retraite.

1). L'allocation du conjoint survivant :

Lorsqu'un participant en activité ou retraité décède, son conjoint survivant a droit à une allocation égale à la moitié de celle dont bénéficiait ou aurait bénéficié le participant décédé sur la base des années validées ou valables à la date du décès.

Le bénéfice de l'allocation de réversion est subordonné à un mariage célébré deux ans au moins avant le décès du participant. Aucune condition d'absence de ressources ou d'activité n'est exigée.

Le mariage doit être déclaré par les participants à l'IPRES au moyen d'un acte de mariage. Cet acte de mariage peut être établi au moyen d'un jugement d'autorisation d'inscription sur les registres de l'état civil. Il en résulte alors que le règlement intérieur de l'IPRES ne peut anéantir les effets que la loi attache à l'acte de mariage établi sur autorisation d'inscription tardive[154].

Au cas où cette formalité n'aurait pas été accomplie par le participant avant son décès, le conjoint a la faculté de produire ce document à la condition qu'il ait été établi avant le décès du participant.

En cas de remariage, le droit à l'allocation cesse d'être servie au conjoint survivant à compter du premier jour du trimestre civil suivant.

Le conjoint survivant est tenu de présenter, chaque année une attestation de l'autorité administrative compétente certifiant qu'il n'a pas contracté un nouveau mariage.

a). Règles particulières aux veuves :

Elles ont droit à l'allocation de réversion à partir de 50 ans. Mais à ce principe, il est apporté deux exceptions.

Tout d'abord, elles peuvent jouir de cette allocation à partir de 45 ans sous réserve d'un abattement de 5% par année d'anticipation

Ensuite, elles peuvent en jouir immédiatement après le décès du mari, si elles ont au moins deux enfants à charge de moins de 18 ou de

---

[154] Contra. *C.S. du Sénégal, Arrêt n° 63 du 25 novembre 2015*, IPRES c/ Mbayang LEYE, *Bull. C.S. 2015, n° 9-10*, p.203.

21 ans, si ces derniers poursuivent, sans bourse, des études secondaires ou supérieures, étant entendu que le service de l'allocation est suspendue dès que ces enfants cessent d'être à charge ou à leur décès, pour reprendre au cinquantième anniversaire de l'intéressée.

En cas de pluralité de veuves, l'allocation est répartie entre les ayants droit à la date du décès.

b). Règles particulières aux veufs :

Quant aux veufs, les règles particulières existent également. En effet, les veufs ont droit à l'allocation de réversion à partir de l'âge normal de la retraite (60 ans) applicable aux membres participants, sans faculté d'anticipation.

Toutefois, le bénéfice en est immédiat dès le décès de son épouse, si le veuf est atteint d'une invalidité entrainant une inaptitude au travail.

Le service anticipé de l'allocation est supprimé en cas de cessation de l'état d'invalidité.

Au cas où le veuf aurait perdu deux ou plusieurs épouses participantes, il ne lui est accordé que l'allocation la plus importante.

2). L'allocation des orphelins :

Les enfants à charge au jour du décès, orphelins de père ou de mère, bénéficient d'une allocation de réversion, uniquement si leur ascendant suivant ne peut prétendre à réversion, soit en raison de son âge, soit en raison du divorce intervenu entre les conjoints.

L'allocation est accordée à chaque orphelin, aussi longtemps qu'il demeure à la charge de l'ascendant et au plus tard, jusqu'à 18 ou 21 ans s'il poursuit, sans bourse, des études secondaires ou supérieures.

Le taux de l'allocation est de 20 % de celle à laquelle avait droit ou aurait eu droit l'ascendant décédé. Si le nombre des enfants est supérieur à cinq (5), l'allocation revenant à chacun est réduite proportionnellement.

L'allocation est versée à la personne qui a effectivement la charge de l'enfant.

Toutefois, le service de l'allocation aux enfants issus d'un autre lit, est suspendu, dès lors que l'ascendant commence à percevoir ses propres droits à la retraite.

Au cas où l'enfant est orphelin de père et de mère, tous deux membres participants de l'IPRES, il ne bénéficie que de l'allocation la plus élevé.

Si la situation de réversion intéresse une ou plusieurs veuves et des orphelins issus d'un autre lit, la part d'allocation revenant à ces derniers ne peut excéder la moitié des allocations du conjoint décédé, l'autre moitié revenant à la ou aux veuves.

C). L'allocation de solidarité :

C'est une allocation forfaitaire annuelle accordée aux salariés nés avant 1910 et qui, de ce fait, ont cotisé moins d'un an ou n'ont jamais cotisé avant l'âge de 55 ans, mais peuvent justifier de dix (10) ans d'activité salariée.

PARAGRAPHE II :

LE RÉGIME COMPLÉMENTAIRE DE RETRAITE DES CADRES

Depuis le 1er janvier 1973, un régime de retraite complémentaire des cadres a été institué et mis en place.

La gestion est confiée à l'IPRES qui le gère séparément du régime général.

Ce régime complémentaire n'est pas obligatoire, il est simplement conventionnel.

Il fait l'objet du règlement intérieur n°2 qui définit les conditions d'organisation du régime et de versement des prestations aux bénéficiaires dans des termes comparables à ceux du règlement n°1.

A). L'organisation du régime :

L'étude de l'organisation de ce régime nous permettra de mettre l'accent sur les personnes qui y sont assujettis et leurs protégés d'une part, et sur l'organisation administrative et financière, d'autre part.

1). Les personnes assujettis et leurs protégés :

Les membres adhérents sont les entreprises et les employeurs compris dans le champ d'application des conventions collectives. Ces entreprises et employeurs doivent obligatoirement adhérer à l'IPRES et y affilier leurs cadres.

Les autres pourront y adhérer volontairement.

Les adhérents sont soumis aux mêmes obligations que ceux du régime général

Les membres participants sont :

- les salariés ayant la qualité de cadre depuis leur embauchage ou depuis leur promotion, à condition qu'ils aient accompli un service minimal de trente (30) jours, dans une entreprise adhérente ;
- les cadres en chômage ayant maintenu volontairement leur affiliation, à conditionqu'ils aient 50 ans au moins, qu'ils aient cotisé pendant dix (10) ans, qu'ils aient produit les documents de preuve ;
- les participants affiliés volontaires doivent payer la totalité des cotisations y compris la part patronale ;
- les anciens salariés cadres, bénéficiaires d'une allocation de retraite.

Sont exclus du régime complémentaire des cadres :

- les travailleurs étrangers s'ils sont affiliés à un régime de retraite institué par uneautre législation étrangère ;
- les travailleurs affiliés à d'autres régimes collectifs à la date d'effet d'adhésion de leur employeur.

***N.B.* : s'il n'existe pas, dans la profession, de convention collective définissant la notion de cadre, doivent être considérés comme cadres, les travailleurs qui :**

- possèdent une formation professionnelle résultant soit d'études sanctionnées par un diplôme d'enseignement supérieur, soit d'une formation ou d'une expérience étendue ;
- occupent dans l'entreprise ou le service qui les emploie, et par, délégation de l'employeur, des fonctions comportant des pouvoirs de décision, d'autorité ou de contrôle sur les collaborateurs de toutes catégories.

Si l'emploi ne comporte pas l'exercice du commandement, le cadre doit être investi de responsabilités équivalentes (études, gestion, contrôle, formation etc.).

Relèvent aussi du régime complémentaire, en qualité d'ayants droit : les conjoints survivants et les orphelins des participants décédés, admis au bénéfice d'une allocation de réversion.

2). L'organisation administrative et financière :

Les règles d'organisation administrative et financière sont identiques à celles du régime général.

Le taux de cotisation est fixé à 6% du salaire dont 3,6 % à la charge de l'employeur et 2,4 % à la charge du travailleur[155].

---

[155] Depuis le 1er janvier 2008, le plafond de salaire mensuel est passé de 738 000 à 768 000 F CFA. Quant au plafond annuel, il est passé de 8 856 000 à 9 216 000 F CFA. Source : *Les Guides de l'IPRES, Memo de l'employeur*, p. 6.

B). Les prestations du régime :

Elles concernent l'allocation de retraite complémentaire, l'allocation de réversion et l'allocation forfaitaire annuelle.

1). L'allocation de retraite complémentaire :

Elle constitue l'essentiel du régime complémentaire. Elle est allouée aux participants ayant cotisé pendant au moins un an. Elle est normalement liquidée à 60 ans. Mais une liquidation anticipée peut être demandée par l'intéressé à l'âge de 50 ans, moyennant un abattement d'allocation de 1% par trimestre d'ajournement.

Les autres conditions de formalité de liquidation sont celles du régime général. Exemple : l'allocation de retraite est calculée en multipliant le nombre de points de l'intéressé par la valeur du point.

2). L'allocation de réversion :

Les conjoints et les orphelins ont droit à une allocation de réversion, en cas de décès du participant en activité ou retraité, dans des conditions absolument identiques à celles du régime général. Toutefois, pour ce qui est de la veuve du cadre, elle ne bénéficie immédiatement de cette allocation que si elle a au moins deux enfants à charge de 18 ans qui poursuivent, sans bourse, des études secondaires ou supérieures.

3). L'allocation forfaitaire annuelle :

Les anciens salariés retraités au 1er janvier 1974 qui n'ont pas été affiliés au régime général, bénéficient d'une allocation forfaitaire pour chaque année accomplie en qualité de cadre, dès qu'ils justifient d'au moins une année d'activité à ce titre. Cette allocation est calculée sur la base de 400 points par année accomplie dans une fonction de cadre.

CHAPITRE IV :

LE SERVICE MÉDICAL DU TRAVAIL

L'étude du Service médical du travail se fera en analysant successivement ses règles d'organisation et ses missions.

SECTION I :

L'ORGANISATION DU SERVICE MÉDICAL DU TRAVAIL

Ces règles d'organisation qui seront examinées ici se résument à l'institution obligatoire du service médical du travail et à la composition du personnel médical et paramédical.

PARAGRAPHE I :

L'INSTITUTION OBLIGATOIRE DU SERVICE MÉDICAL DU TRAVAIL

Le Code du travail oblige les employeurs à créer un service de médecine du travail.

Sont assujettis à la création de ce service, les établissements de toute nature où sont employés des travailleurs au sens du Code du travail, à l'exclusion des services de l'administration publique.

Ne sont donc pas soumises à cette obligation les communes et les collectivités territoriales publiques dotées de la personnalité morale, même si elles emploient des agents non fonctionnaires.

Par contre, les E.P.I.C, les sociétés nationales, les SA à participation publique y sont soumis.

PARAGRAPHE II :

LE PERSONNEL MÉDICAL ET PARAMÉDICAL

S'agissant de la composition du personnel, il y a :

- les médecins du travail, titulaires d'un diplôme d'études spéciales de médecine du travail ;
- les infirmiers ;
- un secrétaire médical.

SECTION II :

LA MISSION DU SERVICE MÉDICAL DU TRAVAIL

Elle se traduit par des actions sur le milieu du travail et des examens médicaux.

PARAGRAPHE I :

LES ACTIONS SUR LE MILIEU DU TRAVAIL

Ce service participe aux études et enquêtes épidémiologiques, c'est-à-dire les études qui concernent les rapports entre les malades et les communautés.

Il est obligatoirement associé à l'étude de toute nouvelle technique de production et à la formation des secouristes d'urgence. Il doit également être consulté sur les projets de construction, d'aménagements nouveaux et de modifications apportées aux équipements.

Dans la lutte pour la prévention des risques professionnels, il est informé de la nature et de la composition des produits utilisés par les travailleurs ainsi que de leurs modalités d'emploi.

PARAGRAPHE II :

LES EXAMENS MÉDICAUX

Le service médical du travail a un rôle de prévention et non de guérison. C'est pourquoi, les examens médicaux sont orientés vers la vérification de l'aptitude ou de l'adaptation du travailleur à l'emploi.

Le médecin du travail procède à des examens d'aptitude à l'emploi lors de l'embauchage et en cours de contrat. Il procède également à des examens d'aptitude à la reprise de l'emploi et à des examens complémentaires. Enfin, il doit dispenser aux travailleurs et aux membres de leurs familles les soins d'urgence et de première nécessité dans les locaux sanitaires des établissements.

SOUS TITRE II :

LA PROTECTION SOCIALE DES FONCTIONNAIRES

Ce régime ne concerne que les fonctionnaires tels que définis par la Loi 61-33 du 15 juin 1961 [156]; c'est-à-dire les personnes nommées dans un emploi permanent et titularisées dans un grade de la hiérarchie des corps de l'administration du Sénégal (art. 1er de la loi).

Ce régime s'étend en outre à certains membres de la famille des fonctionnaires[157].

Il se compose de trois branches de risques à savoir les prestations familiales (chapitre I), les risques maladie, invalidité et décès des fonctionnaires (chapitre II) et la retraite des fonctionnaires (chapitre III).

156 *JORS du 22 Juin 1961*, p.913.

157 V. **DIARRA (M.)**, "*Memento de la fonction publique*", NEA, 1982.

CHAPITRE I :

LES PRESTATIONS FAMILIALES DES FONCTIONNAIRES

De façon spécifique, aucun texte ne traite des prestations familiales dans la loi régissant les fonctionnaires.

Toutefois, les prestations familiales recouvrent des prestations liées à la maternité et les suppléments pour charges de famille.

SECTION I :

LA MATERNITÉ

Les prestations liées à la maternité se résument au congé de maternité et au repos pour allaitement.

PARAGRAPHE I :

LE CONGE DE MATERNITÉ

Il est prévu par l'article 57, 4° de la loi précitée et réglementé par l'article 29 du Décret 63-116 du 19 février 1963 relatif au régime des congés, permissions et autorisation d'absence des fonctionnaires[158].

Il est de quatorze (14) semaines, dont six (6) avant la date présumée de l'accouchement et 8 après la date de la délivrance. Il est accordé pour les couches et l'allaitement.

Le congé prénatal de six (6) semaines est un maximum (art. 29 du Décret). Mais, si à l'expiration du délai de 8 semaines après l'accouchement, l'intéressée n'est pas en état de reprendre ses fonctions, elle pourra obtenir sa mise en congé de maladie sur présentation d'un certificat médical.

---

[158] *JORS n°3951 du 30 mars 1963*, p.461.

Il n'est pas exigé que cette maladie soit liée aux couches comme pour la femme salariée.

Au-delà de huit (8) semaines, ce n'est plus le congé de maternité qui se poursuit, mais un congé de maladie, avec un régime propre. Pendant toute la durée du congé de maternité, la femme perçoit son traitement.

Mais, au regard de la lettre de l'article 29 du Décret 63-116 précité, elle ne doit pas percevoir l'indemnité de résidence ni les indemnités de frais ou de sujétions ou de risques inhérents à l'emploi.

À l'inverse, elle perçoit les suppléments pour charges de famille qui ne sont pas liés à l'activité de la femme mais à sa situation familiale.

PARAGRAPHE II :

LE REPOS POUR ALLAITEMENT

De façon spécifique, aucun texte ne prévoit le repos pour allaitement de la femme fonctionnaire.

Dans la pratique, elle en bénéficie pendant une période de quinze (15) jours, à raison d'une heure par journée de travail.

SECTION II :

LES SUPPLÉMENTS POUR CHARGE DE FAMILLE

Ils constituent des éléments de la rémunération du fonctionnaire : Il s'agit :

- d'une allocation de premier établissement familial ;
- des allocations familiales ;
- des primes aux premiers âgés ;
- d'une allocation de salaire unique ;
- d'un supplément familial de traitement.

PARAGRAPHE I :

L'ALLOCATION DE PREMIER ÉTABLISSEMENT FAMILIAL

Elle est allouée pendant les deux années suivant le premier mariage du fonctionnaire. Elle est fixée forfaitairement et payée annuellement.

PARAGRAPHE II :

LES ALLOCATIONS FAMILIALES

Elles ne sont dues qu'à partir du deuxième enfant à charge.

Ces enfants à charge sont les enfants légitimes, les enfants naturels et les enfants adoptifs (adoption limitée ou plénière).

N.B. : Ici, il y a une différence avec les salariés[159].

Ces allocations sont dues jusqu'à l'âge de 17 ans pour l'enfant placé en apprentissage et jusqu'à 20 ans si l'enfant poursuit des études ou s'il est atteint d'une infirmité ou d'une maladie incurable l'empêchant d'exercer une activité salariée. Toutefois, elles ne seront plus accordées si l'enfant est exclu de l'établissement dans lequel il est scolarisé ou effectue son apprentissage ou bien s'il décède avant d'avoir atteint l'âge maximum.

PARAGRAPHE III :

LES PRIMES AUX PREMIERS ÂGES

Pour chacun des enfants ouvrant droit aux allocations familiales, il est alloué deux primes aux premiers âgés pendant les deux premières années de l'enfant ; l'une quand l'enfant atteint l'âge d'un an, l'autre lorsqu'il atteint l'âge de deux ans.

Ces primes correspondent aux allocations post-natales du Code de la sécurité sociale. Leur montant annuel est fixé forfaitairement.

PARAGRAPHE IV :

L'ALLOCATION DE SALAIRE UNIQUE

Elle est accordée aux familles, ménages ou fonctionnaires qui ne bénéficient que d'un seul revenu provenant de l'exercice de leurs fonctions.

Elle est due à partir du moment où il y a un enfant à charge, peu importe que le fonctionnaire soit célibataire, marié, ou en concubinage.

---

159 cf. supra protection des travailleurs.

PARAGRAPHE V :

LE SUPPLÉMENT FAMILIAL DE TRAITEMENT

C'est une allocation qui prend en considération la situation de famille du fonctionnaire. Elle est basée sur le traitement du fonctionnaire.

CHAPITRE II :

LES RISQUES MALADIE, INVALIDITÉ ET DÉCÈS DU FONCTIONNAIRE

Ces trois risques feront successivement l'objet de notre analyse.

SECTION I :

LE RISQUE MALADIE

Le régime du risque maladie est réglementé par le Décret 63-116 du 19 février 1963[160] et complété par le Décret 72-215 du 7 mars 1972[161] relatif à la Sécurité sociale desfonctionnaires. Il s'applique aux fonctionnaires, aux magistrats, aux personnels des forces de police ainsi qu'aux membres de leur famille le conjoint, non fonctionnaire, de la femme fonctionnaire.

Ce régime est différent selon qu'il s'agit d'une maladie de courte durée ou de longue durée[162].

PARAGRAPHE I :

LA MALADIE DE COURTE DURÉE

Les consultations et les soins dans les centres médicaux sociaux et dans les formations sanitaires, autres que les hôpitaux, sont gratuits.

Les consultations et les soins médicaux dans les hôpitaux sont à la charge de l'État dans la limite d'une participation de 80% du tarif en vigueur dans ces établissements. Les 20% restants sont à la charge de l'intéressé.

---

160 Ce Décret a été modifié par le *décret 65-346 du 20 mai 1965 JORS n°3747 du 5 juin 1965*, p.65.

161 *Jors. n° 4216 du 1er avril 1972*, p.508.

162 *Art.57, 2° et 3° de la Loi de 61-33 précitée*

Lorsque la maladie requiert une hospitalisation dans une formation sanitaire, les frais d'hospitalisation sont à la charge de l'État et de l'intéressé dans les mêmes proportions, sur la base des tarifs pratiqués par ces établissements. Le bénéficiaire ne peut être admis à l'hôpital que si un billet d'hôpital est établi préalablement en sa faveur, sauf urgence.

Les services financiers précisent l'imputation budgétaire et la catégorie d'hospitalisation. S'agissant du fonctionnaire malade qui est dans l'impossibilité d'exercer ses fonctions, il peut faire une demande de congé-maladie. Cette demande doit être accompagnée d'un certificat de son médecin ou de l'administration. La même procédure est exigée pour le renouvellement du congé de maladie.

Le fonctionnaire en congé de maladie conserve l'intégralité de son traitement salarial pendant une durée de trois (3) mois et la moitié du traitement pendant les trois (3) mois suivants. Si, après avoir obtenu 6 mois de congé de maladie (de manière continue ou non), pendant une période de douze (12) mois consécutifs, le fonctionnaire malade ne peut reprendre son service à l'expiration de son dernier congé, il est, soit mis en disponibilité d'office[163], soit admis à la retraite s'il le demande et s'il est reconnu définitivement inapte.

Toutefois, le fonctionnaire conserve l'intégralité de son traitement jusqu'à la retraite si la maladie :

- résulte d'un acte de dévouement dans un intérêt public ;
- a été contractée par le fonctionnaire alors qu'il exposait sa vie pour sauver celle d'autrui ;
- résulte d'une lutte soutenue ou d'un attentat subi à l'occasion de ses fonctions ou d'un accident survenu dans l'exercice de ses fonctions ou à l'occasion de l'exercice de ses fonctions.

Si l'état de santé nécessite une hospitalisation à l'étranger, les frais de voyage et d'hospitalisation seront à la charge de l'État.

PARAGRAPHE II :

LA MALADIE DE LONGUE DURÉE

Le fonctionnaire atteint de certaines maladies est, de droit, mis en congé de longue durée et aussitôt remplacé dans son emploi. Il s'agit

---

[163] *Art.78 alinéa 2 de la loi 61-33 précitée*

des maladies suivantes : tuberculose, maladie mentale, affection cancéreuse, poliomyélite, lèpre, trypanosomiase, cardiopathie décompensée, néphrite chronique hypertensive ou urémigène grave, complications paralytiques graves, affections nerveuses ou célébro-meningées.

La durée du congé accordé ne peut être inférieure à trois (3) mois et supérieure à six (6) mois. Le congé peut être prorogé, autant de fois que nécessaire, sans pouvoir excéder un total de cinq (5) ou huit (8) ans.

Le fonctionnaire conserve l'intégralité de son salaire pendant les trois premières années et la moitié de celui-ci pendant les deux années suivantes.

Ces délais sont portés à cinq ou huit ans lorsque la maladie a été contractée dans l'exercice des fonctions, auquel cas il faut requérir l'avis de la commission médico-administrative de réforme. Ces fonctionnaires bénéficient de tous leurs autres avantages ainsi que les membres de leur famille.

Le fonctionnaire qui a épuisé la totalité de la durée du congé de longue durée et qui n'est pas apte à reprendre ses fonctions, est soit mis en disponibilité d'office, soit admis à la retraite, à sa demande, s'il est définitivement déclaré inapte.

Le bénéficiaire d'un congé de longue durée ne peut reprendre son service, au cours du congé ou à son terme que s'il est reconnu apte à le faire, après examen par un spécialiste agrée et avis favorable du conseil de santé.

Enfin, lorsqu'un fonctionnaire a repris du service avant d'avoir épuisé le délai maximal du congé de longue durée, il peut lui être accordé un nouveau congé de longue durée qui s'ajoutera au congé antérieur, sans que l'ensemble puisse excéder cinq (5) ou huit (8) ans.

SECTION II :

LE RISQUE INVALIDITÉ

Le fonctionnaire est mis dans l'impossibilité d'exercer ses fonctions en raison d'une infirmité résultant de la maladie, d'une blessure ou de maladie contractée ou aggravée. Dans ce cas, il peut être admis à la retraite sur sa demande ou mis à la retraite d'office à l'expiration de ses droits à congé de longue maladie.

Deux situations sont à distinguer :

Lorsque l'invalidité résulte de l'exercice des fonctions ;

Ici, l'invalidité résulte du service ou de l'exercice des fonctions ou d'une tentative de sauver la vie d'autrui. Dans ces cas, le fonctionnaire civil a droit à une rente viagère d'invalidité cumulable avec la pension proportionnelle ou bien la pension d'ancienneté ;

Lorsque l'invalidité ne résulte pas de l'exercice des fonctions.

Dans ce cas, le fonctionnaire civil a droit à la seule pension proportionnelle de retraite[164].

Toutefois, les blessures ou maladies doivent avoir été contractées au cours d'une période durant laquelle l'intéressé a acquis ses droits à pension.

Les fonctionnaires en détachement bénéficient des mêmes dispositions.

SECTION III :

LE RISQUE DÉCÈS

Le décès du fonctionnaire entraîne le droit, pour les héritiers ou ayants droits de demander le paiement du traitement jusqu'au dernier jour du mois du décès et la liquidation de la pension.

Ils ont en outre, droit au capital décès[165] dont le montant est égal au traitement annuel indiciaire attaché au dernier grade du fonctionnaire. Chaque enfant doit recevoir, en plus de sa quote-part, une majoration de 20.000F.

Le capital est réparti ainsi qu'il suit : 1/3 au conjoint survivant non séparé de corps, ni divorcé du défunt et 2/3 aux enfants légitimes, naturels reconnus et adoptifs âgés de moins de 21 ans ou atteints d'une invalidité totale ou définitive.

En l'absence de conjoints et d'enfants, le capital sera versé à un des ascendants du défunt qui était à sa charge au moment du décès.

S'agissant du congé de retraite de veuves, on note que, en cas de décès de son mari, la femme fonctionnaire peut bénéficier, sur sa demande d'un congé dit « retraite de veuve »[166].

---

164 cf. infra la retraite du fonctionnaire.

165 *Décret 64-767 du 12 novembre 1964 portant réglementation du secours après décès JORS 3716 du 12 décembre 1964,* p.1627.

166 *Art.10 du Décret 72-215 précité.*

Pendant ce congé, la veuve est sans solde. Lorsque la retraite de veuve coïncide avec le congé annuel (généralement plus court), celui-ci sera déduit du congé de retraite et le reste sera considéré comme sans solde.

Le congé de retraite de veuve ne donnant lieu à aucune indemnité, on ne peut dire qu'il constitue une véritable prestation de sécurité sociale.

CHAPITRE III :

LA RETRAITE DES FONCTIONNAIRES

Le régime de retraite des fonctionnaires découle du Code des pensions civiles et militaires de retraite[167]. C'est un texte de portée générale qui organise la retraite de tous ceux qui, civils ou militaires, peuvent prétendre à une pension en récompense des services rendus à l'État.

Aux termes de l'article 1er de la loi précitée, ce régime s'applique aux personnes ci-après :

- les fonctionnaires civils titulaires dans les cadres permanents d'une administration de l'État et des communes ainsi que les agents de la régie des chemins de fer relevant de l'ancien statut du personnel permanent ou de l'ancien statut des régies ferroviaires d'outre-mer ;
- les magistrats de la Cour Suprême et des cours et tribunaux ;
- les personnels titulaires de l'enseignement supérieur ;
- les sapeurs-pompiers, les douaniers et les policiers qui sont tous désignés, dans le code, par l'expression fonctionnaires civils ;
- les personnels militaires des forces armées et du corps national des sapeurs-pompiers ayant le statut de militaires de carrière ou servant en vertu d'un contrat ou d'une commission (militaires)[168] ;
- les veuves et orphelins des fonctionnaires civils et militaires précités.

Les règles relatives à la retraite du fonctionnaire seront abordées en cinq points. Il s'agit de l'attribution du droit à pension, de la liquidation de la pension, de l'admission à la retraite et la jouissance de la pension

---

[167] Ce Code est institué par la *Loi 81-52 du 10 juillet 1981 JORS n° 4852 du 22 août 1981* modifiée en 1984 et en 1990 et en 1991.

[168] Pour les militaires, il existe des règles spécifiques à côté des règles générales. Sur cette question, V. **NDIAYE (I.),** "Les différents types de pensions, Armée-nation", *Revue de réflexion des forces armées sénégalaises, n°44, Septembre 2012,* p.34 à 39.

de retraite, de la pension des ayants cause et des règles communes aux pensions et aux rentes viagères d'invalidité.

SECTION I :

L'ATTRIBUTION DU DROIT À PENSION

Une retenue de 10% est opérée sur le traitement indiciaire de base, à l'exclusion de toutes indemnités, allocations et avantages familiaux.

Une retenue de 10% est également prélevée sur les indemnités suivantes :

- indemnité spéciale de sujétion et toutes celles accordées aux enseignants, en général ;
- indemnité différentielle dégressive (allouée au personnel ayant appartenu à la fonctionpublique française).

Aucune pension ne peut être concédée si le versement des retenues exigibles n'a pas été effectué.

La constitution du droit à pension repose sur deux conditions, l'âge et les services combinés différemment selon que le fonctionnaire prétend à une pension d'ancienneté ou à une pension proportionnelle.

Ainsi après avoir analysé le droit à pension d'ancienneté et le droit à pension proportionnelle, nous examinerons les services pris en compte pour l'attribution de ces différentes pensions.

PARAGRAPHE I :

LE DROIT À PENSION D'ANCIENNETÉ

Le fonctionnaire a droit à une pension d'ancienneté s'il cesse son activité à l'âge de 60 ans en comptant trente (30) années de services effectifs.

La condition de durée de services effectifs est réduite à vingt-cinq (25) années pour les fonctionnaires qui ont effectivement accompli quinze (15) années, au moins, de services effectifs dans les emplois présentant un risque particulier ou des fatigues exceptionnelles.

Il convient de préciser les conditions auxquelles le fonctionnaire bénéficie d'une dispense ou d'une réduction par rapport à la condition d'âge avant d'exposer celles justifiant le bénéfice du recul de la limite d'âge.

A). La dispense et la réduction de la condition d'âge :

Le fonctionnaire est dispensé de la condition d'âge (60 ans) s'il est reconnu hors d'état de continuer ses fonctions après avis de la commission de réforme, s'il est licencié pour suppression d'emploi, pour insuffisance professionnelle ou révoqué sans suspension des droits à pension.

La condition d'âge peut être réduite pour les fonctionnaires ayant servi à l'étranger, les anciens combattants et les femmes fonctionnaires.

Toutefois, la dispense et la réduction d'âge ne peuvent être imposées aux fonctionnaires que s'ils sont reconnus hors d'état de continuer leurs fonctions par le Ministère compétent après avis de la commission de réforme.

B). Le recul de la limite d'âge :

L'âge limite peut être reculé au profit des fonctionnaires placés dans des situations particulières.

Ainsi, la limite d'âge peut être reculée d'une année par enfant à charge sans que la prolongation d'activité puisse excéder trois (3) ans.

Elle est également reculée d'une année pour tout fonctionnaire qui, au moment où il atteint la cinquantième année est père de trois (3) enfants vivants, à condition qu'il soit en état de continuer à exercer son emploi sans que cet avantage se cumule avec le précédent.

Enfin, les fonctionnaires qui ne réunissent pas, lorsqu'ils atteignent la limite d'âge qui leur est applicable, les conditions exigées par le droit à pension d'ancienneté, bénéficient du recul de la limite d'âge dans la limite nécessaire pour l'obtenir, à la condition qu'ils puissent remplir ces exigences, au plus tard, à 60 ans.

PARAGRAPHE II :

LE DROIT À PENSION PROPORTIONNELLE

Il est acquis :

- sans condition d'âge ni de durée de services, aux fonctionnaires mis à la retraite pour invalidité résultant ou non de l'exercice de leurs fonctions ;

- sans condition de durée de services, aux fonctionnaires atteints par la limite d'âge, sans pouvoir prétendre à une pension d'ancienneté ;
- aux fonctionnaires qui ont effectivement accompli quinze (15) années de services.

PARAGRAPHE III :

LES SERVICES VALABLES

Les services à prendre en compte pour la constitution du droit à pension d'ancienneté ou proportionnelle sont tous ceux accomplis avant la limite d'âge ; ceux accomplis postérieurement ne pouvant l'être.

Les services effectifs peuvent être bonifiés de la façon suivante :

- les services civils accomplis hors du Sénégal sont comptés pour un sixième en plus de leur durée effective ;
- les femmes fonctionnaires ont une bonification de services d'un an par enfant déclaré, dans la limite de six (6) années de bonification, sans pouvoir cumuler celle-ci avec la précédente.

SECTION II :

LA LIQUIDATION DE LA PENSION

Elle consiste à déterminer le montant de la pension. Celui-ci est égal à 2% des émoluments de base par annuité liquidable.

PARAGRAPHE I :

DÉTERMINATION DES ÉMOLUMENTS DE BASE

La pension est basée sur le dernier traitement soumis à retenue afférent au grade, à la classe et à l'échelon qu'occupait effectivement le fonctionnaire ou qu'il aurait pu occuper au moment de son admission à la retraite ou, dans le cas contraire, sur le traitement soumis à retenue afférent au grade, à la classe et à l'échelon antérieur.

A ce traitement, s'ajoutent :

- l'indemnité spéciale de sujétion pour les enseignants ;
- l'indemnité différentielle dégressive allouée au personnel ayant appartenu à la fonction publique française ;

- l'indemnité différentielle dégressive en cas de changement de corps.

Au cas où les traitements et salaires du secteur public augmentent, les pensions et rentes sont revalorisées dans les mêmes proportions.

PARAGRAPHE II :

DÉTERMINATION DES ANNUITÉS LIQUIDABLES

Les annuités liquidables sont toutes les années de services effectifs et les bonifications entrant en compte dans la constitution du droit à pension.

Le maximum des annuités liquidables pour la pension d'ancienneté est fixé, en principe, à trente-cinq (35) années et six (6) mois et pourrait être porté à quarante (40) annuités.

Le maximum des annuités liquidables pour la pension proportionnelle est fixé à vingt-cinq (25) annuités.

SECTION III :

L'ADMISSION À LA RETRAITE ET LA JOUISSANCE DE LA PENSION DE RETRAITE

Pour jouir de la pension de retraite il faut être admis à la retraite.

PARAGRAPHE I :

L'ADMISSION À LA RETRAITE

Elle est prononcée par l'autorité qui a qualité pour procéder à la nomination dufonctionnaire.

Les fonctionnaires ne peuvent prétendre à pension qu'après avoir été préalablement, soit admis sur leur demande à faire valoir leurs droits à la retraite, soit mis à la retraite d'office.

L'admission à la retraite pour ancienneté de services intervient d'office le premier jour du mois suivant celui au cours duquel les intéressés atteignent la limite d'âge qui leur est applicable. Pour ceux dont l'état civil ne précise pas le mois de naissance, l'admission à la retraite est prononcée à compter du 1er janvier de l'année au cours de laquelle ils sont présumés avoir atteint la limite d'âge.

PARAGRAPHE II :

LA JOUISSANCE DE LA PENSION DE RETRAITE

Par principe, la jouissance de la pension de retraite ne peut être antérieure à la date de la décision d'admission à la retraite ou de la radiation des cadres du titulaire. Il faut distinguer entre la jouissance immédiate et la jouissance différée.

La jouissance, par le fonctionnaire civil de la pension civile, est immédiate dans les hypothèses suivantes :

- il a atteint l'âge de 60 ans, quelle que soit la durée de ses services ;
- il est mis à la retraite d'office par suite de son inaptitude à continuer d'exercer ses fonctions, sans condition d'âge ;
- il est mis à la retraite d'office par suite de licenciement pour suppression d'emploi, pour insuffisance professionnelle ou révocation sans suspension des droits à pension, sans condition d'âge ;
- il demande sa mise à la retraite d'office pour invalidité résultant ou non de ses fonctions.

Précisons que la femme fonctionnaire jouit immédiatement de la retraite proportionnelle lorsqu'elle a accompli quinze (15) années de services et qu'elle est mère de trois (3) enfants vivants, ou décédés par fait de guerre. Il en est de même si la femme fonctionnaire justifie qu'elle-même ou son conjoint est atteint d'une infirmité ou maladie incurable les plaçant dans l'impossibilité d'exercer leurs fonctions.

Pour les fonctionnaires qui réunissent au moins vingt (20) ans de services au moment de l'acceptation d'un mandat de Député ou d'un portefeuille de Ministre et ont atteint l'âge de 50 ans, jusqu'à la date de cessation de leurs fonctions de député ou de ministre.

Enfin, il y a le problème des cumuls. En effet, on se demandera si le cumul de pension, rente et rémunération publique peut être admis.

Il faut noter que la rente viagère d'invalidité peut se cumuler avec une rémunération d'activité.

À l'inverse, aucune rémunération publique, civile ou militaire ne peut se cumuler avec une pension de retraite.

La pension, dans ce cas de figure, doit être suspendue pendant la durée de l'activité.

Il est possible, par contre, de cumuler une pension de retraite avec une rente d'invalidité.

N.B. : Le cumul de deux ou plusieurs pensions est possible si celles-ci correspondent à des périodes de services effectifs dans des emplois successifs. Un fonctionnaire ne peut acquérir de droit à pension dans deux emplois concomitants, s'ils sont exercés pour le compte d'une ou plusieurs personnes morales de droit public.

SECTION IV :

LA PENSION DES AYANTS CAUSE

Le conjoint survivant et les enfants du bénéficiaire d'une pension ont droit à cette pension en cas de décès ou de disparition du bénéficiaire.

PARAGRAPHE I :

LE CONJOINT SURVIVANT

Il s'agit de la veuve et du veuf.

A). La veuve :

Le principe général est que la veuve du fonctionnaire n'a droit à une pension que si le décès de son mari survient pendant la période où le mari a droit à une pension ou ne l'a pas perdu.

En outre, le mariage doit avoir été contracté deux ans, au minimum, avant la cessation d'activité du mari.

Toutefois, cette deuxième exigence est atténuée dans les cas suivants :

si le mari a droit à la pension de retraite pour cause de cessation d'activité à 60 ans après trente (30) années de services effectifs, il suffit que le mariage soit antérieur, sans considération de la durée, à la cessation d'activité si un ou plusieurs enfants sont issus de ce mariage ;

si le mari a été mis à la retraite pour invalidité ou bien a été atteint par la limite d'âge sans pouvoir prétendre à une pension d'ancienneté, ou bien a accompli effectivement 15 années de services, il suffit que le mariage soit antérieur à l'évènement qui a causé la mise à la retraite ou le décès ;

si le mari a été mis à la retraite d'office par suite de l'abaissement de la limite d'âge, il suffit que le mariage soit antérieur à la mise à la retraite, et ait été contracté deux ans au moins avant le décès (et non la cessation de l'activité) ;

si le mari avait droit à une pension d'ancienneté, le droit à pension de la veuve est reconnu si son mariage, antérieur ou postérieur à la cessation d'activité, a duré six (6) années au moins. Elle ne pourra entrer en jouissance de cette pension, qu'à l'âge de 50 ans.

Mais, si au moment du décès du mari, existent un ou des enfants issus du mariage, le droit à pension de veuve est acquis après une durée de trois (3) années seulement.

Dans ce cas, la jouissance de la pension est immédiate.

En cas de décès de l'une des épouses, sa part accroit celle des autres, sauf réversion au profit des enfants mineurs. La femme séparée de corps peut prétendre à la pension de veuve.

Il en est autrement pour la divorcée. Dans ce cas, ce sont les enfants mineurs qui y ont droit. La veuve remariée ou vivant en concubinage perd son droit à la pension qui est alors attribué aux enfants de moins de 20 ans.

Toutefois, si la veuve remariée est divorcée aux torts exclusifs de son nouveau conjoint ou est redevenue veuve, elle reprend l'intégralité de ses droits si elle est âgée de moins de 50 ans au moment de son divorce ou de son nouveau veuvage.

Le droit à pension de la veuve disparaît s'il est de notoriété publique et dûment établi, qu'elle a cessé de mener une vie conjugale trois (3) ans, au moins, avant le décès de son mari.

La pension de la veuve est égale à la moitié de celle de son mari décédé. Elle est augmentée, éventuellement, de la moitié de la rente d'invalidité dont le mari bénéficiait ou aurait pu bénéficier.

À cela, il doit s'ajouter la moitié des majorations pour enfants à charge.

B). La pension du veuf :

Le mari de la femme fonctionnaire décédée peut prétendre à la moitié de la pension de retraite que celle-là a obtenue ou aurait pu obtenir au jour du décès.

À cela s'ajoute la moitié de la rente d'invalidité dont son épouse bénéficiait ou aurait pu bénéficier au jour du décès.

Le veuf ne peut prétendre à la pension de sa femme que :

- si le mariage est antérieur à la cessation d'activité de son épouse de deux ans au moins ;
- s'il est atteint d'une infirmité ou d'une maladie incurable le rendant définitivement inapte à travailler ;
- s'il ne dispose pas de ressources propres.

PARAGRAPHE II :

LA PENSION DES ORPHELINS

Il s'agit des orphelins du père fonctionnaire et de la mère fonctionnaire.

A). Les orphelins du père fonctionnaire :

Tout enfant, âgé de moins de 21 ans, et sans condition d'âge s'il est atteint au moment du décès de son père, d'une infirmité permanente le mettant dans l'impossibilité de gagner sa vie, a droit à une pension de réversion.

Le montant de la pension est égal, pour chaque enfant, à 10% de la pension de retraite du père, au jour du décès. Il est augmenté, le cas échéant, de 10% de la rente d'invalidité que le père bénéficiait.

Le total des pensions attribuées aux enfants ne peut être inférieur au montant des avantages familiaux dont aurait bénéficié le père s'il avait été retraité.

Le total des pensions et rentes versées aux enfants et à la veuve ne peut excéder le montant de la pension et, éventuellement de la rente d'invalidité dont le père a droit. S'il y a un excédant, les pensions des orphelins sont réduites.

En cas de décès de la mère, ou si celle-ci ne peut obtenir une pension ou en est déchue, ses droits à pension passent aux enfants mineurs en s'ajoutant aux droits propres de ceux-ci, sans que le total dépasse le montant maximal de la pension de retraite, et éventuellement, la rente d'invalidité auxquels le père a droit.

B). Les orphelins de la mère fonctionnaire :

Les enfants mineurs (légitimes, naturels, adoptifs) ont droit à une pension de réversion en cas de décès de leur mère.

Si leur père est déjà décédé, ils ont droit à la pension et éventuellement à la rente d'invalidité dont bénéficiait leur mère ou dont elle aurait pu bénéficier.

À partir du second enfant, la pension d'orphelin est de 10%.

Si leur père est vivant, le montant de la pension pour chaque enfant est de 10% de la pension, et éventuellement de la rente d'invalidité.

Le total des pensions et rentes ainsi attribuées ne saurait être inférieur au montant des avantages familiaux.

PARAGRAPHE III :

CONCOURS ENTRE PLUSIEURS LITS

En cas de polygamie ou d'un ou plusieurs mariages antérieurs du fonctionnaire, le principe est que la pension est allouée à la famille. Chaque lit est représenté par une veuve, ou éventuellement par les orphelins mineurs.

La pension est repartie entre les lits au prorata du nombre de personnes composant chaque lit et, à l'intérieur de chaque lit, également entre la veuve et les orphelins.

Au cas où l'un des lits cesse d'être représenté, la part qui lui revenait est partagée entre les autres.

SECTION V :

LES RÈGLES COMMUNES AUX PENSIONS ET AUX RENTES VIAGÈRES D'INVALIDITÉ

Les règles communes concernent les points suivants :
la prise en charge et la demande de pension ou de rente ;
la suspension du droit à pension ou à rente ;
la déchéance du droit à pension ou à rente ;
l'Incessibilité et l'insaisissabilité des pensions et rentes ;
le paiement des pensions et rentes ;
la prescription des pensions et rentes ;
le cumul de pensions et rentes.

PARAGRAPHE I :

LA PRISE EN CHARGE ET LA DEMANDE DE PENSION OU DE RENTE

Les titulaires de pensions civils ou militaires de retraite et les titulaires de pension militaires d'invalidité sont pris en compte par le Fonds national des retraites.

Les titulaires de pension militaire d'invalidité sont pris en charge par la dette viagère.

Toute demande de pension ou de rente d'invalidité doit, à peine de déchéance, être présentée dans le délai de cinq (5) ans.

PARAGRAPHE II :

LA SUSPENSION DU DROIT À PENSION OU A RENTE

Elle intervient dans les cas suivants :

- par la révocation et la suspension des droits à pension ;
- par la condamnation prononcée en application du Code de justice militaire ;
- par la condamnation à une peine afflictive et infamante, pendant la durée de la peine ;
- par les circonstances qui font perdre la nationalité sénégalaise, durant la privation de celle-ci ;
- par la déchéance de la puissance paternelle.

En cas de suspension, celle-ci n'est que partielle si le titulaire est marié ou a des enfants mineurs.

PARAGRAPHE III :

LA DÉCHÉANCE DU DROIT À PENSION OU A RENTE

Tout bénéficiaire du Code des pensions peut être déchu du droit à pension ou à rente viagère d'invalidité s'il est définitivement exclu des cadres pour les raisons suivantes :

- avoir été reconnu judiciairement coupable de détournement de deniers publics ou de dépôt de fonds particuliers versés à sa caisse ou de matières reçues dont il doit rendre compte ;
- avoir été convaincu de malversations relatives à son service ;
- s'être démis de ses fonctions à prix d'argent ou à des conditions équivalentes à une rémunération en argent ou avoir été complice d'une telle démission.

PARAGRAPHE IV :

LE PAIEMENT DES PENSIONS ET RENTES

Les règles concernent les avances, les dates et la périodicité et enfin les modalités.

A). Avances :

En attendant la liquidation définitive de la pension, des avances sur pension sont payées aux fonctionnaires et militaires retraités, ainsi qu'à leurs ayants cause, par le Fonds national de retraite, aux mêmes échéances que les pensions elles-mêmes. Ces avances sont remboursées par voie de précompte sur les premiers arrérages de la pension définitivement liquidée, à concurrence du cinquième des arrérages postérieurs.
Aucune avance ne peut être consentie au titre de la rente d'invalidité.

B). Dates et périodicité :

La pension et la rente sont payées mensuellement et à terme échu.

Le paiement est dû à partir du jour de l'entrée en jouissance de la pension ou de la rente et, au plus tard, à la fin du deuxième mois suivant la cessation d'activité.

Le paiement de la pension ou de la rente des ayants droit commence le premier jour du mois suivant le décès.

C). Modalités :

Le titulaire d'une pension ou d'une rente ou son représentant légal désigne lui-même le comptable public à la caisse duquel des arrérages doivent lui être payés.

Le paiement a lieu soit en numéraire, à la caisse du comptable du Trésor, soit par virement à un compte bancaire ou postal ouvert au nom du titulaire ou de son représentant légal.

PARAGRAPHE V :

L'INCESSIBILITÉ ET L'INSAISISSABILITÉ DES PENSIONS ET RENTES

Les pensions et rentes viagères d'invalidité sont incessibles et insaisissables, sauf en cas de débets envers l'État, les établissements publics ou en cas de créances privilégiées.

PARAGRAPHE VI :

LA PRESCRIPTION DES PENSIONS ET RENTES

Les pensions et les rentes sont rayées des registres de la dette viagère après deux ans de non réclamation.

Les arrérages antérieurs à une réclamation ne sont rétablis que lorsque les justifications nécessaires sont produites.

La même « déchéance » s'applique aux ayants cause des pensionnés qui n'auront pas produit la justification de leurs droits dans les deux ans qui suivent la date de décès de leur auteur.

PARAGRAPHE VII :

LE CUMUL DE PENSIONS ET RENTES

Aucune rémunération publique, civile ou militaire, ne peut être cumulée avec une pension d'ancienneté ou proportionnelle.

Lorsque le titulaire de la pension bénéficie d'une rémunération publique, le paiement de la pension est suspendu pendant toute la durée de la reprise de l'activité.

Par contre, la rente viagère d'invalidité est cumulable avec une rémunération d'activité.

Les fonctionnaires et les militaires peuvent cumuler une pension d'ancienneté ou proportionnelle avec une rente d'invalidité. Également, ils peuvent cumuler deux ou plusieurs pensions, basées sur la durée des services si ceux-ci sont effectués dans des emplois successifs.

Aucun fonctionnaire ne peut acquérir des droits à pension dans deux emplois concomitants, qu'ils soient exercés pour le compte d'une ou de plusieurs personnes morales de droit public (État, communes, établissements publics).

Au cas où le cumul est prohibé, l'intéressé conserve le droit de désigner la pension qu'il veut bénéficier.

TITRE II :

LA PROTECTION CONTRE LES RISQUES SOCIAUX DES CATÉGORIES SOCIALES VULNÉRABLES

L'une des problématiques principales de la protection sociale est son extension à d'autres catégories sociales[169].

Une réponse partielle semble être trouvée grâce à une volonté politique du Président Abdoulaye WADE qui avait posé les jalons d'une prise en charge médicale de toutes les personnes âgées de 60 ans ou plus. D'où la naissance du plan "sésame" au Sénégal (chapitre I).

En outre, avec la création de nouvelles universités accueillant la population estudiantine, le Centre des Œuvres Universitaires de Dakar a eu à jouer un rôle accru en matière de protection sociale des étudiants (chapitre II). Enfin, avec la prise en compte des questions liées au handicap dans notre société, il devient utile d'appréhender la protection sociale des personnes handicapées (chapitre III).

N.B. : Au total, les personnes âgées, la jeunesse estudiantine et les personnes handicapées constituent trois (3) catégories sociales vulnérables nécessitant des règles de protection sociales particulières.

---

[169] **WADE (Z. M.),** La problématique de la protection sociale au Sénégal, Protection sociale et filets sociaux de sécurité au Sénégal, *Les cahiers du plan, Revue d'analyse et d'information de la direction générale du plan, n°02, Décembre 2011*. p.8. *Adde* **NDOYE (O.)**. Quelles réformes des systèmes publics de sécurité sociale pour une meilleure prise en charge des groupes vulnérables ?, Protection sociale et filets sociaux de sécurité au Sénégal, *Les cahiers du plan, Revue d'analyse et d'information de la direction générale du plan, n°02, Décembre 2011*, p. 20. *Adde* **KESSEDOU (N. C.)**, *Quelle politique de protection sociale en faveur des retraités. Analyse et propositions pour améliorer les conditions de vie des personnes du 3e âge et assainir le régime de pension*, Éditions universitaires européennes, 2015. *Adde* **KEMEZE (F.H.)**, *Réforme du financement du système de retraite au Cameroun. Une approche par l'extension de la sécurité sociale*, Éditions universitaires européennes, 2012.

CHAPITRE I :

LA PROTECTION SOCIALE DES PERSONNES ÂGÉES

Quelques considérations générales :

- le vieillissement constitue un défi, surtout pour les pays économiquement faibles[170] ;
- pour des raisons sociales, le Sénégal définit la personne âgée comme celle qui a 60 ans ou plus. En effet, selon les normes de l'Organisation Mondiale de la Santé (OMS), la personne âgée est celle qui a 65 ans ou plus ;
- l'histoire de la protection sociale des personnes âgées a révélé des dysfonctionnements dans le système, on peut en relever au moins trois (3) : l'inaccessibilité des retraités de l'IPRES aux hôpitaux ; le non accès aux médicaments et la prise en charge hospitalière partielle des retraités du Fonds National de Retraite ; l'absence de prise en charge des personnes âgées sans retraite. On peut en dénombrer plus de 450.000 personnes (consultations, soins, aides au diagnostic, hospitalisations, médicaments 100% à leurs frais).

SECTION I :

LES PRINCIPES DIRECTEURS DU PLAN DE SOLIDARITÉ "SÉSAME"

Dans son discours à la Nation du 03 avril 2006, le Président de la République de l'époque, avait décidé d'offrir une couverture médicale gratuite aux personnes âgées du Sénégal. Il déclarait alors : « j'ai décidé d'accorder les médicaments gratuits aux personnes âgées. Cet acte traduit l'idéal de solidarité intergénérationnelle si caractéristique de notre société. En effet, chez nous, chacun nourrit le rêve secret de vivre

---

[170] **KANE (M.)** La gestion de la vieillesse au Sénégal : options, réalités et perspectives. Protection sociale et filets sociaux de sécurité au Sénégal, *Les cahiers du plan, Revue d'analyse et d'information de la direction générale du plan, n°02, Décembre 2011.* P.35

avec ses parents et de prendre soin d'eux. Mais, lorsque par la force des choses, ce rêve ne peut être réalisé, il est juste que la Nation s'en charge.

C'est pourquoi, j'ai instruit le Ministre de la Santé et de la Prévention médicale de concevoir, avec des partenaires comme l'IPRES, le FNR, La Faculté de Médecine de Dakar et les Collectivités locales, un plan de couverture médicale permettant aux personnes âgées de bénéficier de soins gratuits dans les hôpitaux, centres et postes de santé sélectionnés sur l'ensemble du territoire national. Une subvention de 700 millions de francs CFA sur fonds propres de l'État sera dégagée à cet effet pour couvrir ce nouveau système de solidarité dénommé "sésame" ».

La confection du plan tient compte principalement de deux axes, à savoir l'appui institutionnel aux institutions d'assurance vieillesse (FNR et IPRES) et aux collectivités et la subvention de la prise en charge gratuite des personnes ne bénéficiant d'aucune couverture sociale.

PARAGRAPHE I :

L'ACCOMPAGNEMENT DES INSTITUTIONS D'ASSURANCE VIEILLESSE ET DES COLLECTIVITÉS

Il concerne les retraités de l'IPRES et ceux du F.N.R.

A.). L'accompagnement des retraités de l'IPRES :

Cet accompagnement se traduit par :

- la signature d'un accord-cadre entre l'IPRES et le Ministère de la Santé pour l'octroi de tarifs préférentiel à l'IPRES dans le plan d'assistance "Sésame" le 19 avril 2006 ;
- le préfinancement de l'hospitalisation des retraités de l'IPRES sur l'ensemble du territoire par le biais de conventions avec les hôpitaux grâce à une enveloppe de 300.000.000 F représentant une prise en charge totale ;
- le conventionnement du Centre de gériatrie de l'IPRES qui intègre la pyramide sanitaire du Sénégal et devient le Centre National de référence gérontologique.

B). L'accompagnement des retraités du F.N.R :

La mission du sésame est de combler le gap de la prise en charge. Il s'agit :

- le 1/5 des consultations ;
- le 1/5 de l'aide au diagnostic ;
- le 1/5 des hospitalisations ;
- l'intégralité des médicaments.

Ces retraités doivent respecter le circuit traditionnel de prise en charge en produisant une imputation budgétaire.

PARAGRAPHE II :

LA PRISE EN CHARGE GRATUITE DES PERSONNES ÂGÉES SANS COUVERTURE SOCIALE

Elle constitue la frange la plus importante des personnes âgées (70%). Sans doute, c'est pourquoi, il est nécessaire de définir des conditions précises :

- la prise en charge repose sur un état civil fiable grâce à la nouvelle carte nationale d'identité numérisée ;
- la signature du Décret portant création du plan "Sésame" ;
- la mise en place du Comité chargé de l'exécution, du suivi et de la promotion du système "Sésame" ;
- l'implication des personnes âgées par l'instauration des comités des usagers du système "Sésame".

SECTION II :

LA MISE EN ŒUVRE DU PLAN DE SOLIDARITÉ "SÉSAME "

La prise en charge se fait à trois (3) niveaux, à savoir les postes de santé, les centres de santé et les hôpitaux où les soins sont gratuits.

Quant aux médicaments, ce sont les médicaments essentiels qui sont pris en charge gratuitement.

La gratuité exclut, en outre, les prothèses, les lunettes et implants sauf les implants oculaires.

Au niveau du poste et du Centre de santé le remboursement se fera sur la base des outils mis en place.

En plus, les remboursements se feront par bons à la pharmacie nationale d'approvisionnement.

Au niveau des hôpitaux, le remboursement se fera aussi sur la base des outils. Les hôpitaux devront transmettre leurs états récapitulatifs à la région médicale. Il est prévu que les hôpitaux seront préfinancés par transferts.

SECTION III :

LE BILAN D'ÉTAPE DU PLAN "SÉSAME "

Il s'agit de faire l'évaluation du plan et dégager les difficultés actuelles qu'il traverse.

PARAGRAPHE I :

L'ÉVALUATION DU PLAN "SÉSAME"

Le plan sésame est devenu effectif depuis le 1er septembre 2006 sur l'ensemble du territoire national.

La cible du plan concerne 650.000 personnes âgées de 60 ans et plus.

A la même date, le plan a été financé à hauteur de 1.730.000.000 F CFA :

- État : 1.400.000.000 F CFA ;
- IPRES : 300.000.000 F CFA ;
- Conseil régional de Thiès : 30.000.000 F CFA.

PARAGRAPHE II :

LES DIFFICULTÉS DU PLAN "SÉSAME"

Le montant du financement est loin du budget prévu, à savoir 2,5 milliards de FCFA. Il s'y ajoute une dette de plus de 579.000.000 FCFA aux hôpitaux. Il en résulte que depuis quelque temps les lettres de garantie remises par le Bureau de santé des personnes âgées du Ministre de la Santé font l'objet d'un rejet fréquent par les différentes structures de prise en charge (les hôpitaux et la Pharmacie Nationale d'Approvisionnement).

PARAGRAPHE III :

LA RELANCE DU PLAN "SÉSAME"

Lorsqu'en mars 2012 une alternance politique est survenue au Sénégal, une bonne partie de l'opinion pensait à la proclamation de la fin du plan "Sésame". Lors d'une allocution le nouveau président a plutôt marqué sa volonté de poursuivre le plan "Sésame" tout en lui assignant de nouvelles orientations. C'est ainsi que après une courte léthargie, le plan "Sésame" a redémarré effectivement, après l'apurement de la dette des structures sanitaires et une augmentation conséquente du budget accordé au Plan.

CHAPITRE II :

LA PROTECTION SOCIALE DES ÉTUDIANTS

Cette protection est principalement confiée à un Centre des Œuvres Universitaires de Dakar (COUD) qui est un établissement public, doté de la personnalité civile et de l'autonomie financière[171].

Le Centre des œuvres universitaires a pour mission de favoriser l'amélioration des conditions de vie et de travail des étudiants ou élèves des établissements relevant de l'Université.

Au début de sa création, il n'existait qu'une seule Université. Avec, la création et le développement des Universités Régionales, les compétences du COUD se limitent au campus de Dakar. Aujourd'hui, des CROU ont été érigés dans toutes les Universités publiques du Sénégal.

Pour l'essentiel, les textes régissant les CROU s'inspirent largement de ceux du COUD. Dans le cadre de la mission qui lui est assignée, le COUD est chargé :

- d'assurer la gestion des crédits affectés aux œuvres de solidarité universitaires, des bourses et indemnités allouées aux étudiants, des allocations diverses, des charges directes et connexes ;
- d'organiser l'accueil des étudiants et leurs activités sociales et culturelles etc.[172]

Il s'agit d'appréhender d'une part, les règles d'admission au bénéfice des œuvres sociales estudiantines et, d'autre part, les œuvres sociales proprement dites offertes aux étudiants.

---

[171] *Art. 1er Loi n°66-23 du 1er Février 1966 créant le Centre des Œuvres Universitaires.*

[172] *Art.2 du Décret 75-890 du 23 juillet 1975 fixant les règles d'organisation et de fonctionnement du COUD.*

SECTION I :

LES RÈGLES D'ADMISSION AUX BÉNÉFICES DES ŒUVRES SOCIALES

Ces règles sont posées par le règlement intérieur du Centre des Œuvres Universitaires[173]. Ce règlement permet d'identifier clairement les personnes exclues et celles qui sont concernées.

PARAGRAPHE I :

LES PERSONNES EXCLUES

Il s'agit des agents rémunérés de l'Administration, des collectivités publiques, des entreprises et des sociétés privées.

PARAGRAPHE II :

LES PERSONNES BÉNÉFICIAIRES

Il s'agit de la jeunesse universitaire[174] ; en l'occurrence, des étudiants, de leurs épouses (conjoints) et de leurs enfants.

Il faut préciser que l'admission est subordonnée au versement d'une contribution forfaitaire annuelle destinée au fonctionnement du COUD, soit par l'État, soit par un organisme, soit par l'étudiant lui-même[175].

Les étudiants désirant bénéficier des œuvres doivent :

- remplir une fiche de demande fournie par le service social ;
- présenter la carte d'étudiant de l'année en cours et, éventuellement la carte des œuvres de l'année précédente ;
- fournir des photos d'identité ;
- déposer s'il y a lieu une attestation de bourse signée par l'autorité compétente ;
- s'inscrire pour la prise en compte par l'ordinateur.

Enfin, chaque étudiant inscrit aux bénéfices des œuvres reçoit une carte individuelle et incessible.

---

173 Cf. *Recueil de textes régissant le COUD*, pp.129 à 133.

174 *Art. 1er de la loi n°66-23 précitée.*

175 *Art. 3 du Règlement intérieur.*

SECTION II :

LES ŒUVRES SOCIALES OFFERTES AUX ÉTUDIANTS

Le COUD dispose d'un certain nombre d'infrastructures : cités et résidences, service social, installations culturelles et sportives, moyens de transport etc.

Ainsi donc, les étudiants admis aux œuvres peuvent bénéficier de toutes les prestations accordées par le COUD[176].

Nous examinerons les prestations relatives à l'hébergement, la restauration, la prise en charge médicale et les missions spécifiques du service social.

PARAGRAPHE I :

L'HÉBERGEMENT

Les étudiants bénéficiaires des œuvres universitaires peuvent être logés dans la limite des places disponibles dans les cités et résidences universitaires.

L'hébergement est soumis à des règles contenues dans les articles 9 à 22 du règlement intérieur précité.

PARAGRAPHE II :

LA RESTAURATION

Les restaurants sont réservés en priorité aux étudiants bénéficiaires des œuvres. L'accès aux restaurants est subordonné à la présentation de la carte du COUD[177].

Les tarifs des repas fixés par le Conseil d'administration du COUD font l'objet d'une subvention au profit des bénéficiaires des œuvres et qui est prise en charge par l'État.

---

[176] *Art.2 et 5 du Règlement intérieur précité.*

[177] *Art.23 et 24 du règlement intérieur précité.*

PARAGRAPHE III :

LA PRISE EN CHARGE MÉDICALE

Le service médical des étudiants assure gratuitement aux étudiants bénéficiaires des œuvres, les consultations, les soins et hospitalisations[178]

Les étudiants bénéficiaires des œuvres ont droit, sur certificat préalable du médecin chef :

- au remboursement des frais pharmaceutiques sur présentation de l'ordonnance appuyée des vignettes ;
- au remboursement des frais d'achat des lunettes ;
- au paiement des frais d'accouchement.

L'accès au restaurant médical est subordonné à la présentation d'une ordonnance signée ou visée par le médecin chef.

PARAGRAPHE IV :

LES MISSIONS SPÉCIFIQUES DU SERVICE SOCIAL

Le service social a pour rôle principal d'aider les étudiants à surmonter leurs difficultés d'ordre matériel, médical et moral. Il peut faire des aides en espèces ou en nature à des étudiants non boursiers et ne bénéficiant d'aucune allocation ou aide[179].

Le prêt de ticket est strictement réservé aux étudiants boursiers bénéficiaires des œuvres.

La fourniture des produits laitiers est strictement réservée aux enfants des étudiants et qui sont âgés de moins d'un an.

En somme, le service social offre d'autres prestations qui sont énumérées dans les articles 37 à 41 du règlement intérieur.

---

178 *Art. 28 du Règlement intérieur.*

179 *Art.33 et 34 du règlement intérieur.*

CHAPITRE III :

LA PROTECTION DES PERSONNES HANDICAPÉES

Elle découle de la Constitution, de la Loi d'orientation sociale et du Décret relatif aux commissions technique et de l'éducation spéciale .Ces différents textes tentent d'apporter une réponse à une demande sociale. Ils constituent, en outre, des cadres de référence en matière de prise en charge et d'intégration des personnes handicapées dans la société sénégalaise.

En particulier, il s'agit de garantir l'égalité des chances des personnes handicapées ainsi que la promotion et la protection de leurs droits contre toutes formes de discrimination.

Dans ce chapitre, il s'agit d'une part, de déterminer les différentes personnes handicapées et, d'autre part, d'identifier les principaux droits consacrés au profit des personnes handicapées.

SECTION I :

LA DÉTERMINATION DES PERSONNES HANDICAPÉES

Il s'agit de cerner au préalable la notion de personne handicapée avant d'exposer les règles de leur prise en charge.

PARAGRAPHE I :

LA NOTION DE PERSONNES HANDICAPÉES

Par personnes handicapées, le législateur entend toutes les personnes qui présentent des incapacités physiques, mentales, intellectuelles ou sensorielles durables dont l'interaction avec diverses barrières peut porter atteinte à leur pleine et effective participation à la société sur la base de l'égalité[180].Il en résulte l'interdiction de toutes formes de

[180] *Art. 1er de la loi de 2010 précitée.*

discrimination. Au regard de la loi, sont considérés comme discriminatoires, toutes les dispositions ou les actes qui ont pour conséquence, l'exclusion ou peuvent causer la réduction des chances ou un préjudice aux personnes handicapées. À l'inverse, ne sont pas considérées comme discriminatoires, les mesures incitatives spéciales en faveur des personnes handicapées qui visent à garantir l'égalité effective de chance et de traitement[181].

PARAGRAPHE II :

LA PRISE EN CHARGE DES PERSONNES HANDICAPÉES

Dans le but de prétendre aux droits résultant de son handicap, toute personne handicapée reçoit une carte spécifique prouvant son handicap. Cette carte appelée carte d'égalité des chances est délivrée par le Ministre chargé de l'Action sociale sur proposition des commissions techniques départementales .Cette carte permet en outre à son titulaire de bénéficier des droits et avantages en matière d'accès aux soins de santé, de réadaptation , d'aide technique, financière, d'éducation, de formation, d'emploi, de transport, ainsi qu'à tout autre avantage susceptible de contribuer à la promotion et à la protection des droits des personnes handicapées.

Il s'y ajoute que la personne qui assiste une personne lourdement handicapée peut bénéficier des droits des personnes handicapées.

Dans le but de matérialiser cette carte d'égalité des chances, les pouvoirs publics ont pris un Décret relatif aux commissions technique et de l'éducation. Cette commission présidée par le Préfet de département remplit deux fonctions : l'instruction des dossiers de demande de carte d'égalité des chances et l'établissement d'un procès-verbal précisant la liste des candidats éligibles[182].

---

[181] *Art. 1 et 2 de la Loi de 2010 précitée.*
[182] *Art. 1 du Décret de 2012 précité.*

SECTION II :

LES DROITS CONSACRÉS AU PROFIT DES PERSONNES HANDICAPÉES

Il existe de multiples droits que l'on peut regrouper en différentes rubriques :

le droit d'accès aux soins de santé, actions sociales et prévention [183];

le droit à l'éducation, à la formation professionnelle et à l'emploi[184] ;

l'accessibilité, l'habitat, le cadre de vie, le transport, la communication et l'accès à la terre [185];

le droit aux sports, l'art et la culture [186];

le droit à une meilleure détention carcérale [187]; ce dernier constitue un droit véritablement spécifique car il oblige l'administration pénitentiaire à prendre désormais en considération l'état des prisonniers handicapés.

Sur le plan collectif, on relève que les organisations de personnes handicapées légalement reconnues agissant dans le domaine de la protection des personnes handicapées sont consultées pour donner des avis sur toutes les questions se rapportant au handicap et notamment dans la mise en œuvre et l'évaluation des politiques et programmes en faveur des personnes handicapées[188].

Toutefois, au plan procédural, il est important de souligner que le législateur reste muet sur la capacité des organisations de défense de droits des handicapés à ester en justice ; ce qui constitue une insuffisance de la loi devant être corrigée afin de s'assurer d'une réelle protection judiciaire des droits des personnes handicapées.

---

[183] *Art. 7-14 de la Loi de 2010 précitée.*
[184] *Art. 15-30 de la Loi 2010 précitée.*
[185] *Art. 31-38 de la Loi de 2010 précitée.*
[186] *Art. 39-42 de la Loi de 2010 précitée.*
[187] *Art. 46 de la Loi de 2010 précitée.*
[188] *Art. 43 de la Loi de 2010 précitée.*

BIBLIOGRAPHIE

I- DROIT DU TRAVAIL

BODIAN (Y.), « La précarité de l'emploi et droit du travail sénégalais », *NAF 2013,* pp. 291 à 329.

CISSE (M.), DIOH (A.), *Le dialogue social au Sénégal*, Étude nationale BIT, 2004.

CISSE NIANG (A.), La *responsabilité civile du travailleur*, Thèse, Dakar, 25 février 1995.

CISSE NIANG (A.), « Obligation de loyauté dans les rapports de travail », note sous cassation 27 juillet 1994, Bull. n°1, 1995, p. 119. *Revue de l'association sénégalaise de droit pénal, janvier-décembre 1996*, pp. 168 à 170. (Problème de concurrence dans les rapports de travail).

CISSE NIANG (A.), « Les infortunes du principe constitutionnel d'égalité dans les rapports privés », *Revue de l'association sénégalaise de droit pénal, janvier-décembre 1996*, pp. 103 à 124 (cf. spec. p. 114 et s.).

CORREA (J.J.L.), « Eclairage sur un acte uniforme toujours attendu : l'AU relatif au droit du travail ». *NAF 2013*, pp. 201 à 239.

DIAKHATE (B.), *Le contrôle du licenciement des délégués du personnel au Sénégal*, Edition Le Harmattan, Paris 2013.

DIAKHATE (B.), « L'article 47 du Code du travail : facteur de paix sociale ou de discorde dans l'entreprise », *Relations Sociales n° 10, 1er trimestre 1997*, p. 9.

DIAKHATE FAYE (M.), *Le droit commun du licenciement au Sénégal*, Thèse, 1992.

DIOH (A.), « La femme salariée appréhendée sous le prisme du principe d'égalité en droit du travail sénégalais », *Penant n°858, Recherche Année 2007*, pp. 62 à 85.

DIOH (A.), *Les syndicats de travailleurs au Sénégal*, Edition l'Harmattan, paris 2002, 400 pages.

DIOP (M.), *La flexibilité de l'emploi en droit français et en droit sénégalais*, Thèse, Grenoble, Novembre 1996.

DIWNI SHUTSHA (D.D.), *Transactions et contrat de travail, une analyse comparative en droit congolais, français et belge*, Éditions universitaires européennes, 2012.

FALL (P.T.), « Vraie ou fausse querelle autour de l'article 25 de la nouvelle constitution », *Quotidien le Soleil, 2, 3, 4,5 juin 2001* p.13.

FOMBENO (H.-J.), *L'action des syndicats professionnels en Afrique noire francophone*, Thèse, Dakar, 28 avril 2001.

FOMBENO (H.-J.T.), « Libre propos sur la liberté syndicale en Afrique noire francophone », *Rev. Edja, n°50,* pp. 56 à 72.

FOMBENO (H.-J.T.), « Plaidoyer pour la reconnaissance du droit syndical dans l'entreprise en Afrique noire francophone », *Rev. Edja, n°50,* juillet-Août-Sept 2001, pp. 7 à 16.

FOMBENO (H.-J.T.), « Propos sur le délit d'entrave aux fonctions de délégués du personnel en Afrique noire francophone », *Rev. Edja n°57, Avril-Mai-Juin* 2003, pp.7 à 22.

GAMET (L.), « Introduction au(x) droit(s) du travail d'Afrique noire d'expression française », à paraître dans la *Revue de droit social de 2017.*

GNAHOUI DAVID (R.), « Intérêt de l'entreprise et droit des salariés », *Rev. Sen Dr. Aff. n° 1 Jan-Juin 2003,* p.16 et s.

GONIDEC (P.F.), La *convention collective de travail,* Encyclopédie juridique de l'Afrique ; vol I, NEA 1982 pp. 33 et s.

ISSA-SAYEGH (J.), *Droit du travail sénégalais* NEA – LGDJ, 1987.
Le Manuel du travailleur. Droit du travail au Sénégal : Recueil des textes législatifs, réglementaires et conventionnels, Fondation Frederich Ebert, 738 pages.

KANTE (A.), *L'ordre public économique dans un pays en développement : l'exemple du Sénégal,* Thèse, UCAD, 27 fév. 1998.

KANTE (A.), « La réintégration du salarié protégé », *Rev. EDJA n°49 Avril-Mai-juin 2001,* p.p. 85 à 105.

KANTE (A.), « Les transferts de salariés en droit du travail sénégalais », *NAF n° 2, 2008,* p.p. 365 à 398.

MANZANZA LUMINGU (Y.J.), *Droit du travail congolais. Analyse critique des retenues légales sur la rémunération en République Démocratique du Congo,* Editions universitaires européennes, 2012.

MBOUP (E.H.M.), « Le licenciement des salariés protégés en droit sénégalais : le cas des délégués du personnel », *NAF,* n°1, 2010, p.p. 207 à 232.

NDIAYE (I.-Y.), Les *vicissitudes de l'emploi et le sort de l'emploi,* Thèse, UCAD, 23 janvier 1989.

NDIAYE (I.D.), *Etre syndicaliste aujourd'hui,* Éditions Xamal saint Louis 2001, 171 p.

NDIAYE (I.Y.), « La représentativité syndicale », *Revue de l'Association. Sénégalaise de droit pénal, Janv-Déc 1996,* pp. 25 à 40.

NDIAYE (I.Y.), « Le juge contre la protection de l'emploi », note sous l'arrêt C.A. Dakar n° 135, Mars 1980, *Rev. Edja n° 20 juin 1992,* p.p.6 à 20.

NDIAYE (I.Y.), « Le travail des enfants en Afrique (Benin, Burkina Faso, Côte d'Ivoire, Guinée – Conakry, Mali, Sénégal) », *Bulletin de droit comparé du travail et de la sécurité sociale, 2000,* pp. 133 et 148.

NDIAYE (I.Y.), « Le contrat de travail à durée déterminée : demain, l'emploi ? », *Rev., Dr. Social, Revue de l'Association sénégalaise de droit pénal, Janv-Déc. 1996,* pp. 67 à 80.

NDIAYE (I.Y.), SAMB (M.), *Ajustement structurel et neutralisation du droit du travail sénégalais. De l'ajustement structurel à l'ajustement économique,* Codesria-Kartala, 1997.

NDOYE (N.), *Le licenciement pour motif personnel en France et au Sénégal (Etude de droit comparé)*, Thèse, Strasbourg, 2012.

NDOYE DIAKHATE (M.), « Le licenciement pour la sénégalisation », Cour de Cassation, 28 avril 1993, *TPOM, 1995,* p.9.

PUATI (G.A.), « le licenciement des salariés protégés en droit congolais », *Rev. Edja, n°63, Oct-Nov-Déc 2004*, pp. 4 à 17.

SAKHO (A.), « Le droit de grève et survie de l'entreprise », *NAF, n°1- 2007*, pp. 353 à 362.

SAMB (M.), *La convention collective nationale interprofessionnelle en Afrique noire francophone* , Thèse, Dakar, 24 janvier 1989.

SAMB (M.), « Réformes et réception des droits fondamentaux du travail au Sénégal », *Revue Afrilex, Février 2000.*

SARR TRAORE (M.-P.), « Les départs négociés en droit sénégalais du travail », *Rev. Edja n°53, Avril-Mai-Juin 2002*, pp. 8 à 28.

TEDDY KARL (S.A.), *Conditions de réalisation du droit au travail en République du Bénin*, Éditions universitaires européennes, 2015.

THIAW (E.A.), *La clause de non concurrence en droit du travail sénégalais*, Éditions universitaires européennes, 2011.

ZKARI (A.), « La novation d'un contrat à durée déterminée en contrat à durée indéterminée en droit camerounais du travail », *Revue Edja n°47, Oct-Novembre-Décembre*, pp. 7 à 24.

II - PROTECTION SOCIALE

CAMARA (M.), « La protection sociale des enfants au Sénégal, Protection sociale et filets sociaux de sécurité au Sénégal, *In,* Les cahiers du plan », *Revue d'analyse et d'information de la direction générale du plan, n°02, Décembre 2011.* p.22.

COLY (P.M.), *Tout ce qu'il faut savoir sur la maladie du travailleur, la femme salariée en état de grossesse ou en couches*, Éditions Clairafrique, Dakar, 1988.

DIARRA (M.), *Memento de la fonction publique*, NEA, 1982.

NIANG (M.L.), « Economie informelle et protection sociale, Protection sociale et filets sociaux de sécurité au Sénégal », *In,* Les cahiers du plan, *Revue d'analyse et d'information de la direction générale du plan*, n°02, Décembre 2011. p.12.

FALL (C.), *Extension de la sécurité sociale. Étendre l'assurance santé au Sénégal : possibilité à travers les régimes statutaires et les organisations mutualistes*, publications BIT, 2003.

FOUOMENE (E.), *La sécurité sociale africaine : état actuel et avenir, les protections traditionnelles et le développement de la sécurité sociale au Cameroun*, Éditions universitaires européennes, 2011.
Guide l'assuré social de la Caisse de Sécurité sociale. Document interne de la Caisse de Sécurité sociale.

ISSA-SAYEGH (J.), LAPEYRE (C.), *Les statuts des agents non fonctionnaires du secteur public et parapublic*, I.U.T. Techniques juridiques, Droit sénégalais, 1980.

ISSA-SAYEGH (J.), *Droit de la sécurité sociale au Sénégal*, NEAS, 1992.

KANE (M.), « La gestion de la vieillesse au Sénégal : options, réalités et perspectives. Protection sociale et filets sociaux de sécurité au Sénégal », *In,* Les cahiers du plan, *Revue d'analyse et d'information de la direction générale du plan, n°02, Décembre 2011.* P.35

KESSEDOU (N. C.), *Quelle politique de protection sociale en faveur des retraités. Analyse et propositions pour améliorer les conditions de vie des personnes du 3e âge et assainir le régime de pension*, Éditions universitaires européennes, 2015.

KEMEZE (F.H.*)*, *Réforme du financement du système de retraite au Cameroun. Une approche par l'extension de la sécurité sociale,* Éditions universitaires européennes, 2012.

La protection sociale des enfants en Afrique de l'ouest et du centre. Étude de cas du Sénégal, Publication de l'UNICEF, Février 2009, 130 pages.

Les Guides de l'IPRES, Memo de l'employeur. Document interne de l'IPRES.

Les Guides de l'IPRES, Memo du salarié. Document interne de l'IPRES.

NDOYE (O.). « Quelles réformes des systèmes publics de sécurité sociale pour une meilleure prise en charge des groupes vulnérables ?, Protection sociale et filets sociaux de sécurité au Sénégal », *In,* Les cahiers du plan, *Revue d'analyse et d'information de la direction générale du plan, n°02, Décembre 2011.* p. 20.

NDIAYE (I.), « Les différents types de pensions, Armée-nation », *Revue de réflexion des forces armées sénégalaises, n°44, Septembre 2012,* p.34 à 39.

NIANG (M.L), *Le droit de la sécurité sociale des pays membres de l'UEMOA au regard des normes de l'OIT : étude de droit comparé*, Editions universitaires européennes, 2011.

« Protection sociale et filets sociaux de sécurité au Sénégal, *In*, Les cahiers du plan », *Revue d'analyse et d'information de la direction générale du plan, M.E.F Sénégal n°02, Décembre 2011.* p.8, p.12, p.20, p.22, p.30, p.35, p.40, p.45.

SCHMITT-DIABATE (V.), OLIVIER LOUIS dit Guérin, CISSÉ (A.), *Mise en place d'un régime de protection sociale agro-sylvo-pastoral. Note d'avancement de l'étude de faisabilité et proposition d'un schéma d'organisation du système de protection sociale agro-sylvo-pastoral*, BIT, Dakar, Avril 2006, 33 pages.

SYLLA (S.), SOURANG (M.), DIOP (S.), NDIAYE (I.), *L'organisation de la fonction publique, in Encyclopédie juridique de l'Afrique*, Tome I, NEA p.463 et s.

WADE (Z. M.), « La problématique de la protection sociale au Sénégal, Protection sociale et filets sociaux de sécurité au Sénégal », *In,* Les cahiers du plan, *Revue d'analyse et d'information de la direction générale du plan*, n*°02, Décembre 2011.* p.8.

TABLE DES MATIÈRES

INDEX ALPHABÉTIQUE

D

E

F

Q

R

S

T

U

V

Le Sénégal
aux éditions L'Harmattan

Dernières parutions

L'ESTHÉTIQUE SOCIALE DES PULAAR
Socioanalyse d'un groupe ethnolinguistique
Sy Harouna
L'esthétique sociale pulaar est une mise en ordre éthique de la vie sociale. Elle est l'inventaire systématique de ce qu'il y a de beau et de laid dans le social relativement à ses valeurs, à ses normes, à ses règles et à ses codes qui commandent des postures, des relations, des rapports et des qualités appropriés. L'analyse des contradictions de la société pulaar du Fuuta Tooro a révélé des logiques et des stratégies fondées sur des rapports de castes et sur les représentations sociales que ces rapports produisent.
(31.00 euros, 304 p.)
ISBN : 978-2-343-11189-6, ISBN EBOOK : 978-2-14-002810-6

LE BAYNUNK GUNAAMOLO, UNE LANGUE DU SUD DU SÉNÉGAL
Analyse phonologique, morphologique et syntaxique
Diop Sokhna Bao - Préface de Denis Creissels
Le Sénégal est un pays multilingue avec des langues majoritaires et des langues minoritaires, de par le nombre de leurs locuteurs, mais également de par la quantité de travaux dont chacune dispose. Les langues majoritaires ont fait l'objet de nombreuses recherches, à la différences des langues minoritaires. Ce constat est à l'origine du choix porté sur la description de la variante gunaamolo du baynunk (parlé au sud du Sénégal, plus précisément à Niamone, dans la région de Ziguinchor) qui est une langue en danger très peu décrite. L'utilité et l'intérêt de ce travail résident dans la sauvegarde et la connaissance de cette langue et sa communauté. Elle peut servir aussi de référence à des recherches futures.
(Coll. Études africaines, 38.50 euros, 392 p.)
ISBN : 978-2-343-09614-8, ISBN EBOOK : 978-2-14-002913-4

DE L'HÉRITAGE ARABO-ISLAMIQUE SAINT-LOUISIEN
Une illustration par les œuvres d'Abbas Sall et d'Abdoulaye Fall Magatte
Fall Cheikh Tidiane - Préface de Samba Dieng et Postface de Mouhamed Habib Kébé
Cet ouvrage porte sur la réhabilitation du legs culturel arabo-islamique ouest-africain en général et saint-louisien en particulier. Revaloriser un pan du patrimoine culturel par l'entremise de l'imagination poétique locale de deux intellectuels demeure l'objectif principal de cette étude. Une partie descriptive constituée de la traduction d'une cinquantaine de poèmes suivie d'un volet analytique constitue la méthodologie de ce travail de recherche. La moisson tirée de ce travail préliminaire apporte quelques éclairages sur l'intérêt de la traduction de manuscrits arabes, notamment ceux produits par d'éminents ulémas du Sénégal, tels les deux poètes faisant l'objet de cette étude.
(Harmattan Sénégal, 35.00 euros, 340 p.)
ISBN : 978-2-343-11306-7, ISBN EBOOK : 978-2-14-003014-7

L'AGRICULTURE DU SÉNÉGAL SOUS LA COLONISATION
Diop Ismaïla
L'introduction de l'arachide au Sénégal au début du XXe siècle révolutionne le paysage agricole. La France décide alors de faire du Sénégal une colonie arachidière. Le Sénégal devient la troisième puissance arachidière du monde après les États-Unis et l'Inde. Cette monoculture extensive aboutit à un déficit vivrier chronique, une dégradation des sols, une dépendance vis-à-vis des importations de riz en provenance d'Asie. Pour y remédier, le rapport de la mission Roland Portères de 1952 recommande des mesures d'aménagement du territoire, de restauration des sols, de promotion de l'agriculture intégrée sérère.
(Harmattan Sénégal, 23.50 euros, 218 p.)
ISBN : 978-2-343-11129-2, ISBN EBOOK : 978-978-2-14-002836-6

CASAMANCE
À quand la paix ?
Bassène René Capain - Préface du père Nazaire Diatta
Malgré leur volonté et leur engagement affichés d'aller vers la fin du conflit armé en Casamance, la position des parties en guerre n'a jamais réellement évolué. L'État du Sénégal se dit prêt à négocier sur tous les points, sauf sur ceux relatifs à l'intégrité territoriale et l'unité nationale, alors que, de son côté, le MFDC soutient une position contraire en déclarant être disposé à ne négocier que sur la question se rapportant à l'indépendance totale de la Casamance. Cette situation montre que le conflit armé est encore loin de finir en Casamance.
(28.50 euros, 276 p.)
ISBN : 978-2-343-10426-3, ISBN EBOOK : 978-2-14-002593-8

PARCOURS D'UN JOURNALISTE AUTODIDACTE
Ndiaye Pape Ngagne - Préface de Mamoudou Ibra Kane
Pape Ngagne Ndiaye, par son style, est devenu un rendez-vous incontournable de l'espace audiovisuel sénégalais. L'émission « Faram Faccce » qu'il anime présentement sur TFM est très courue des hommes et femmes politiques pressés de se soumettre au feu roulant et nourri des questions du redoutable interviewer, unique dans son genre. Ce livre n'est pas seulement une autobiographie, mais aussi une réflexion thématique et une sélection rigoureuse de certains numéros de la célèbre émission qui se veut « un décryptage des questions majeures de l'actualité nationale ».
(37.00 euros, 360 p.) ISBN : 978-2-343-09916-3, ISBN EBOOK : 978-978-2-14-002822-9

DES FRANCENABE AUX MODOU-MODOU
L'émigration sénégalaise contemporaine
Fall Papa Demba - Préface du Professeur Abdoulaye Bara Diop
Principalement centré sur la France et ses anciennes colonies d'Afrique, le champ migratoire sénégalais s'est, de manière originale, progressivement étendu à des destinations naguère méconnues ou peu fréquentées (comme les États-Unis, l'Italie, l'Espagne, l'Afrique du Sud ou le Brésil). Peu à peu, les migrants sont devenus des acteurs incontournables du développement. La prise en compte de ces populations, et de leurs mouvements, devient donc nécessaire aux programmes et politiques de développement durable.
(Harmattan Sénégal, 40.00 euros, 559 p., Illustré en noir et blanc)
ISBN : 978-2-343-10796-7, ISBN EBOOK : 978-2-14-002539-6

« DOYEN » AMADY ALY DIENG, LE TRANSMETTEUR INTÉGRAL (1932-2015)
Économie biographique ou sémio-Histoire
Ngaïdé Abdarahmane
Amady Ali Dieng nous a quittés il y a un an. Pour lui rendre hommage et s'en rappeler les enseignements, l'auteur de cet ouvrage a décidé de compiler ses nombreux écrits ou interventions. Les quatorze textes qui composent cette anthologie sont représentatifs et significatifs de la personnalité, du style et des préoccupations d'Amady Ali Dieng. On y retrouve son style, son humour et son esprit critique.
(Harmattan Sénégal, 23.50 euros, 228 p., Illustré en noir et blanc)
ISBN : 978-2-343-10855-1, ISBN EBOOK : 978-2-14-002561-7

41 RULES TO BE HAPPY
Kane Babaly
Seeing that happiness is the goal towards which all men strive for, the author wrote this book to help the reader in treasuring the joyous of life and realizing his desires in entirety, to be fulfilled, to claw his way to the top and to assure him it will turn out well in the end. Moreover, this book intends to give the keys us to get the secret for reaching we want in this life. 41 rules to be happy is a little self help book which has 41 rules that are meant to allow every reader to live life in full potential.
(Harmattan Sénégal, 14.50 euros, 138 p.)
ISBN : 978-2-343-10904-6, ISBN EBOOK : 978-2-14-002583-9

SÉNÉGAL
Les limites du Plan Sénégal Émergent
Mansour Samb El Hadji
Cet ouvrage présente une analyse profonde des politiques publiques en décortiquant le Plan Sénégal Émergent (PSE) qui jusque-là n'a fait l'objet d'aucune analyse critique sérieuse. Le Sénégal est face à un défi, le défi de son émergence, un défi qu'il compte relever avec tous ses fils. Ce défi qui mobilise aujourd'hui tout le monde doit nous pousser à proposer de nouveaux chemins et à animer un débat nécessaire et incontournable dans tout processus d'émergence.
(Harmattan Sénégal, 27.00 euros, 276 p.)
ISBN : 978-2-343-09721-3, ISBN EBOOK : 978-2-14-002372-9

SÉNÉGAL
Dynamiques paysannes et souveraineté alimentaire
Le procès de production, la tenue foncère et la naissance d'un mouvement paysan
Diop Amadou Makhouredia - Préface d'Yves Guillermou ; Postface de Fodé Niang
Le présent ouvrage contribue à la compréhension des stratégies développées par la petite paysannerie et les dynamiques qui animent les exploitations agricoles familiales permettant la production de biens nécessaires à l'alimentation et l'entretien des familles. La capacité des paysans à prendre en main leurs propres préoccupations a été mise en évidence par l'émergence d'organisations, de groupements, d'associations et d'unions dans tout l'espace rural sénégalais.
(Harmattan Sénégal, 26.00 euros, 256 p.)
ISBN : 978-2-343-10852-0, ISBN EBOOK : 978-2-14-002457-3

HISTOIRE ET SOCIOLOGIE DES RELIGIONS AU SÉNÉGAL
Tamba Moustapha
Le Sénégal reste une exception dans le domaine religieux : 90 % de musulmans, 5 % de chrétiens et 5 % d'adeptes de l'animisme. C'est aussi le pays où les musulmans et les catholiques partagent le même cimetière, où les conjoints partagent des religions différentes, où les écoles privées catholiques comptent 60 à 70 % d'élèves de confession musulmane, etc. Ce phénomène n'est pas dû au hasard. L'histoire et la sociologie des religions permettent de l'expliquer amplement. Cet ouvrage souligne cette exception sénégalaise pour montrer qu'au moment où notre monde est en proie au fanatisme, à l'intolérance et au terrorisme religieux, le Sénégal propose un autre « modèle ».
(Coll. Études africaines, série Economie, 41.00 euros, 426 p.)
ISBN : 978-2-343-10424-9, ISBN EBOOK : 978-2-14-002506-8

FIGURES DU POLITIQUE ET DE L'INTELLECTUEL AU SÉNÉGAL
L.S. Senghor - M. Dia - A. Ly - CH. A. Diop A. Diouf & F. Mitterrand - J.R. De Benoist - A. Seck - TH. Fall - A. M. Samb - A.M. Samb JR - TH. Monod - H. Bocoum - G. R. Thilmans
Samb Djibril
Cet ouvrage réunit des personnalités politiques et/ou intellectuelles très diverses : Léopold Sédar Senghor, l'Immortel Noir ; Mamadou Dia, le brillant économiste ; François Mitterrand et Abdou Diouf, deux experts politiques, ou encore Théodore Monod, le savant probe. Ces figures sont autant de coryphées auxquels l'auteur a voulu rendre hommage, afin de rappeler que la terre africaine du Sénégal ne manque pas de princes de l'esprit ni de nourriture intellectuelle.
(26.00 euros, 266 p.)
ISBN : 978-2-343-10731-8, ISBN EBOOK : 978-2-14-002513-6

TÉLÉVISIONS AU SÉNÉGAL
Entre désert de contenu et sécheresse intellectuelle
Djimbira Cheikh Mouhamadou
« Il faut lire ce livre en considérant qu'il a été sciemment écrit dans l'intention de nuire à la société spectaculaire. Il n'a jamais rien d'outrancier. » Cette pensée de Guy Debord nous permet de comprendre à bien des égards, l'ouvrage de Cheikh Mouhamadou Djimbira qui est un plaidoyer pour la création de programmes audiovisuels de qualité.
(11.50 euros, 80 p.)
ISBN : 978-978-2-343-10790-5, ISBN EBOOK : 978-978-2-14-002528-0

UN SCOUT SÉNÉGALAIS
L'aventure citoyenne (deuxième édition)
Ndene Pascal - Préface de Jacques Moreillon
Lorsque nous parlons de l'adolescence, nous évoquons l'autonomie, la responsabilisation, la citoyenneté, le jeu, les relations avec les parents et avec les pairs. Toutes ces questions sont abordées dans ce livre qui montre avec humour le parcours éducatif d'un adolescent dans le scoutisme. Ce livre s'adresse à tous les jeunes, garçons et filles, aux parents et éducateurs de tout milieu social et culturel, ainsi qu'à tous les scouts et guides du monde.
(14.00 euros, 124 p.)
ISBN : 978-2-343-10965-7, ISBN EBOOK : 978-2-14-002526-6

LA PENSÉE DE CHEIKH AHMADOU BAMBA FACE AUX DÉFIS AFRICAINS
Sow Cheikh Mar
Cheikh Ahmadou Bamba Mbacké a su déterminer une nouvelle vision aux yeux de ses contemporains en formulant d'une façon très claire des idées novatrices capables de faire bouger le peuple. Cette conception de la société dans sa globalité a permis «à chaque individu de devenir un centre d'initiative, de création et de responsabilité à tous les niveaux : celui de l'économie, de la politique, de la culture ; une conception qui ne soit ni individualiste, ni totalitaire mais fondée sur les communautés de base».
(Harmattan Sénégal, 24.00 euros, 238 p.)
ISBN : 978-2-343-10021-0, ISBN EBOOK : 978-2-14-002284-5

LE MODERNISME EN ISLAM
Introduction à la pensée de Sayyid Amir Ali
Diagne Mbengue Ramatoulaye
« Les thèmes abordés par le Professeur Ramatoulaye Diagne dans sa lecture de la pensée d'Amir Ali ont tous un lien indéfectible avec le pluralisme et la paix. (...) Dans la lecture de son ouvrage, on arrive à comprendre que le modernisme d'Amir Ali est une sorte de renouveau dans la pensée islamique. C'est un mouvement d'intellection qui intègre, dans une cohérence architecturale, l'usage de la raison, l'esprit du soufisme pratique ghazalien et la finalité de la prière qui concilie l'ascèse de l'âme à la transformation positive des sociétés. » Abdoul Aziz Kebe, Ancien Chef du Département d'Arabe UCAD-DAKAR.
(Harmattan Sénégal, 15.00 euros, 144 p.)
ISBN : 978-2-343-09977-4, ISBN EBOOK : 978-2-14-002211-1

MA RENCONTRE AVEC ALLAH
De l'obscurité à la lumière
Mbengue Adama Ousmane
Cet ouvrage traite surtout de la question essentielle du Mahdi qui vient pour apporter les solutions idoines en s'appuyant sur la Sharia mouhammadiya et la Tariqah ahmadiya afin d'offrir à tout individu le meilleur profil dans la société idéale qu'il compte établir.
(Harmattan Sénégal, 14.50 euros, 134 p.)
ISBN : 978-2-343-10299-3, ISBN EBOOK : 978-2-14-002277-7

L'HARMATTAN ITALIA
Via Degli Artisti 15; 10124 Torino
harmattan.italia@gmail.com

L'HARMATTAN HONGRIE
Könyvesbolt ; Kossuth L. u. 14-16
1053 Budapest

L'HARMATTAN KINSHASA
185, avenue Nyangwe
Commune de Lingwala
Kinshasa, R.D. Congo
(00243) 998697603 ou (00243) 999229662

L'HARMATTAN CONGO
67, av. E. P. Lumumba
Bât. – Congo Pharmacie (Bib. Nat.)
BP2874 Brazzaville
harmattan.congo@yahoo.fr

L'HARMATTAN GUINÉE
Almamya Rue KA 028, en face
du restaurant Le Cèdre
OKB agency BP 3470 Conakry
(00224) 657 20 85 08 / 664 28 91 96
harmattanguinee@yahoo.fr

L'HARMATTAN MALI
Rue 73, Porte 536, Niamakoro,
Cité Unicef, Bamako
Tél. 00 (223) 20205724 / +(223) 76378082
poudiougopaul@yahoo.fr
pp.harmattan@gmail.com

L'HARMATTAN CAMEROUN
BP 11486
Face à la SNI, immeuble Don Bosco
Yaoundé
(00237) 99 76 61 66
harmattancam@yahoo.fr

L'HARMATTAN CÔTE D'IVOIRE
Résidence Karl / cité des arts
Abidjan-Cocody 03 BP 1588 Abidjan 03
(00225) 05 77 87 31
etien_nda@yahoo.fr

L'HARMATTAN BURKINA
Penou Achille Some
Ouagadougou
(+226) 70 26 88 27

L'HARMATTAN SÉNÉGAL
10 VDN en face Mermoz, après le pont de Fann
BP 45034 Dakar Fann
33 825 98 58 / 33 860 9858
senharmattan@gmail.com / senlibraire@gmail.com
www.harmattansenegal.com

L'HARMATTAN BÉNIN
ISOR-BENIN
01 BP 359 COTONOU-RP
Quartier Gbèdjromèdé,
Rue Agbélenco, Lot 1247 I
Tél : 00 229 21 32 53 79
christian_dablaka123@yahoo.fr

www.ingramcontent.com/pod-product-compliance
Lightning Source LLC
LaVergne TN
LVHW011432061026
849535LV00004BA/790